教育部人文社会科学研究专项任务项目（高校思想政治工作）资助

TIGAO DAXUESHENG
SIXIANG ZHENGZHI JIAOYU KEXUEHUA SHUIPING DE
SHIJIAN YU TANSUO

提高大学生
思想政治教育科学化水平的
实践与探索

姚冠新　李洪波　施进华　赵兴联　王　飞　夏　民　编著

江苏大学出版社
JIANGSU UNIVERSITY PRESS
镇　江

图书在版编目(CIP)数据

提高大学生思想政治教育科学化水平的实践与探索 / 姚冠新等编著. —镇江：江苏大学出版社，2012.12
ISBN 978-7-81130-428-2

Ⅰ.①提… Ⅱ.①姚… Ⅲ.①大学生－思想政治教育－研究－中国 Ⅳ.①G641

中国版本图书馆 CIP 数据核字(2012)第 302182 号

提高大学生思想政治教育科学化水平的实践与探索

编　　著/姚冠新　李洪波　施进华　赵兴联　王　飞　夏　民
责任编辑/米小鸽
出版发行/江苏大学出版社
地　　址/江苏省镇江市梦溪园巷 30 号(邮编：212003)
电　　话/0511-84446464(传真)
网　　址/http://press.ujs.edu.cn
排　　版/镇江文苑制版印刷有限责任公司
印　　刷/句容市排印厂
经　　销/江苏省新华书店
开　　本/787 mm×1 092 mm　1/16
印　　张/15.25
字　　数/374 千字
版　　次/2012 年 12 月第 1 版　2012 年 12 月第 1 次印刷
书　　号/ISBN 978-7-81130-428-2
定　　价/35.00 元

前 言

自2004年8月中共中央、国务院正式下发《关于进一步加强和改进大学生思想政治教育的意见》(即中央2004年16号文件)以来,高校对于如何贯彻实施这份有关大学生思想政治教育的纲领性文件进行了深入的实践探索。以姚冠新教授为负责人的课题组围绕教育部人文社会科学研究专项任务项目(高校思想政治工作)"提高大学生思想政治教育科学化水平研究",结合江苏大学大学生思想政治教育实践,在大学生思想政治教育工作理念的现代化、工作方式的多样化、教育过程的科学化、队伍建设的专家化等方面做了许多卓有成效的工作。

(1) 大学生思想政治教育工作理念的现代化研究。反思传统思想政治工作"以人为本"的缺失,确立"学生第一"的理念,使学生成为思想政治教育的价值主体;确立"以生为本"的理念,使学生成为思想政治教育的动力主体;确立"全面发展"的理念,使学生成为思想政治教育的发展主体;确立"实践育人"的理念,使学生成为思想政治教育的实践主体;确立"创新创造"的理念,使学生成为思想政治教育的创造主体。

(2) 大学生思想政治教育工作方式的多样化研究。通过问卷调查、专家咨询、文献学习等方式对思想政治教育的工作对象——"90后"大学生的特点进行全面而深入的剖析。基于他们的学习方式、生活方式和思维方式提出多样化的思想政治教育工作方式。建构"六位一体"的工作方式,即:基于课堂教学的系统性教育、基于学业规划的针对性教育、基于社会实践的体验式教育、基于学生组织的自主性教育、基于校园文化的感染式教育、基于虚拟社区的渗透式教育。

(3) 大学生思想政治教育过程的科学化研究。思想政治教育过程要遵循以教育者为基点的施教规律、以教育对象为基点的受教规律、以教育者与教育对象关系为基点的互动规律,探寻大学生思想政治教育过程的内在作用机制,掌握和运用大学生思想政治教育动力机制、加工机制、调节机制、导向机制的作用机理。

(4) 大学生思想政治教育队伍建设的专家化研究。完善大学生思想政治教育工作辅导员队伍的选拔、培养和管理机制,着力打造高水平的职业化、专家化的辅导员队伍。在宏观层面,从选拔、培养、考核、激励、保障等环节采取有效措施促进专家化队伍建设;在微观层面,借鉴国外学生事务工作者成长理论,对处于不同水平层次的人员实施个性化的职业生涯发展规划。

通过科学的理论指导，近年来江苏大学大学生思想政治教育工作取得了较好的成效。2012 年，学校党委被评为全国创先争优先进基层党组织。学校服务学生成长成才的经验，先后在第十九次、第二十次全国、全省高校党建工作会议上交流。学校应邀出席 2011 年全国大学生思想政治教育论坛，并作为唯一省属高校代表在大会上作典型经验介绍。学校大学生思想政治教育经验在历次江苏省高校宣传思想工作会议上作交流。学校多次获得江苏省高等学校学生教育管理创新奖。近几年，学校还先后被授予江苏省“文明单位”、“文明学校”、“和谐校园”、“平安校园”以及“江苏高校思想政治教育工作先进集体”荣誉称号。

目 录

绪　论：
创新理论思考　探索实践机制

自从承担了教育部2010年大学生思想政治工作专项课题“提高大学生思想政治教育科学化水平研究”(项目号10JDSZ1003)以来,课题组全体成员紧紧围绕“提高大学生思想政治教育科学化水平”这个命题,以国内大学生思想政治教育科学化研究的理论为基础,以国外大学生思想政治教育科学化研究的理论为参照,以江苏大学大学生思想政治教育的经验为依托,以国内其他高校大学生思想政治教育的实践为参照,以国外高校大学生思想政治教育的做法为对照,以提高大学生思想政治教育科学化水平为目标,不断创新理论思考,努力探索实践机制,基本完成了课题预定的任务。现将研究成果报告如下:

一、理论思考的创新

理论是行动的先导和基础。大学生思想政治教育的理论,从全局上制约着大学生思想政治教育理论的内容体系、过程规律、方式方法和体制机制,从根本上影响着大学生思想政治教育实践的活动展开和教育实效。因此,提高大学生思想政治教育科学化水平,在很大程度上取决于大学生思想政治教育理论的先进程度。在经济全球化、信息网络化、文化多元化趋势下,大学生思想政治教育的传统理论受到了前所未有的冲击和挑战,理论创新就显得尤为重要。我们认为,从理论层面来说,提升大学生思想政治教育科学化水平,厘清我国大学生思想政治教育科学化的背景是前提,把握大学生思想政治教育科学化的内涵是基础,认同大学生思想政治教育科学化的价值是动力,优化大学生思想政治教育科学化的路径是关键。唯有如此,才能使大学生思想政治教育做到与时俱进,展现时代性、显现规律性、呈现创新性、体现实效性。

(一) 大学生思想政治教育科学化的背景

大学生思想政治教育的科学化,是系统总结了新中国成立以来(特别是改革开放30多年以来)大学生思想政治教育的新鲜的历史经验和深刻的历史教训,为在新的历史条件下加强和改进大学生思想政治教育工作、提高大学生思想政治教育的实效性而提出的。因此,分析探讨大学生思想政治教育科学化的背景,势必要回顾新中国成立之后我国大学生思想政治教育波澜壮阔、曲折前行的历程。大学生思想政治教育总是服务、服从于社会主义革命和建设的中心工作,因此,依据我国社会主义革命和建设的历史进程,大学生思想政治教育大体可分为以下几个阶段:

1949—1956年,大学生思想政治教育的起步探索阶段。1949年10月中华人民共和国的成立开启了中国历史发展的新纪元。由于受长期革命战争的影响,国内百废待兴、百业待举,高等教育亟待除旧布新。大学生思想政治教育既要完成对反动的旧教育制度的清理,又要实现由新民主主义性质向社会主义性质的转变。1953—1954年,为适应过渡时期总路线对人才培养的需要,高教部召开了系列高校专业会议,把高等教育的培养目标确定为具有马列主义世界观、全心全意服务于祖国和人民事业的专门人才,表明大学生思想政治教育已实现了由新民主主义向社会主义的转变。

1957—1965年,大学生思想政治教育的曲折发展阶段。1956年基本完成社会主义改造,我国进入全面建设社会主义时期。1957年高校师生积极响应党中央开展整风运动的号召,并以此作为大学生思想政治教育的主要形式,取得了良好效果。1963—1965年,高校师生走出校园,参加农村社会主义教育活动,增强了大学生对工农群众的阶级感情。但社会主义教育运动是在阶级斗争扩大化理论指导下进行的,这影响了高校大学生思想政治教育实践和课堂教学,也在一定程度上对大学生思想政治教育造成了消极影响。

1966—1976 年,大学生思想政治教育的瘫痪混乱阶段。1966 年 5 月中共中央政治局扩大会议和同年 8 月八届十一中全会的召开,标志着“文化大革命”的全面发动。一场全国范围的群众性政治运动随即展开。群众性政治运动被林彪、江青反革命集团所利用,参与者冲击各级党委政府和高校党政机构,批斗学术权威,大学生思想政治教育陷入混乱与瘫痪状态。更令人痛心的是,1971 年 4 月的全国教育工作会议作出了“两个估计”,即“文化大革命”前 17 年教育战线是“黑线专政”和知识分子大多是资产阶级分子,彻底扰乱了大学生思想政治教育。①

1977—1991 年,大学生思想政治教育的恢复发展阶段。粉碎“四人帮”以后,教育工作逐步迈入正常的发展轨道。1977 年 10 月,国务院批转了教育部《关于 1977 年高等学校招生工作的意见》的报告,高校正常教育教学和大学生思想政治教育得到恢复。1978 年 12 月,党的十一届三中全会胜利召开,确立了解放思想、实事求是的思想路线,并把党的工作重心转移到经济建设上来,中国历史迈入新的发展阶段。邓小平同志在 1980 年 12 月 25 日召开的中央工作会议上明确指出“要加强各级学校的政治教育、形势教育、思想教育,包括人生观教育、道德教育”,重新确立了高校思想政治教育的地位、目标和方向。② 1987 年 5 月中共中央颁布《关于改进和加强高等学校思想政治工作的决定》,指出高校应坚持社会主义办学方向,改进大学生思想政治教育的内容、形式和方法,提高大学生思想政治教育的水平。这些工作的开展,有效抵制了资产阶级自由化思潮,进一步推动了大学生思想政治教育的健康发展。

1992 年—2004 年 8 月,大学生思想政治教育的深入发展阶段。1992 年邓小平同志南方讲话以后,我国经济社会进入新的历史时期,大学生思想政治教育也随之不断发展。1993 年 2 月中共中央、国务院发布《中国教育改革和发展纲要》,明确指出:“以马列主义、毛泽东思想和建设有中国特色的社会主义理论教育学生,把坚定正确的政治方向摆在首位,培养有理想、有道德、有文化、有纪律的社会主义新人,是学校德育即思想政治和品德教育的根本任务。”进入 21 世纪以来,为了适应经济社会发展的形势要求,中共中央决定实施马克思主义理论研究和建设工程,强调要立足新的实践深入研究马克思主义,加强毛泽东思想、邓小平理论和“三个代表”重要思想的研究,用发展着的马克思主义指导新的实践。随后,中央实施马克思主义理论研究和建设工程工作会议在北京召开,会议指出:要建设具有时代特征的马克思主义理论的学科体系,进一步夯实大学生思想政治教育的理论基础,形成一支老中青三结合的马克思主义理论研究和教学骨干队伍。上述举措有力保障了大学生思想政治教育的深入发展。

2004 年 8 月以来,大学生思想政治教育的科学发展阶段。2004 年 8 月中共中央、国务院颁布了《关于进一步加强和改进大学生思想政治教育的意见》,明确了新形势下大学生思想政治教育的战略地位、指导思想、基本原则、主要任务和体制机制,为新的时代条件

---

① 黄蓉生,姜华:《新中国成立以来大学生思想政治教育的发展历程》,《思想教育研究》,2009 年第 9 期。

② 杨振海:《大学生思想政治教育三十年:历程、特点与启示》,《教育评论》,2010 年第 1 期。

下有效开展大学生思想政治教育提供了科学指导,促进和推动了大学生思想政治教育的科学发展。2010 年 5 月,宣传部、教育部、共青团中央联合召开了全国加强和改进大学生思想政治教育工作座谈会。中共中央政治局常委李长春同志在会上作了重要讲话,提出了加强和改进大学生思想政治教育工作的 7 项具体任务。即要:深入推进社会主义核心价值体系的学习教育,有效引导大学生树立正确的理想信念;不断改进思想政治理论课教育教学,更好地发挥大学生思想政治教育的主渠道作用;进一步创新方式方法和途径,不断增强大学生思想政治教育的针对性、实效性、亲和力、感染力;强化环境育人功能,进一步营造有利于大学生健康成长的良好氛围;加强和改善大学生管理服务工作,努力在解决实际问题过程中提高思想政治教育效果;大力加强队伍建设,切实提高大学生思想政治教育工作者的育人能力;进一步完善长效机制,不断提高大学生思想政治教育工作的科学化水平。中共中央政治局委员、国务委员刘延东同志在总结讲话中,进一步提出了提高大学生思想政治教育工作科学化水平要做好"八个紧密结合":知识、能力培育和价值观培育相结合;课内教育与课外教育相结合;解决思想问题与解决实际问题相结合;专职教师队伍与兼职教师队伍相结合;主动服务学生与学生自我服务相结合;学校教育与家庭教育相结合;传统方法与现代手段相结合;即时应对与建立长效机制相结合。上述论述鲜明地回答了大学生思想政治教育中必须解决好的"培养什么人、怎样培养人"这个根本问题,既对大学生思想政治教育科学化的发展指明了方向,也对提升大学生思想政治教育科学化水平提出了挑战。因此,作为大学生思想政治教育一线工作者,面对大学生思想政治教育科学化的命题,加强大学生思想政治教育的理论与实证研究,努力探索大学生思想政治教育的新实践,不断提高大学生思想政治教育科学化水平,是我们义不容辞的责任和使命。

(二) 大学生思想政治教育科学化的内涵

探究大学生思想政治教育科学化的背景,有必要进一步追问什么是大学生思想政治教育的科学化,也就是大学生思想政治教育科学化的内涵所指。因为只有明确了基本概念的内涵及其所指,课题的研究方能确立、深入和有效。为了更好地思考和回答这个问题,现将大学生思想政治教育科学化的概念细分为 3 个递进的逻辑概念,即"科学"、"科学化"和"大学生思想政治教育的科学化"进行逐一探讨。

科学技术在现代社会的巨大成就使"科学"成为使用频率极高而又时常被忽略的语词。从词源上分析,"科学"一词出自希腊文"epistem",其本义是"认识"、"知识"、"学问"或"规律"。据学界考察,科学最早源于哲学,而哲学源自古希腊。哲学被用来指代有智慧的人所拥有的知识总和,它既包括自然界的知识,也包括人类及其社会自身的知识。哲学家们将前者称为"自然哲学",将后者称为"道德哲学"。随着人类自主意识的觉醒和发展,当自然科学率先从自然哲学中分裂出来时,科学开始取代哲学的本体论研究。德国哲学家康德秉承了"科学"一词的原初含义,将"科学"定义为"任何一种学说,如果它可以成为一个系统,即成为一个按照原则而整理好的知识整体的话,就叫做科学"。① 这种依照原则而整理好的知识整体,以自身特定的形式揭示和反映现实世界的规律性。正如《哲学大辞典》对"科学"的界定:"以范畴、定理、定律形式反映现实世界各种现象的本质和运动

---

① [德]康德:《自然科学的形而上学基础》,邓晓芒译,上海人民出版社,2003 年,第 2 页。

规律的知识体系。"①

科学化又是指什么呢？依《现代汉语词典》对"化"字的解释，即"加在名词或形容词之后构成动词，表示转变成某种性质或状态"。② 因此，所谓"科学化"就是要使之达到"科学的"状态。"使之"的"之"是一个指示代词，包含着诸多内涵，除了科学研究的对象、过程、方法和结论要达到科学的状态之外，科学研究的社会环境、研究者的态度及其精神等都要达到科学的状态，唯有如此才能称得上是"科学化"。③ 如果将"使之"的"之"仅仅限定在知识体系的范围内，而研究科学的人和学习科学的人没有崇尚科学的态度和勇于求真的科学精神，那就不是真正的科学化。"学习了一定的科学知识，并不等于就掌握了科学精神。我们只有在学习科学知识的过程中，认真理解科学知识的内涵，逐步学会用这些知识来分析和解决问题，逐步使科学知识在自己头脑中转变为科学的意识、思想和方法，转变为科学的世界观、方法论、人生观和价值观，转变为自己的精神状态和心理素质，我们才是掌握了科学的真谛。"因此，"科学"之所以能够成为一种社会的直接实践力量，主要体现在社会中的人具有一种求是、求真的科学态度和科学精神，只有当这种精神在一定社会范围内被进一步"物化"，转变为人们认识世界和改造世界、认识自己和改造自己的能力时，"科学化"的价值和功能方能真正发挥出来。

大学生思想政治教育科学化的提出，不应忽视对大学生思想政治教育的科学化是否符合科学特性所发出的质疑和诘难的声音。首先，思想政治教育活动一般是基于国内外形势的变化而开展的，特别是当思想政治教育还未形成完整的学科形态时，作为实践活动的思想政治教育就是为形势政策宣传服务的，与自然科学相比，这样就容易使人们认为思想政治教育缺乏"应有"的客观基础。其次，思想政治教育所宣传的内容多为国家的方针政策，一般具有较强的现实性，因而也使思想政治教育学科在建立过程中缺乏如同自然学科（如数学和物理学等）一样严密的逻辑体系。再次，思想政治教育的任务在于改造人的思想，而思想观念的隐蔽性使得思想政治观念、态度的变化难以量化和测度，这样思想政治教育的作用也不可能像自然科学那样凸显自身的价值，因此教育工作者尤其是思想政治教育工作者很难赢得如同自然科学家那样的尊重和荣誉。最后，人的思想观念变化除受思想政治教育影响之外，还会受到众多其他因素（如家庭环境、社会风气、人际关系、大众传媒、理论和现实的反差等）的影响，甚至在众多的解释变量中，思想政治教育已经不具有显著性影响，这也使得思想政治教育不像"自然科学"一样在现实中显示出精准的预测性和显著的指导性。

面对上述质疑和诘难，依据"科学"与"科学化"内涵的理解，所谓大学生思想政治教育的科学化，是指大学生思想政治教育要在马克思主义指导下，高扬科学精神，运用科学的理论和规范，揭示、掌握和运用大学生思想政治教育相关规律，以提高大学生思想政治教育工作的实效性。大学生思想政治教育的关键词"规律"的根本要求是尊重规律和按规律办事。在大学生思想政治教育领域中，规律是多样化的，不同的活动层面和过程有不

① 金炳华，等：《哲学大辞典》，上海辞书出版社，2001 年，第 722 页。
② 林德宏：《科学与伪科学、反科学的界限》，《江海学刊》，1999 年第 6 期。
③ 王习胜：《思想政治教育科学化内涵探要》，《思想教育研究》，2011 年第 1 期。

同的规律。如果要做大体的划分,则可分为3个层面:宏观来看,大学生思想政治教育有其产生和发展的规律;中观来看,大学生思想政治教育工作过程有其规律;微观来看,大学生思想政治教育对象思想品质的形成和发展也有其规律。其中,最值得重视的是中观层面的规律,即有效实施思想政治教育工作的规律。中观层面的规律与宏观和微观两个层面的规律密切相连。大学生思想政治教育规律的把握又包含3个方面:揭示规律、掌握规律和运用规律。其中,"揭示规律"是指大学生思想政治教育的学术研究,"掌握规律"是指大学生思想政治教育的人才培养,"运用规律"是指大学生思想政治教育的实际工作。由此,大学生思想政治教育的科学化也包括三大领域:大学生思想政治教育学术研究的科学化、大学生思想政治教育人才培养的科学化和大学生思想政治教育实际工作的科学化。① 值得指出的是,这种状态最终体现为大学生思想政治教育的实效性。实效性是作为目标和结果而包含在大学生思想政治教育科学化的内涵之中的。大学生思想政治教育主体揭示规律、掌握规律和运用规律的目的是提高大学生思想政治教育的实效性,而这种实效性正是大学生思想政治教育科学化成果的体现。据此,大学生思想政治教育的规律性和实效性,有力地回应了对大学生思想政治教育是否符合科学特性的质疑和诘难。

准确把握大学生思想政治教育的科学化的内涵,还要特别警惕大学生思想政治教育中两种伪科学化倾向:一是"标签化"的科学化倾向。即将"科学"作为标签贴在大学生思想政治教育前面,以示大学生思想政治教育的科学化。如"坚持科学的方法,采取科学的态度,探究科学的内涵,彰显科学的价值"等提法。这种重形式、轻内容的所谓"科学化",不仅无益于大学生思想政治教育科学化研究的推进,而且将大学生思想政治教育科学化研究引向低俗化。二是"自然科学化"倾向。② 出于对科学的简单认识,只是片面运用自然科学的标准来对大学生思想政治教育进行科学化判定,并按照自然科学中的模式来构建所谓的"科学的思想政治教育"体系,而忽视大学生思想政治教育应有的价值性导向。

(三)大学生思想政治教育科学化的价值

在回答了大学生思想政治教育科学化是什么之后,"为什么要提升大学生思想政治教育科学化的水平"、"大学生思想政治教育科学化的意义何在"等问题又摆在了我们面前。美国心理学家韦克斯勒曾收集了众多诺贝尔奖获得者青少年时代的智商资料,发现正是区别于常人的非智力因素助推了他们的成功。在所谓的非智力因素中,坚定的理想信念和良好的道德素养是决定性的因素。党和国家之所以如此重视大学生思想政治教育科学化的工作,正是由于大学生思想政治教育科学化有着独特的价值。

首先,大学生思想政治教育的科学化,是为了适应全面建设小康社会对人才培养所提出的新需求。进入21世纪以来,全面建设小康社会目标的提出和国际科技、人才竞争的不断加剧,使人才培养的任务更为艰巨,也促使提高大学生思想政治教育科学化水平更为迫切。近年来,我国高等教育改革发展作出了一系列重大调整和部署,科教兴国战略、人才强国战略持续推进,高等教育完成了从人口大国向人力资源大国的历史性跨越。需要指出的是,我国尚且不是人力资源强国,高等教育新的历史任务和奋斗目标就是要实现从

① 邓建军:《论思想政治教育的科学化》,《教学与研究》,2011年第3期。

② 张子麟,孙拥军:《思想政治教育科学化研究述评》,《思想教育研究》,2011年第1期。

人力资源大国向人力资源强国的转变。人力资源强国的关键是人的素质，特别是思想政治素质。大学生思想政治教育不仅是知识和理论的教育，更是实践教育和养成教育。因此，我们不能简单地把人才培养局限于知识和技能的培养，而是应该将其视为整个教育即德、智、体、美诸育的整体任务。历史与实践已经证明，思想政治素质的培养是大学生成长成才的关键，它为大学生确立了敢于创新、乐于创造、勇于奉献的精神追求和价值导向。"思想政治教育不仅要注重促进人的思想政治素质的发展，还要促进人的科学素质和身心健康素质，并且注重把人的思想素质转化为科学文化素质和身心健康素质，同时也要把科学文化素质和身心健康素质转化为人的思想政治素质，使它们相互促进、相互转化。只有这样，才能促进人的全面和健康成长。"①

其次，大学生思想政治教育的科学化，是为了应对国际国内新形势、新变化对人才培养提出的新挑战。随着经济全球化的深入发展，世界范围内各种思想文化的交流、交融、交锋日趋激烈，意识形态领域不仅斗争形式越来越多样，而且渗透与反渗透现象也愈加尖锐复杂，给坚持马克思主义对大学生思想政治教育的指导地位带来冲击。大学生历来是境内外敌对势力争夺的重要阵地，西方敌对势力企图通过向我国大学生传播、渗透西方资产阶级的政治观点、价值观念、生活方式，从而实行对我国的和平演变的图谋并未改变。②对此，我们必须始终保持清醒的头脑，因为"知识为谁学"、"人才为谁用"是方向问题，丝毫不可放松。相对于方向而言，智育只是绝对值，德育却是正负号。从国内来看，改革发展进入攻坚阶段，经济体制深刻变革、社会结构深刻变迁、利益格局深刻变动、思想观念深刻变化，人们在思想认识、道德选择、价值取向等方面的独立性、选择性、多变性、差异性日益增强。在党的领导下，马克思主义在意识形态领域的指导地位不断得到巩固和加强，但各种非马克思主义的思想意识也有所滋长，并深刻影响到大学生的方方面面。面对上述挑战，大学生思想政治教育的科学化就是要充分发挥大学生思想政治教育在意识形态领域中的引导作用，用马克思主义基本理论，特别是用马克思主义中国化最新成果执掌哲学社会科学领域的话语主导权，占领大学生思想政治教育的主阵地，筑牢大学生拒渗防变的思想基础。在大学生思想政治教育中始终坚持马克思主义的指导地位，培育和弘扬民族精神与时代精神，树立和践行社会主义荣辱观，在大学生中形成统一的指导思想、共同的理想信念、强大的精神力量和基本的道德规范。

再次，大学生思想政治教育的科学化，是为了破解信息技术的广泛应用对人才培养所提出的新课题。现代科学技术日新月异，以数字化、网络化为代表的现代信息技术突飞猛进。信息的传播方式发生了革命性的变革，交互式、大容量、实时性、多媒体的信息传播方式代替了过去传统的信息传播方式。发展势头强劲的信息网络已经成为思想文化信息的集散地、社会舆论的放大器、意识形态较量的主战场，而大学生又是运用网络信息的主体。因此，信息技术在大学生思想政治教育中的重要性愈发显现。但是，目前大学生思想政治教育的现状却远远落后于信息技术对其提出的新课题。"思想政治教育信息传递的方式

① 骆郁廷主编，教育部思想政治工作司组编：《思想政治教育原理与方法》，高等教育出版社，2009年，第7页。

② 李卫红：《以科学发展观为指导 深入推进高校思想政治教育的创新发展——在新中国成立60周年"高校德育创新发展研究"论坛上的讲话》，《思想教育研究》，2009年第11期。

比较注重历时传递，忽视共时传递；注重单向传递，忽视交互传递；注重垂直传递，忽视横向传递；注重直接传递，忽视间接传递；注重单媒传递，忽视多媒传递。这些都严重滞后于现代社会信息化发展的要求，影响了思想政治教育信息传播的效果。”①其实，信息技术是把“双刃剑”，其在对大学生日常学习生活和思想观念产生积极影响的同时，也造成了消极影响；其为大学生思想政治教育迎来了发展机遇，也带来了新的难题。例如，大学生思想政治教育存在着社会层面的主导性与多样性的矛盾，正在影响大学生的成长与发展，也在影响思想政治教育的过程与效果。“所谓社会层面的主导性与多样性，主要是指多元文化交汇背景下的中华民族文化主导，多种意识形态并存条件下的社会主义意识形态主导，多样化价值取向过程中的社会主义核心价值体系主导，多样化知识、信息影响下的人本主导。”②学生思想政治教育的科学化就是要遵循“积极发展、充分利用、加强管理”的方针，积极开辟网络思想政治教育这个新领域，将思想政治教育的规律与信息技术的特点结合起来，实行资源共享、优势互补，提高思想政治教育的吸引力、说服力和影响力，解决好社会主义核心价值观在大学生中的认识、认知、认同中的难题，并在多元的社会思潮中占据主导地位，在多样化的选择中达成共识。

最后，大学生思想政治教育的科学化，是为了适应大学生日常思想政治教育对人才培养所提出的新要求。大学生思想政治教育主要包括思想政治理论课教育、日常思想政治教育以及教书育人、管理育人、服务育人活动。思想政治理论课教育是系统的马克思主义理论教育，已纳入高校的课程体系与教学计划，教书育人、管理育人、服务育人活动则依托业务教学、管理与服务工作进行，日常思想政治教育主要依靠高校辅导员队伍承担。中央16号文件颁布后，教育部先后出台了《关于加强高等学校辅导员班主任队伍建设的意见》、《普通高等学校辅导员队伍建设规定》等政策性文件，从思想认识、体制机制、明确政策和培养人才等方面制定了一系列措施，进一步完善了辅导员队伍选聘机制、管理机制、培养机制和发展机制，鼓励和支持专职辅导员长期从事辅导员工作，成为思想政治教育工作方面的专业人才。由于大学生日常生活的范围是广泛的、内容是丰富多彩的、方式是多种多样的，学科研究或因平常而忽视，或因综合而放弃，致使这一领域长期处于自发、经验状态。“多数辅导员缺少大学生思想政治教育的专业背景和知识储备，因此，面对大学生思想政治教育的新要求和各种复杂局面，仍不同程度地存在‘知识恐慌’和‘本领危机’。”③辅导员在高校的地位不高，德育首位难以得到保证。大学生思想政治教育的科学化，一是要按照政治强、业务精、作风正、纪律严的标准把好辅导员的入门关；二是要明确辅导员是开展大学生思想政治教育的骨干力量，是大学生日常思想政治教育和管理工作的组织者、实施者和指导者，是大学生的人生导师和健康成长的知心朋友的角色定位；三是要有针对性地加强辅导员的培训工作，使其善于运用思想政治教育学科与相关学科的理论，对学生进行科学性与价值性相统一的指导、咨询与管理，实现学生的日常思想

① 骆郁廷主编，教育部思想政治工作司组编：《思想政治教育原理与方法》，高等教育出版社，2009年，第276页。

② 郑永廷：《思想政治教育学科研究的重点与难点辨析》，《思想教育研究》，2007年第5期。

③ 李卫红：《抓住根本 立德树人 切实把高校辅导员队伍建设提高到一个新水平——在教育部高校辅导员培训和研修基地建设工作会议上的讲话》，《思想教育研究》，2007年第10期。

政治教育从自发转向自觉、由经验走向科学。

（四）大学生思想政治教育科学化的路径

提升大学生思想政治教育科学化水平的核心，在于优化大学生思想政治教育科学化的路径。因为大学生思想政治教育科学化的内涵和价值，更多的只是提出了问题，而重要的在于解决问题。大学生思想政治教育科学化的路径，就是为提升大学生思想政治教育科学化水平探索新办法，创造新经验，开辟新途径，推动大学生思想政治教育的科学发展。优化大学生思想政治教育科学化的路径，可从以下几个方面入手：

首先，大学生思想政治教育的理念要与时俱进。理念是行动的先导，大学生思想政治教育的理念是大学生思想政治教育的前提和基础。思想政治教育是时代性的实践，伴随时代的变迁而不断发展。检验思想政治教育理念先进与否的标准，要看其是否与思想政治教育时代发展要求相一致，是否能够推进思想政治教育的实施，是否最终达到思想政治教育的预期目标。长期以来，大学生思想政治教育受传统“师道尊严”理念的影响，片面强调育人的工具价值，习惯采用“我说你听”的命令式教育，教育者和受教育者之间缺乏良好的信任和沟通，受教育者普遍存在着反感和抵触情绪，思想政治教育的效果也难尽如人意。优化大学生思想教育的路径，必须树立现代的“以人为本”的教育理念。“所谓以人为本，强调人们要抱着以人为根本的态度、方式、方法来开展思想政治教育，要求人们在教育中尊重人、理解人、关心人、引导人、鼓舞人，尊重人的主体地位，努力实现人的全面发展，这是思想政治教育的当代要求。”①大学生的培养目标是德、智、体、美全面发展的社会主义事业的合格建设者和可靠接班人，大学生思想政治教育与其他教育共同担负着该项任务。以人为本理念下的大学生思想政治教育，要体现科学发展原则，不能将思想政治教育与其他教育隔离开来，不能单纯为了思想政治教育而教育，要统筹协调思想政治教育与其他教育的关系，使两者呈现良性互动关系，共同服务于大学生全面发展的教育目标。

其次，大学生思想政治教育的内容要抓住根本。优化大学生思想政治教育的内容，使之既符合主旋律主导教育的需要，又满足大学生多元化的文化需求，是提高大学生思想政治教育科学化水平的关键环节，也是变革和创新大学生思想政治教育工作的着力点。大学生思想政治教育的内容要抓住根本，就是要增强建设社会主义核心价值体系的自觉性、坚定性，以社会主义核心价值体系作为大学生思想政治教育的主要内容，解决大学生对社会主义核心价值体系的认识、认知和认同问题。社会主义核心价值体系的内涵深刻而丰富，作为大学生思想政治教育的内容时，应当做到：既抓住社会主义核心价值体系的灵魂——坚持马克思主义的指导地位，又抓住社会主义核心价值体系的主题——树立共同理想；既抓住社会主义核心价值体系的精髓——培育与弘扬民族精神和时代精神，又抓住社会主义核心价值体系的基础——树立和践行社会主义荣辱观。这样，才能在大学生中形成共同的指导思想、牢固的理想信念、强大的精神动力和基本的道德规范。在大学生思想政治教育中，还要善于把社会主义核心价值体系的基本内容和要求与大学生丰富多彩的现实生活和思想特点有机结合起来，坚持把先进性的要求和广泛性的需求统一起来，贴近学生、贴近实际、贴近生活，把握教育内容的主导性和针对性；善于把社会主义核心价值

---

① 白显良：《推进思想政治教育科学化的几个问题》，《思想理论教育》，2011 年第 21 期。

体系的基本内容和要求融入教学活动和日常管理的各个环节,做到进教材、进课堂、进头脑,发挥社会主义核心价值观铸造灵魂、确立目标、指导行为的作用。

再次,大学生思想政治教育的方法要不断创新。实现大学生思想政治教育工作的方法创新,是使思想政治教育工作取得实效的重要保证,更是需要我们在实践中不断探索的重要课题。回顾马克思主义思想政治教育史,革命导师创立的一系列思想政治教育研究和工作方法对于当下的大学生思想政治教育仍然具有借鉴意义,比如马克思主义创始人的“批判”方法、列宁的“灌输”方法、毛泽东的思想斗争和实事求是的方法、邓小平的反对资产阶级自由化和防止资本主义意识形态的和平演变的方法等。大学生思想政治教育的方法创新,重要的是面对新形势、新任务,在传承的基础上取“他山之石”,创造运用新的方法,包括吸收后现代主义人文思潮和伦理思潮中的有益成分,为我所用,如胡塞尔关于“生活世界”的理论构想,哈贝马斯以社会交往为基础建立的“社会本体”论和“伦理本体”(“主体间性体”)论学说,以及杜威、陶行知的“生活教育”理论等。它们对于推进思想政治教育科学化及其学科建设所具有的方法论意义是不言而喻的。① 当前,大学生思想政治教育的方法创新,特别要坚持民主原则和疏导方针,切实改变过去那种不考虑学生接受能力和兴趣的压服式说理教育的作法。大学生思想政治教育所要解决的问题,基本属于大学生的思想意识和思想认识领域的问题,解决这些问题必须坚持民主和平等的原则,以感情的传导为纽带,循循善诱,使之入情入理、入脑入耳,这样才能取得教育的效果。大学生思想政治教育的方法创新,要特别针对当前大学生独立意识较强、要求平等交流的思想特点,深入到学生中间倾听学生的呼声,抓住学生关心的热点、焦点问题,以民主的方式加强横向、双向乃至多向的平等交流和对话,不断激发学生主动参与的热情,加强教师与学生以及学生相互之间的交流和沟通,形成立体互动的教育格局。大学生思想政治教育的方法创新,要把做好学生的思想工作与帮助学生解决实际问题结合起来,既讲道理又办实事,既以理服人又以情感人,在办实事中贯穿思想教育,通过解决现实问题引导学生提高精神境界。②

最后,大学生思想政治教育的机制要形成合力。大学生思想政治教育是一项系统工程,需要加强组织领导,动员各方资源,推动形成齐抓共管的大思想政治教育格局,建立教育机制互联、教育功能互补、教育力量互动的教育机制,努力形成大学生思想政治教育的整体合力。大学生思想政治教育的机制要形成合力,从外部环境看,要努力探索学校、家庭、社会三结合教育机制,把建立目标同向、教育同步、推进同力的学校、家庭、社会三结合的教育网络纳入社会建设之中,使大学生思想政治教育由学校向家庭延伸、向社会拓展。“从教育理念与教育方式上看,家庭是大学生接受思想道德教育的第一课堂,家庭的潜移默化对学生的思想和行为的影响不可忽视。相比较而言前者是一个系统工程,致力于从源头上打造思想政治教育工作的良好环境;后者则是致力于加强已经从家庭中成长起来

① 钱广荣:《推进思想政治教育科学化的基本理路》,《思想教育研究》,2011 年第 3 期。

② 郑文涛:《当代大学生思想政治教育:现实反思与制度创新》,《思想教育研究》,2006 年第 6 期。

的青年学生的教育问题。”①从高校内部环境讲，要健全全员育人、全方位育人、全过程育人的长效机制。在全员育人中要突出教书育人，深入发掘各类人文课程的思想政治教育资源，用制度推进师德建设；在全方位育人中要突出管理育人，建立自律与他律、激励与约束有机结合的长效机制，把思想政治教育融入学校管理之中；在全过程育人中要突出服务育人，建立为学生办实事办好事的长效机制，在细致入微的服务中增强思想政治教育的实效。

二、实践机制的探索

理论的生命力在于对实践的指导。用大学生思想政治教育科学化的最新理论成果指导大学生思想政治教育科学化的实践，是本课题的重要研究目标。在课题的研究过程中，我们在深入学习和领会国内外大学生思想政治教育先进经验和做法的基础上，回顾和总结了江苏大学（以下称“学校”）大学生思想政治教育历史脉络，用创新的理论成果丰富学校大学生思想政治教育的实践，在突出学生党建工作的引领作用、发挥文明修身工程的主导作用、完善多元化的人才培养举措、构建辅导员队伍建设的“四项机制”等方面进行了有益的探索，提升了学校大学生思想政治教育科学化的实践水平。

（一）突出学生党建工作的引领作用

在学生党建工作方面，学校制定了《进一步加强和改进大学生思想政治教育工作的意见》、《进一步加强和改进大学生党建工作的实施意见》等10项学生工作制度文件，在大力推进学生基层党组织科学化、民主化、信息化建设的基础上，着力强化学生党建工作与思想政治教育、与学生素质提升、与争先创优活动的有机结合，积极探索新形势下以学生党建工作为龙头，全面提升大学生思想政治教育成效，引领大学生健康成长的新路径。具体做法如下：

1. 紧扣主题，强化学生党建工作与思想政治教育相结合

大学生思想政治教育工作是高校人才培养的重要组成部分，学生党建工作又是大学生思想政治教育工作的核心和灵魂，是“培养什么人、怎样培养人”的关键环节。我们通过充分发挥“三个作用”，有效促进了大学生思想政治教育水平的整体提升。

一是充分发挥课堂教育的主阵地作用。按照铸造灵魂、突出主题、把握精髓、打牢基础的要求，根据中宣部、教育部《关于进一步加强和改进高等学校思想政治理论课的意见》精神，以社会主义核心价值体系为引领，大力加强与改进思想政治理论课和哲学社会科学学科与课程建设，不断吸收重大现实和理论问题研究成果，着力推进党的理论创新成果进教材、进课堂、进头脑，努力培养一批具有坚定理想信念、了解国情社会、适应时代要求的青年马克思主义者。

二是充分发挥党校教育的主渠道作用。完善校党校、学院分党校、网上党校三级培训体系。对学生和入党积极分子坚持开展马列主义启蒙教育、形势政策教育、国情教育，向他们正面灌输社会主义意识和共产主义思想，教育引导他们追求政治进步、积极向党组织

---

① 冯刚：《着眼“八个结合”内在规律研究　努力提高大学生思想政治教育工作科学化水平》，《学校党建与思想教育》，2011年第9期。

靠拢。同时,进一步规范校园网络文化建设,着力建设一批融思想性、知识性、信息性、服务性于一体的校园网站,通过网络宣传党的方针、政策,通过网络与学生进行思想交流,使红色网站成为广大学生不可缺少的重要精神家园。2009 年,学校还投入 12 万元建成党内信息管理系统以及网上党校学习、考试系统,为大学生入党积极分子网上菜单式学习和自测与考试等创造了良好条件。学校还利用手机平台、QQ 群、手机报等,向全校大学生定期发送党建与团学信息,极大提高了大学生党建工作效率和党建工作质量。

三是充分发挥学业导师的引领者作用。"学业导师制"旨在充分发挥专业教师在大学生人生观、世界观、价值观的塑造以及学业发展过程中的引领作用,切实将大学生人生发展导航、大学生学业与职业生涯规划以及思想政治教育融入教学第一线。为确保所有学生都接受学业规划指导,学校选派了一大批思想素质高、业务水平强、具有副高以上职称的教师担任大学生学业导师,由他们在思想上担当学生的领航员,在学习上担当学生的辅导员,在生活上担当学生的指导员。同时,学校还充分发挥离退休老同志的余热,聘请离退休老同志担任组织员,深入学院、班级和党、团支部,开展思想政治教育和大学生党建工作,把学生党建和思想政治教育工作做到学生班级、宿舍,有效提高了大学生思想政治教育的针对性和有效性。

2. 创新载体,强化学生党建工作与学生素质提升相结合

强化学生党建工作与学生素质提升相结合,是江苏大学加强学生党建工作的着力点。学校通过创新"三个载体",有效激发了学生党建工作活力,促进了学生整体素质的不断提升。

一是以"菁英学校"为载体,实现学生党员素质再提高。成立"菁英学校",旨在培养未来的政治精英、学术精英、商业精英,是学校对优秀学生党员知识、能力、素质再提高的战略举措。学校每年遴选 300 名品学兼优的优秀党员大学生,从增强政治素质、提升思想境界、锤炼作风品格、优化能力结构、拓展国际视野等方面加以重点培养,努力使他们成长为政治坚定、学识渊深、才智清明、性情通达、胸怀宽广、具有国际视野的创新型人才。

二是以素质教育中心为载体,实现党校教育内容新拓展。成立"素质教育中心",旨在为提升大学生素质、实现党校教育内容新拓展搭建平台。通过大学生素质教育类课程的全面开辟,以学生党员为核心的各类创新创业团队纷纷成立,有效带动了校园科技文化氛围的形成,涌现出了诸如申请专利 40 多项、入围"2005 中国大学生年度人物"的创业典型刘春生,出席"2008 年全国互联网安全峰会"并荣获"第五届中国青少年科技创新奖"的创新典型张翼和创办企业年销售额近 1 000 万元的入党积极分子周尚飞等一大批创新创业典型。在第 10 届"挑战杯"全国大学生科技作品竞赛中,学校与北京大学、复旦大学、香港中文大学成为获得 2 个特等奖的 4 所高校。全国百篇优秀博士学位论文评选中,学校连续 3 年榜上有名。学校培养的学生因政治素质高、创新能力强受到用人单位的普遍欢迎。学校荣获"全国毕业生就业工作先进集体"称号,并被遴选为全国 50 所毕业生就业典型经验高校之一。

三是以党员修身工程为载体,推动学生文明素养新提升。通过全面实施"讲党性、重品行、作表率"党员修身工程,有效带动了以道德规范为基础、以诚实守信为重点、以校园文明建设为龙头、以"课堂文明、举止文明、网络文明、宿舍文明、食堂文明"建设为抓手、

以优良班风学风创建为载体的大学生基础文明建设的深入开展，大学生的文明素养不断提升，感恩意识、责任意识和奉献意识不断增强。江苏省"十佳青年学生"开评以来，学校每届都有学生当选，成为江苏省唯一获此殊荣的高校。根据学校学生党员、被誉为"爱心天使"的陈静的真实故事改编拍摄的电影《小城大爱》在全国公映，并在 CCTV6 电影频道播放，成为全国大学生思想政治教育的先进典型。

3. 典型示范，强化学生党建工作与创先争优活动相结合

江苏大学通过实施"两大工程"，充分发挥大学生党员在思想政治教育中的骨干带头和先锋模范作用，在大学生中形成了"比、学、赶、帮、超"的良好氛围。

一是大学生党建"三个一"工程。即一个党支部建好一个班，一名党员带好一个宿舍，一名入党积极分子帮助一名学习困难同学。"三个一"工程的实施，有效促进了学生党支部战斗堡垒作用与优良学风、班风建设的结合，党员先锋模范作用与文明宿舍创建的结合，入党积极分子考察培养与学习困难学生帮扶的结合。活动中，学生党员通过以党性的力量把青年学生凝聚在一起，通过发挥骨干作用，有力地提升了党员的先进性形象，增强了学生党支部的凝聚力和战斗力，带动促进了学生、班级、宿舍的和谐进步。

二是旗帜引领与榜样示范工程。通过建立学生社区党员服务站、开展党员志愿者服务和优秀学生共产党员评选等活动，大力弘扬先进典型，积极营造学习先进、赶超先进的浓厚氛围，引领、激励广大学生健康成长。同时，通过建立学生党员责任区，将学生党建的部分工作交给学生党员去做，使其在工作中"受教育、长才干、作贡献"的同时，真正展现"一名党员一面旗帜"的风采，成为青年学生的榜样。

（二）发挥文明修身工程的主导作用

学校始终坚持将大学生文明修身教育当做学校改革发展过程中的一项重要的教育工作来抓，先后召开了"大学生文明修身工程"部署会议、文明修身工作交流会暨学生党员示范挂牌仪式等工作会议，相继出台了《关于开展江苏大学学生文明修身工程的通知》、《关于实施"大学生文明修身示范月"活动的意见》、《关于征集〈江苏大学大学生文明修身规范〉修改意见的通知》、《关于进一步深化"大学生文明修身"开展"爱我校园、美我校园"主题教育活动的意见》等重要文件，以"理想、修身、成才"为教育主题，逐步加大"大学生文明修身工程"推进的力度，不断深度挖掘文明修身工程建设的内涵，扩大活动阵地和活动影响，做到"学院有计划、班班显特色、人人见行动"，形成了"全员修身、全程覆盖、整体提高"的良好局面。

1. 促使文明习惯养成，夯实修身教育的起点

在"大学生文明修身工程"中，学校持续开展了"校园四文明"活动，即"宿舍文明、教室文明、就餐文明、举止文明"。通过校报、海报、标语、横幅、宣传栏、座谈会、讨论会、辩论会等形式加强教育宣传，使"文明修身"的理念融入大学生的学习生活中，引导大学生从身边事做起，从点滴事做起，树校园文明之风。开展千余名学生党员佩戴文明修身绿色标志活动，做文明先锋，带动周围同学齐建文明江大。以学习型学生公寓社区建设、文明宿舍评比、"学习型示范寝室"评比、"党员示范寝室"评比推动宿舍文明的建设；以教室行为规范、辅导员班主任听课制度、任课教师课堂评议制度等推进教室文明的建设；以"文明礼让、遵守秩序、回送餐盘、规范停车"倡议活动、学生干部文明就餐示范活动促进大学生就

餐文明;以主要内容为“爱我校园、美我校园”、“晨读+义务清扫”的“文明学习示范岗”、“我有一技之长”校内志愿者服务等主题教育活动倡导校园文明。多形式、广途径引导广大学生增强文明意识、争做文明先锋、共建文明校园、共塑文明江大。

2. 加强诚信立身教育,突出修身教育的重点

学校亦将诚信教育列为大学生修身教育的重点内容之一,引导学生“诚信立身、诚信立学、诚信立行”。通过课堂教学如“两课”教学的主渠道,让学生了解诚信观念在中外历史传统中的重要地位;把诚信品质融入专业课程的教学,让学生懂得严谨治学、缜密研究的重要意义;坚持“明礼树新风,诚信做真人”主题教育活动,通过“无人售水”、“诚信万人签名”、“无人监考班级”等诚信教育系列活动,让学生全面了解诚信为人与自身发展的密切关系,强化学生“诚信光荣、失信可耻”的观念,营造“人人知诚信、人人守诚信”的良好氛围,形成“人人讲诚信、处处见诚信”的文明校园。学校还颁布《关于进一步加强学生诚信教育的通知》,重点加强大学生的“三诚信”教育,即“诚信考试不作弊、诚信贷款不拖欠、诚信就业不违约”,并围绕这一主题开展一系列活动,如:组织新生签订自律承诺书,举办“诚信贷款、按期还款”主题征文活动、“诚信从我做起——江苏大学贷款毕业生还款承诺宣誓大会”,在校园网定期表彰“恪守在校承诺、彰显诚信本色”的提前或按期还贷学生,开展“带着诚信、走上社会”毕业生诚信教育等等。一些特色活动还在中央电视台《共同关注》栏目、《中国教育报》、《新华日报》、《扬子晚报》等电视、报刊媒体上给予了报道。学校还将在建立、完善大学生诚信档案和诚信评估机制上继续加强研讨。

3. 举办名人讲座,拓展修身教育的广度

为了使广大学生真正从思想上认识到修身对于成才成功、塑造完美人生的重要价值,真切理解与自觉投身修身活动,学校借助名人讲座这一平台,力邀校内外的专家、学者、知名人士谈人生、谈事业、谈成长的启迪、谈成功的经验,让广大学生在一个个生动鲜活的成功人士的事迹中感悟修身的意义,明确修身的内容。几年来,学工处共举办近百场名人讲座,不断“提层次、出精品”。原国务院副总理李岚清来校作了“音乐·艺术·人生”的精彩演讲。他从自身的经历和感悟出发,畅谈音乐修养对于培养高层次人才及构建和谐社会的作用和意义,他认为高素质人才必须德智体美全面发展,启发了广大学生对“人生”丰富内涵的思考。台湾著名作家、画家刘墉先生的讲座创下了“名人讲座”观众人数、现场气氛之最,博得了广大学生的一致好评。著名指挥家卞祖善、著名主持人鲁豫及孟非、青春文学作家饶雪漫等与学生的交流,形式新颖生动,开拓了学生的视野,浓郁了学校的人文氛围。通过这些“随风潜入夜、润物细无声”的方式影响学生的修身观,从而不断地深化修身教育。

4. 开展多彩活动,丰富修身教育的内涵

在突出重点的基础上,学校“大学生文明修身工程”以多种多样的形式不断向前推进,通过开展“爱家、强校、兴国”主题活动,引导大学生认识到知识复合型、能力多样型、素质综合型是“爱家、强校、兴国”的基础,是当代大学生努力的方向;结合大学生社会实践活动,组织学生深入包括老区在内的社区、街道、农村、厂企等,扎实开展“三下乡”活动,让广大学生从社会中汲取营养,促进学生了解社会、了解国情,增长才干、奉献社会,锻炼毅力、培养品格,增强社会责任感;开展“感恩教育”系列活动,邀请台湾著名作家、画家

刘墉先生作“在生命中追寻的爱”的演讲,举行“以史为鉴·奋发图强·兴我中华”诗歌朗诵比赛,举办“沟通”活动——“文明修身大家谈”专栏,举行校领导与学生网上恳谈会等等。

（三）完善多元化的人才培养举措

学校高度重视大学生思想政治教育的合力机制,着力营造全员育人、全方面育人和全过程育人优良氛围。在以学生为本的理念指导下,完善多元化的人才培养举措,尤其是在教学、家庭经济学生资助、心理健康教育等方面,为大学生个性化发展和全面自由发展作出了突出成绩。

1. 优化人才培养的教学模式

学校以创建本科教学质量名校为目标,进一步深化教学改革,推进教学创新,优化人才培养的教学模式,使教学工作更好地服务于学生的成长成才。

一是专业设置瞄准社会需求。实行“大类招生,大类培养”人才培养模式,采取“平台+模块”的课程结构,根据人才市场需求及预分配意向确定专业方向,有效缓解了学生所学专业与就业意向不对口、所学知识与社会需求不符合等方面的矛盾。通过调整、完善和优化通识教育平台、学科(专业)基础平台,构建融自然科学基础、人文社会科学基础、本专业学科基础、相邻专业学科基础、基本技能和基本素质于一体的厚基础教学体系,实现学科之间的交叉融合,使学生具备适应社会发展变化需要的知识、能力和素质。

二是科技创新全面融入教学。按照厚基础、宽口径、高素质、重创新、促进学生全面发展的要求,设计科学合理的课程体系,构建多种课程模块,实施启发式、研究性教学。以实施《江苏大学本科生课外创新学分认定与管理办法》为重点,积极引导大学生开展科研创新活动,培养学生的创造、创新与创业精神和实践能力,激发学生参与实践创新的热情。实施“百项本科生创新计划”,每年遴选100项左右的大学生实践创新训练项目进行立项资助,鼓励和支持大学生尽早参与科学研究、技术开发和社会实践等创新活动,不断提高大学生的创新精神、创业精神和实践能力。

三是优秀学生获得优先发展。学校实行“优生优培”制度。每年在新生中选拔优秀学生组建机械动力类和电气信息类培优班,实行单独的教学计划,为优秀学生成长成才创造条件。同时,推行了“提前选拔攻读硕士学位预备生制度”,配备导师,使其提前进入导师的课题组,参与课题研究与科研训练,并在图书资料借阅等方面提供便利等,努力为预备生提高工程能力、创新能力和科研能力创造条件。学校还以教育部实施“卓越工程师培养计划”试点为契机,组织机械设计制造及自动化、车辆工程、流体机械及工程等专业(方向)教师调研论证,积极探索与践行“3+1”等工程类人才培养新模式,全力保障“卓越工程师培养计划”的有效推行。

2. 注重资助工作与思想育人相结合

学校高度重视资助经济困难学生工作,根据国家有关资助经济困难学生的政策,积极探索,大胆尝试,不断创新资助形式和工作方法,引导学生自立自强、奋发向上,增强学生的感恩、回报意识,达到了资助工作与思想育人的同步发展。

一是资助与思想政治教育相结合。学校为每个学院配备了具有国家心理咨询师职业资格的心理辅导员,通过心理访谈形式,重点帮助家庭经济困难学生认识自身的人格特点,掌握积极的应付方式,进行有效的自我调节,以提高对困难和挫折的承受力。学校通过开展反哺教育、感恩教育等系列活动,引导学生克服自卑心理,树立克服困难的信心,提高诚信意识,增强回报社会的责任感。同时,引导家庭经济困难学生主动参加"自强社"、"大学生勤工助学中心"、"爱心联盟"、"曙光爱心公社"等学生公益社团,参加"大学生志愿服务西部计划"和"大学生志愿服务苏北计划",通过实际行动回报国家和社会。

二是资助与素质拓展相结合。为培养家庭经济困难学生的竞争意识、敬业意识,学校每年举办勤工助学招聘大会,实行公开招聘、竞争上岗;注重引导家庭经济困难学生参加"大学生科研课题立项"和"星光杯"江苏大学创业计划竞赛,以及"创新论坛"、"科普周末"广场活动、"学术大讲堂"系列活动和"百科知识竞赛"等,以拓展他们的视野,培养他们的自学能力、生存能力、适应能力和创业意识。

三是资助与就业相结合。学校主动并优先开展家庭经济困难学生就业推荐工作,采取举办专场招聘会的方式,积极请用人单位"走进来";采取"走出去"的形式,携带贫困毕业生材料主动走访用人单位,为毕业生寻找合适的岗位;搭建家庭经济困难学生就业网上平台,校内就业网优先为贫困毕业生发布个人信息,提供求职、招聘、指导平台。学校关心下一代工作委员会还建立了大学生就业指导服务组,利用老教师在社会关系方面的优势,先后帮助60余名就业有困难的贫困毕业生走上工作岗位。

3. 完善与强化学校的心育功能

当今时代对大学生的心理素质和心理调适能力提出了更新、更高的要求,学校高度重视大学生心理和人格的健康发展。学校大学生心理健康教育工作坚持一切以学生为本,关注全人的身心健康发展,实施全程的心理健康教育,强化全员的心理保健意识,营造全校的心理教育氛围,以培养自我成长型的人才为工作理念,以心理问题的预防与治疗、心理发展的辅导与训练、心理健康知识的宣传与普及、心理健康教育的教学与研究为工作内容,为大学生心理健康保驾护航。

一是健全大学生心理健康的组织机构。大学生心理健康教育中心本着专兼结合的原则,配备好心理健康教育中心的师资。中心现有4个专职人员,学历均在大学本科以上,职称分别为教授、主任医师、副主任医师和讲师。同时,从工作需要出发,精心选配与聘请了18位有事业心与责任感并具有一定理论基础的兼职心理访谈员,其中有心理学工作者、医务人员、德育教师、思想政治教育工作者。另从各学院学生工作负责人中选拔了29位思想素质高、有丰富的学生教育管理经验、能热心为学生释疑解惑的思想政治工作者为心理辅导员。

二是强化全校师生心理保健意识。学校注重在教师中普及心理学知识,提高心育能力,并把心育作为教书育人的一项重要内容齐抓共管;分别聘请专家学者为相关教师开设讲座培训,以强化其心育意识,还以党校课程、支部书记培训班、教书育人工作坊等多种形式进行渗透教育;同时,根据江苏省教育厅的要求,在新教师上岗培训中,将学校心理健康教育作为"教育心理学"课程中不可或缺的内容,通过组织心理健康教育教师集体备课以及相互观摩教学,交流经验,分享体验,调动其主观能动性,促使其更好地实施心理健康教育。此外,学校还建立健全了大学生自助的组织——大学生心理学会,各校区成立了心理分会,经面试招聘,现有约200名学生加入了该学会。

三是营造全校的心育氛围。学校平均每月开设一次"心灵讲坛",已先后邀请了清华大学的樊富珉教授、中国人民大学的张小乔教授、南京大学的桑志芹教授、上海交通大学的胡进教授、南京师范大学的乔建中教授等多名心理专家来校讲学;同时充分整合学校现有的各种资源,组织了校内心理健康教育讲师团,并开出了"讲座菜单",印发在心理健康中心的宣传小册子上,供大家选择。心理健康教育中心还利用一些与心理健康教育有关的特殊日子,如"5·25"大学生心理健康日、5月31日"世界无烟日"、9月10日"世界预防自杀日"等设计不同活动主题,开展形式多样的心理健康教育活动,帮助大学生树立注重心理健康、珍爱生命的意识。

(四) 构建辅导员队伍建设的"四项机制"

近年来,学校制定下发了《关于进一步加强辅导员队伍建设的意见》、《江苏大学辅导员工作条例》和《江苏大学辅导员岗位聘任办法》等文件,以专业化、职业化、专家化为目标,系统规划辅导员队伍建设,着力在构建"选配聘用、教育培养、考核评价、职业发展"4项机制上下工夫,握住"高进、严管、精育、优出"4个关键环节,使辅导员工作有条件、干事有平台、发展有空间、待遇有保障,打造了一支政治素质好、战斗力强、热爱学生工作、乐于奉献的辅导员队伍,通过辅导员队伍整体素质的不断提升,有效带动了大学生思想政治教育的整体推进和学生的健康成长。

1. 构建"选配聘用"机制,优化辅导员队伍结构

辅导员选配聘用工作是保证辅导员队伍建设起始水准和后续发展潜力的重要基础。我们通过严格专职辅导员准入制度和建立兼职辅导员制度,使辅导员队伍的年龄、学历、能力等结构不断优化。

一是严格专职辅导员准入制度。学校每年12月至次年2月面向"211工程"及以上高校应届毕业研究生公开招聘、选拔辅导员,要求应聘者除应为中共党员或预备党员外,还应具有与学生工作相适应的专业知识、职业素养和职业能力。在具体选聘工作中,由分管校领导、纪委、人事处、学生处、研究生工作部等部门负责人组成选聘小组,严格按照选拔要求组织笔试、面试,对通过面试者进行心理素质测试和体检,与最后脱颖而出的优秀毕业研究生签订实习协议。为确保选好人才,学校规定3个月实习考核合格后,才能正式聘任为学生辅导员。近两年,学校共引进了53名应届硕士毕业生充实辅导员队伍,全校共有145名专职辅导员。

二是建立兼职辅导员制度。学校从2010年开始,实行优秀专业教师及党政管理干部兼任辅导员制度,鼓励专业课教师和管理人员参与育人工作,努力形成全员育人的良好氛围。目前,学校首批选聘了76名兼职辅导员,其中专业教师占70%以上。这批兼职辅导员的上岗使辅导员的结构更加合理,促进了学生思想政治教育工作与专业教育的有机结合。与此同时,为增强思想政治教育工作的针对性,弥补辅导员工作的"短板",学校选派了一大批思想素质高、业务水平强、具有副高以上职称的教师担任大学生的学业导师,由他们在思想上担当学生的领航员,在学习上担当学生的辅导员,在生活上担当学生的指导员。

2. 构建"教育培养"机制,提升辅导员工作能力

学校把加强对辅导员的教育培养作为加强辅导员队伍建设的重要举措,逐步建立起一套多渠道、多形式、多层次的辅导员教育培养机制,为提升辅导员工作能力提供了坚强保障。

一是搭建辅导员进修培训平台。教育部、江苏省教育厅为学校辅导员培训创造了很多的有利条件和机会,学校受益匪浅。在做好校级岗前培训的基础上,新任辅导员必须参加江苏省教育厅组织的江苏省高校新任辅导员培训班,取得结业证书以后,方可从事辅导员工作。学校还有计划地选拔优秀辅导员攻读博士学位、挂职锻炼以及到国外高校学习考察。近5年来,学校选派参加国外培训及国家、省级培训的辅导员达60余人次,为辅导员开阔视野、增进交流、提高素质搭建了有效平台。

二是搭建辅导员素质拓展平台。首先,定期举办辅导员工作培训班,邀请校内外专家学者开设专题讲座,帮助辅导员了解当前学生工作的特点和规律,掌握新形势下学生工作的方法。其次,学校设立专项培养培训基金,支持辅导员参加国家心理咨询师及就业职业指导师的培训和认证考试(辅导员获得资格证书后,其培训考试费用由学校承担)。目前学校已有51名辅导员具备"心理咨询师"资格、29名辅导员具备"职业指导师"资格。最后,学校定期举办"辅导员工作沙龙",为辅导员搭建交流工作、沟通思想、相互学习、研究探索的平台,已经举办的15期辅导员工作沙龙主题涉及学生思想教育、学生公寓管理、学生心理咨询、就业指导、辅导员自身素质提高等方面,在解决辅导员工作中的实际问题、提升辅导员工作的科学化水平等方面发挥了积极的作用。

三是搭建辅导员专业研究平台。2010年,学校成立了大学生素质教育中心,专门从事大学生综合素质培养的教学、研究和咨询工作。中心下设学业就业指导、形势与政策、心理健康、公共艺术、法纪与安全等5个研究室,所有专职辅导员按各自条件兼任各教研室教师,开展相关教学和研究工作。另外,学校还设立了每年10万元的大学生思想政治教育专项科研基金,用于资助辅导员开展课题研究,鼓励辅导员承担国家级、省级和校级课题立项。

3. 构建"考核评价"机制,激发辅导员队伍活力

切实可行的考核评价机制是加强辅导员队伍专业化、职业化建设的重要保障。近年来,学校根据辅导员自身特点,建立了以工作实绩为主要内容、以学生满意度为主要指标,科学性和可操作性较强的考核评价体系,有效地发挥了考核评价的激励和导向功能。

一是科学设计指标体系。学校成立了辅导员工作考核领导小组,统一组织辅导员年度考核。每年4月,在总结上一年度考核经验基础上,根据定性与定量结合、德尔菲法、层次分析法等方法,确定考核体系与指标并予以公布。11月中旬开始,面向全校辅导员考核,考核流程为辅导员撰写年度工作总结并公布、划卡评议、综合评议确定考核结果。

二是规范考评关键环节。划卡评议是辅导员考核最关键的环节,分为学生评议、学院评议和部门评议3部分。学校要求所有本科生、研究生都要参与划卡评议,学生评议分与学生参评率挂钩折算,由于学校宣传到位,组织得当,学生参评积极性较高,每年参评率均在97%以上。学院评议分由学院评议结果与学院学生工作考核结果加权得出。部门评议由学工部、研工部、校团委、心理健康中心科级及以上干部划卡评议。辅导员考核结果按照"总评分=学生评议分×50%+学院评议分×40%+部门评议分×10%"的公式算出,结合关键事件考核,最终确定辅导员的考核等级。

三是注重考评结果运用。学校把辅导员年度考评工作作为教职工年度考核工作的组成部分,将考评结果作为衡量辅导员能力、评价辅导员工作绩效的重要依据,加大考评结

果在职务聘任、津贴发放、各类评比中的使用力度。学校根据年度考评确定辅导员评优结果:对于考评结果排序前10名的辅导员授予“江苏大学十佳辅导员”荣誉称号,对于排序第11—20名的辅导员授予“江苏大学优秀辅导员”荣誉称号,使辅导员感受到学校对其工作的重视和肯定,从而增强辅导员爱岗敬业的热情和干事创业的信心。辅导员专项津贴也与辅导员年度考评结果挂钩,考核为“优秀”、“合格”的正常发放,考核为“基本合格”的发放一半,考核为“不合格”的停发。

4. 构建“职业发展”机制,增强辅导员发展后劲

辅导员自身的发展需求是加强专业化、职业化建设的内在要求,如果不对辅导员的发展进行系统合理的设计,辅导员就不能在本职岗位上成就事业、实现自身价值,这样势必会造成辅导员队伍的不稳定。为此,学校对辅导员进一步明确了行政职级和专业技术职务聘任制双重身份管理。

一是建立职级聘任制。根据工作年限、工作实绩、岗位职责、考核结果、获奖情况等条件,学校设置了由低到高1—4级辅导员岗位,分别对应科员、副科级、正科级、副处级的实职岗位,为辅导员提供了发展的空间。

二是实施专业技术职务聘任制。学校专门设立了“学生思想政治教育”专业技术职务序列,成立专门的专业技术职务评审委员会,充分考虑辅导员的工作特点,坚持工作实绩、科研能力和研究成果相结合的方针,单划指标、单定标准,按照助教、讲师、副教授、教授等职级评聘辅导员的专业技术职务。目前,学校已有21名辅导员具有副高以上职称。

三是健全辅导员“出口”机制。学校从2009年开始,所有党政管理部门不再新进应届毕业生,所需人员缺口,根据工作需要和个人意愿从辅导员岗位中补充。学校还坚持将辅导员作为党政后备干部培养和选拔的重要来源,积极推荐优秀辅导员到校内管理干部岗位。

(作者:江苏大学姚冠新)

第一篇　工作理念的现代化

坚持以社会主义核心价值体系引领大学文化建设

江苏大学（以下称“学校”）深入贯彻党的十七届六中全会精神，坚持以社会主义核心价值体系引领大学文化建设，把社会主义核心价值体系的基本要求融入大学文化建设的全过程。我们的做法是：

一、坚持用马克思主义中国化最新成果武装师生不动摇，凸显大学文化的思想引导力，巩固“坚强阵地”

（一）理论武装对象全员化

不断完善校院两级中心组学习和教职工政治理论学习制度。校院两级中心组坚持“四个一”措施，即“每月一份学习资料汇编”、“每季一场专家报告”、“每季一本经典好书”、“每年一项专题调研”，提高领导干部理论武装的示范效应。教职工政治理论学习以每双周三的“理论学堂”强化规范性，以“书记课堂”、“网络课堂”、“实践课堂”强化丰富性，以交流学习成果的“分享讲堂”强化实效性。发挥思想政治理论课主渠道作用，大力加强教学改革，实现思想政治理论课与大学生素质拓展课程的衔接、与大学生社会实践的衔接、与网络思想政治工作的衔接、与学生工作辅导员的衔接，不断推进用马克思主义中国化最新成果武装师生工作取得新实效。

（二）理论武装载体多样化

学校不断创新理论武装新载体，精心打造“江苏大学发展论坛”和“领导干部新知识讲座”中心组学习品牌活动。2009 年，学校建成党内信息管理系统以及网上党校学习、考试系统。创办“菁英学校”，强化青年马克思主义者培养工作。加强红色网站建设，学校党建与思政教育网站“江帆网”先后被评为“江苏省优秀红色网站”、“全国高校百佳网站”。同时，充分运用江大微博、江大青年手机报、网络培训学校、短信服务平台等各类平台，传播马克思主义思想。

二、坚持用中国特色社会主义共同理想凝聚师生不动摇，彰显大学文化的理想感召力，打造“培养基地”

（一）理想信念教育主题化

学校每年开展相关主题活动，先后开展“学党史树理想信念、学典型树人生标杆”、“理想、修身、成才”、“感恩、责任、奉献”、“创新、奋进、报国”等主题鲜明的教育活动，年终进行交流评比，教育效果显著。针对新生设置教育专版，在每年新生入学之初，向新生发放《大学生思想政治教育纲要》、《新时期高校共青团工作理论和实践》和《新生导刊》等

"入门教材"。

（二）形势政策教育规范化

通过"学院联系人制度"、"教学检查制度"、"情况记录表制度"、"主讲教师与授课学生交叉排课制度"加强教学管理，通过"骨干教师示范课制度"、"青年教师听课制度"、"教学督导听课制度"、"教学质量评价制度"提升教学质量，通过开设"形势与政策教育网络学堂"、探索"形势与政策教育的实践机制"，不断拓展形势与政策教育模式，提高教学效果。

（三）社会实践活动精细化

用好社会大课堂的教育资源，制定《江苏大学大学生暑期社会实践评价、奖励方案》，以科学的考评制度促进实践活动规范化、出成效。组建高层次实践示范团队：一是定位和规划层次高；二是参与学生素质高，博士、硕士和学生骨干全面参与，每年有近百支博士、硕士团队；三是指导教师层次高，"百名教授指导社会实践"一直是学校开展社会实践工作的特色。通过高起点谋划，精心组织实施，学校社会实践成效显著。学校连续 15 年获"全国暑期社会实践先进单位"荣誉称号。

三、坚持用民族精神和时代精神培育师生不动摇，提升大学文化的精神凝聚力，活跃"实践园地"

（一）深入开展民族精神教育

以重要纪念日、重大事件为契机，深入开展主题活动。在新中国成立 60 年之际，学校组织 3 000 余人参加"我和我的祖国"大型歌会，并在全校开展"唱红歌"活动，形成了"院院有活动，班班有歌声，人人唱红歌，师生共参与"的生动局面，当年获全国教育系统"祖国万岁"歌咏活动优秀组织奖。

（二）深入开展传统文化教育

加大通识教育实施力度，设置戏曲等传统文化选修课；坚持组织开展文学社团、诗词创作、传统文化知识讲座等活动。传统节日期间，以喜闻乐见的方式，举办具广泛性和代表性的节庆活动，如"中华传统经典名篇诵读"、"元宵灯谜竞猜"等，突出传统节日文化内涵，弘扬传统文化。

（三）深入开展创新创业教育

大力开展"创新、创业、创优"人才培养工作，狠抓"科技创新"系统工程。以全国"挑战杯"为导向平台，培养科技竞赛团队，学校连续三届喜捧全国"挑战杯"优胜杯；以品牌科技活动为练兵平台，打造"星光杯"系列赛事、创新创业论坛等活动品牌；以创新创业学校为培训平台，每年拨付 50 万元经费，培养 500 余名"三创种子"；以科研立项为指导平台，每年拨付专项经费，资助 2 000 名左右学生在导师指导下从事课外科研。学校涌现出众多创业典型，获批江苏省首批"大学生创业教育示范校"。

四、坚持用社会主义荣辱观教育师生不动摇，强化大学文化的道德规范力，建设“道德高地”

（一）加强干部队伍建设

重视干部思想政治建设，强化干部教育培训工作。建设江苏大学干部在线学习中心，有效整合干部教育培训资源，创新干部培训形式，分级分类开展干部教育培训工作，近两年先后在美国马里兰大学、井冈山学院举办处级领导干部培训班，引导干部自觉践行社会主义核心价值观体系。

（二）加强教师队伍建设

制定《中共江苏大学委员会关于进一步加强青年教师思想政治教育的意见》、《教师职业道德规范》等文件，规范教职员工治学为师和育人的基本准则，并将这些规范、准则的遵守情况纳入教职员工考核体系。开展“感动江大”人物评选、师德模范评选、优秀教育工作者评选等多层次典型推选、宣传活动，在全校形成了崇尚高尚师德、践行职业规范的良好氛围。

（三）加强学生道德培养

坚持“以品牌化求品位、以届次化谋发展、以系列化成规模、以大众化促繁荣”为宗旨开展校园文化活动；坚持“以星级评比促建设、以信息上网促宣传、以团建创新促管理、以素质拓展促提升”为宗旨开展社团工作；坚持以弘扬“奉献、友爱、互助、进步”精神为宗旨开展青年志愿者工作，推进学雷锋活动常态化，涌现了“爱心天使”陈静、全国优秀学生社团“爱心联盟”、坚守17年的“骆焱志愿者小分队”、西部支教的“爱心助学驿站”、“格桑花助学联盟”、“下午四点钟学校”等道德典型。

（本文为江苏大学报送2012年江苏省高校宣传思想工作会议交流材料）

社会主义核心价值体系与大学生价值观教育引导机制研究

一、问题的提出

党的十六届六中全会通过的《中共中央关于构建社会主义和谐社会若干重大问题的决定》,明确提出了建设社会主义核心价值体系的根本要求和战略任务。党的十七大又一次强调要建设社会主义核心价值体系,增强社会主义意识形态的吸引力和凝聚力,指出"要切实把社会主义核心价值体系融入国民教育和精神文明建设的全过程,转化为人民的自觉追求"。对于高校思想政治教育来讲,面对我国市场经济快速发展、人们的价值观念逐渐趋向多元化的背景下产生的各种各样的价值观及其在现实层面上引发的价值观之间的冲突,以及当代青年大学生正处于人生价值观形成的关键时期的现实,如何引领高校大学生树立正确的人生价值观一直都是重中之重,社会主义核心价值体系的提出无疑为高校思想政治教育提供了新的理论支撑点。用社会主义核心价值体系统领大学生思想政治教育,无疑是建设社会主义核心价值体系的必然要求和重要组成部分,而如何有效引领大学生践行社会主义核心价值体系则成为当前高校的一个关键点。本文试图通过实证调研、数据分析介绍大学生的基本价值观倾向以及对社会主义核心价值体系的认知情况,以期透过这些现实挖掘其更深层次的内在原因,借此来探寻建立社会主义核心价值体系与大学生价值观教育引导机制的合理路径。

二、研究方法

本文采用访谈法与定量调查研究相结合的研究方法。2010 年 10 月,主要采取访谈的方式,初步掌握了一些大学生对社会主义核心价值体系以及集体、个人、名誉、金钱、人生价值、情感、责任等方面的认知以及价值倾向。2010 年 12 月,正式就大学生对社会主义核心价值体系的认同情况和大学生价值观特点开始设计问卷,展开调研。问卷的内容主要包括:大学生的基本情况,大学生对社会主义核心价值体系内容、意义的认知了解情况,大学生对金钱、名誉、人生意义、责任、集体和个人关系、正义的价值取向情况。问卷的信度和效度通过以下两方面来保证:一方面求取个别专家的建议,另一方面在两个不同的时间使用相同的测量手段(spss17.0 统计软件)对同一对象分别进行一次测量。先发放 50 份到被调查者手中,然后回收,两周后再发放给同一调查者,分析发现前后问卷统计结果可信区间较稳定。2010 年 12 月—2011 年 3 月,共发放调查问卷 500 份,收回有效问卷 455 份,有效率 91%。调查范围涉及江苏大学各年级各专业大学生。调查样本情况如表 1 所示:

表 1　调查样本情况

基本情况统计		样本数(人)	所占比例(%)
性别	男	207	45.5
	女	248	54.5
年级	一年级	127	27.9
	二年级	182	40.0
	三年级	86	18.9
	四年级	60	13.2

调查问卷设计共包含 28 个问题,涉及客观问题与主观问题,均由 spss 17.0 for windows 统计软件与 excel 统计工具相结合完成。

三、结果与分析

(一) 关于大学生对社会主义核心价值体系认知情况的分析

大学生对社会主义核心价值体系的认知情况调查结果显示:面对"你觉得社会主义核心价值体系的提出有没有必要"一问,有 31.40% 的学生选择了非常有必要,有 46.60% 的学生选择了有必要,还有 14.70% 的学生选择了不清楚,3.70% 的学生选择了没有必要,3.50% 的学生选择了完全没有必要。这说明在社会主义核心价值体系的提出的必要性方面,将近 79% 的学生持肯定态度。学生对"社会主义核心价值体系的提出的必要性"的看法如图 1 所示:

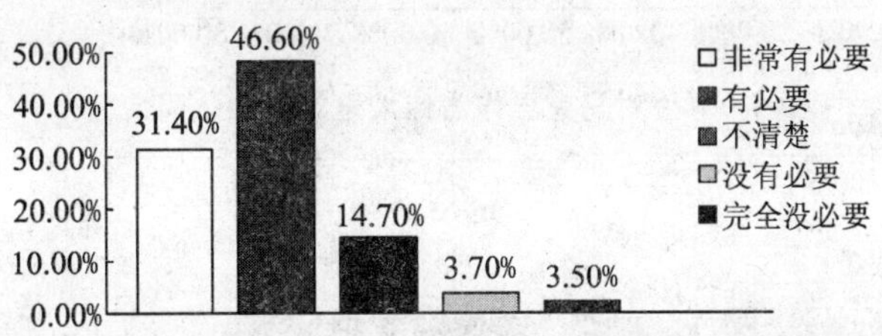

图 1　学生对社会主义核心价值体系提出的必要性的看法

就是否知道社会主义核心价值体系的内容这一问题,统计结果显示,选择"知道,并且理解"一项的学生占 19.80%,选择"知道,不太理解"一项的学生占 56.70%,选择"不知道"一项的学生占 20.00%,选择"完全不知道"一项的学生占 3.50%,这说明对社会主义核心价值体系的内容能够完全理解的学生还是少数,大部分学生对社会主义主义核心价值观的内容并不是完全了解。学生对社会主义核心价值体系的内容的认知情况如图 2 所示:

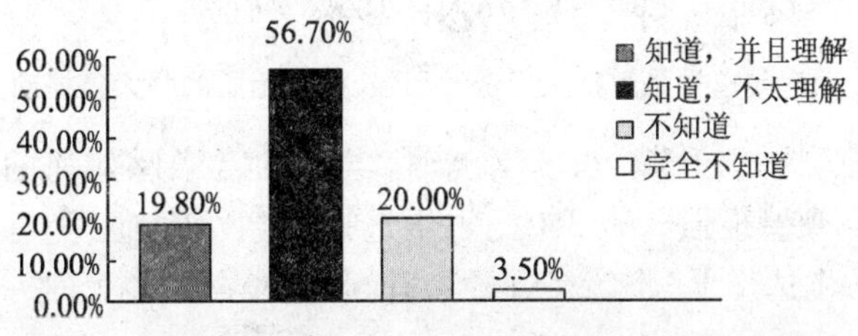

图 2　学生对社会主义核心价值体系的内容的认知情况

大学生对建设社会主义核心价值体系是否有助于增强社会凝聚力的看法以及对马克思作为伟大思想家的认同情况、对坚持马克思主义在中国意识形态领域的指导地位的看法以及对时代精神是激励人们奋发图强、振兴祖国的强大精神动力的看法的调查结果显示：学生对社会主义核心价值体系的凝聚意义、对马克思主义包括马克思本人、对时代精神的激励意义持肯定态度，其中对时代精神是激励人们奋发图强、振兴祖国的强大精神动力一项的肯定倾向要大于其他几项。这说明在时代快速发展的今天，学生作为年轻的一代，具有较强的时代感。具体如图3至图6所示：

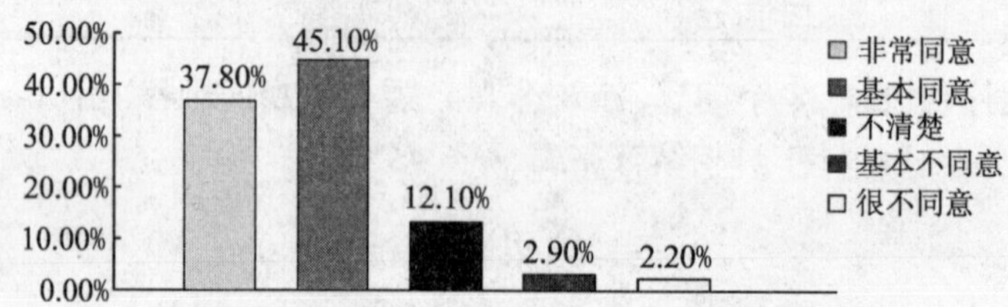

图3　学生对建设社会主义核心价值体系是否有助于增强社会凝聚力的看法

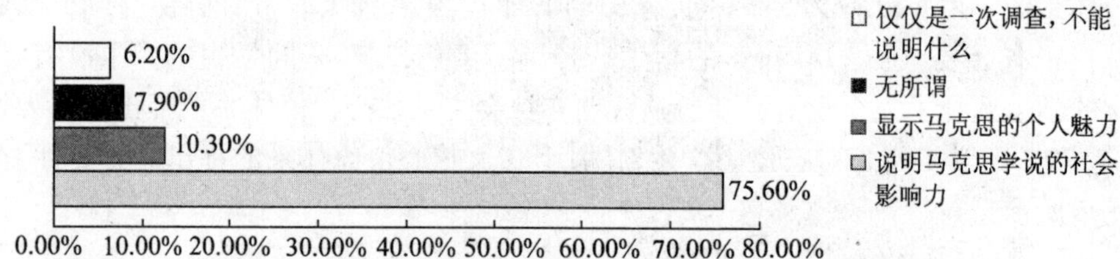

图4　学生对马克思作为伟大思想家的认同情况

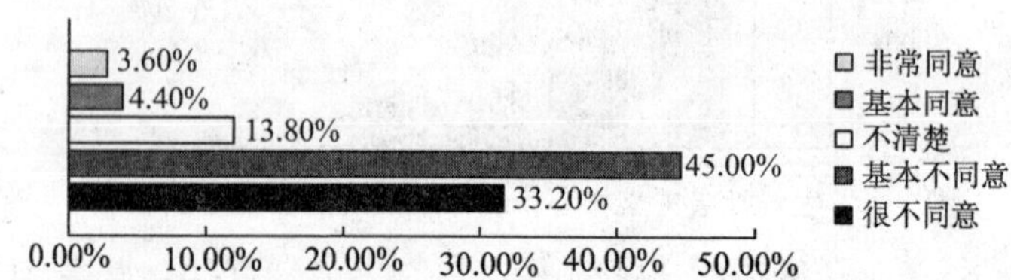

图5　学生对坚持马克思主义在中国意识形态领域的指导地位的看法

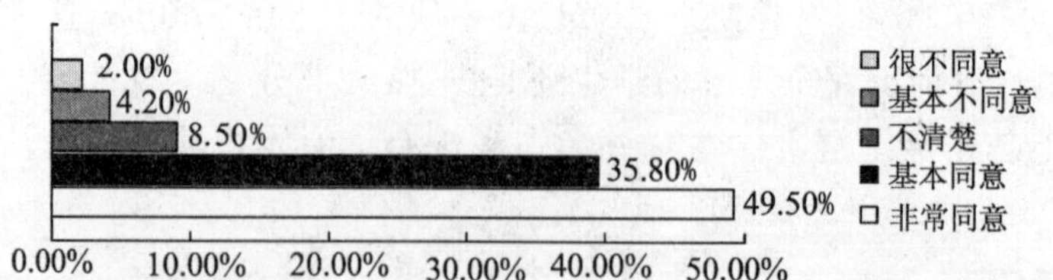

图6　学生对时代精神是激励人们奋发图强、振兴祖国的强大精神动力的看法

对当奥运会上中国国旗升起、国歌奏响时，学生的自豪感如何的调查结果显示：有2%的学生选择了“自豪感很强”，有3%的学生选择了“比较自豪”，有6%的学生选择了“一般”，有21%的学生选择了“不怎么自豪”，有68%的学生选择了“一点不自豪”。如图7所示：

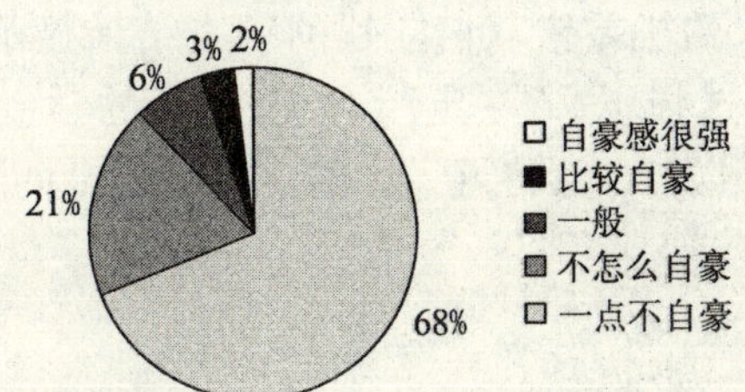

图7　学生对奥运会上见中国国旗升起、国歌奏响时的自豪感

（二）关于大学生价值观的基本情况分析

本研究前期的访谈调查，基本涉及大学生诚信观、自立观、金钱观、消费观、奉献观、人际观、人生观、恋爱观等维度。

学生对论文造假事件的看法，调查结果显示：有59.60%的学生选择了“是学术腐败，应坚决打击”，有13.80%的学生选择了“不太清楚”，有19.60%的学生选择了“司空见惯，不以为然”，还有7.00%的学生选择了“为了个人的名声和地位，无可厚非”，说明学生对论文造假事件基本持否定的态度，但是也有将近40%的学生对于诚信问题还存在着比较模棱两可、不以为然的态度。如图8所示：

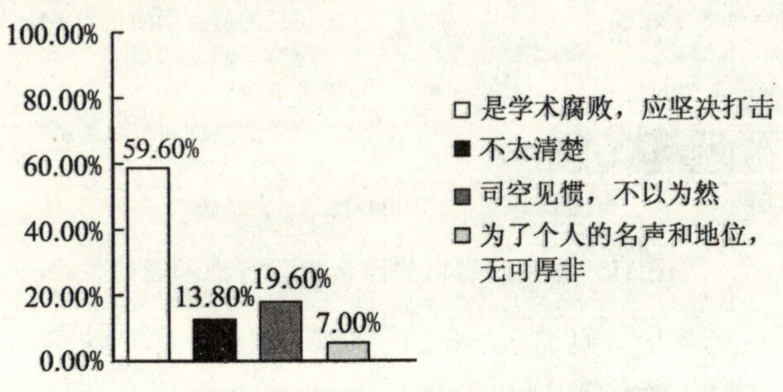

图8　学生对论文造假事件的看法

对靠父母养活的所谓啃老族的看法，有52.70%的学生选择了“根本不赞成”，有27.50%的学生选择了“不太赞成”，有11.60%的学生选择了“说不清”，有5.30%的学生选择了“比较赞成”，有2.90%的学生选择了“非常赞成”。通过数据可以看出，大部分的学生倾向于坚决否定过度依赖父母的行为，希望通过自身劳动自立。如图9所示：

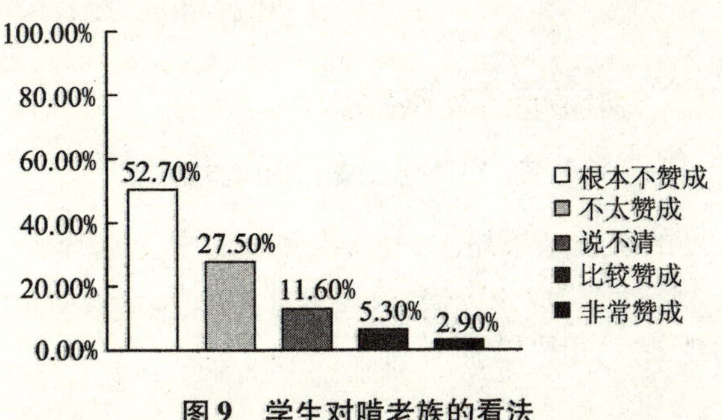

图9　学生对啃老族的看法

就是否会归还 ATM 取款机差错双倍吐钱的调查结果显示，有 16.30% 的学生选择“不会”，有 30.50% 的学生选择了“不一定”，有 53.20% 的学生选择了“会”，说明学生对于诚信方面的认知情况不尽如人意，将近一半的学生对这个问题的回答倾向犹豫。如图 10 所示：

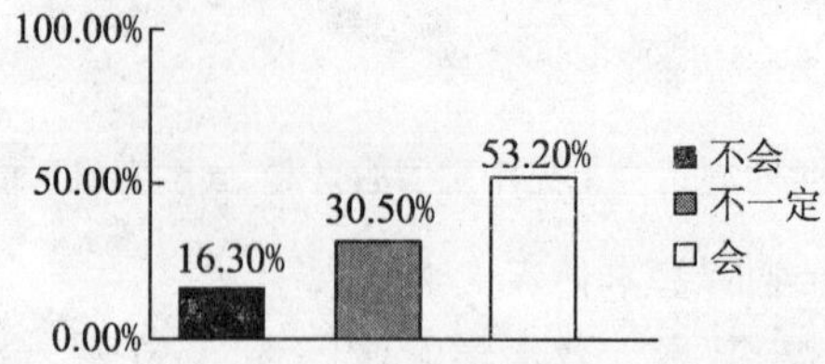

图 10　学生对归还 ATM 取款机差错双倍吐钱的看法

对“司机的拾金索酬行为”的看法的调查结果显示，有 23.50% 的学生选择了“司机的拾金索酬行为不应该，违背了职业道德”，有 17.60% 的学生选择了“说不清”，有 58.90% 的学生认为“司机的拾金索酬行为不应该，违背了职业道德”，说明很大一部分学生认为要遵循本行业的职业道德要求。如图 11 所示：

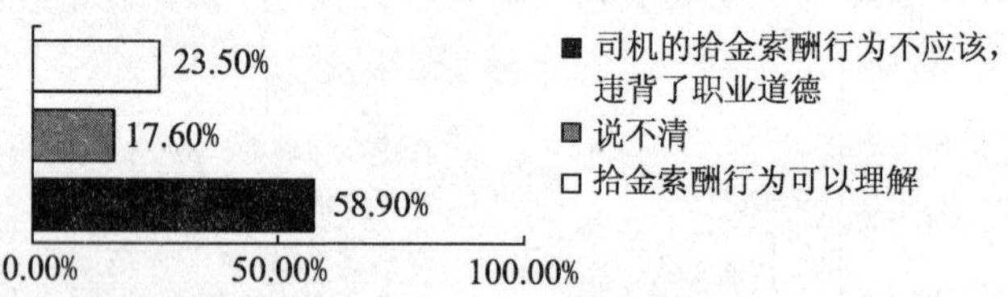

图 11　学生对司机的拾金索酬行为的看法

对奢侈品的态度的调查结果显示，有 36.90% 的学生对一味追求时尚而不惜成本买新产品的行为持“说不清”和“无所谓”的态度。这说明部分大学生还缺乏明辨是非的能力。如图 12 所示：

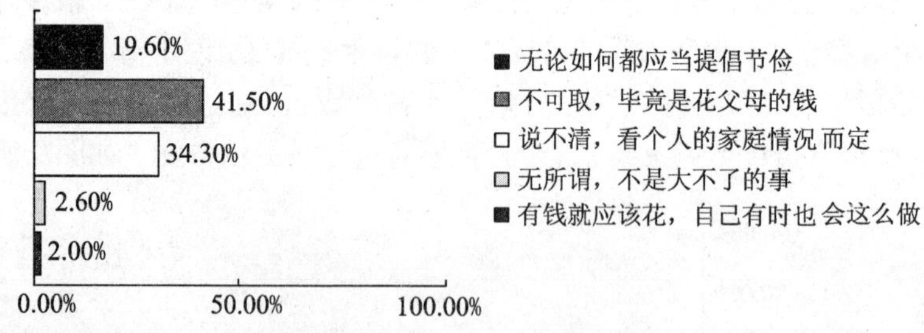

图 12　学生对奢侈品的态度

对劳模助人的态度的调查结果显示，有 74.50% 的学生选择了“值得提倡，但我做不到”，有 15.20% 的学生选择了“应该提倡，我也会那么做”，这说明部分大学生在服务人民方面存在知行脱节的现象。如图 13 所示：

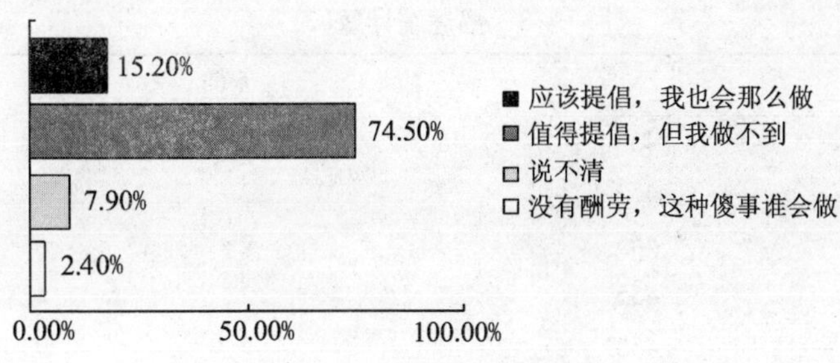

图 13　学生对劳模助人的态度

从表 2 中发现,学生对于“会尽力帮助别人”、“正直是一个人必备品质”、“成为优秀的人”、“和别人好好相处”均倾向于持肯定态度,均值处于“非常同意(均值 =1)和“基本同意”(均值 =2)之间。与此同时,对于“即使别人做了对不起自己的事,也会原谅他”、“尽情享受生活”、“为了学习放弃恋爱”均倾向于持否定态度,处于“一般”(均值 =3)与“非常不同意”(均值 =5)之间。从中可以推断,当前大学生基本倾向于发挥个人特长,努力获得进步,他们认可正直、乐于助人、和别人建立良好人际关系、发挥集体主义精神、宽容这些品质,然而,在具体行为实践中,还存在着一定的知行脱节的现象。另外,大学生对于恋爱的看法也表现出不同年代大学生恋爱观的变化,也反映出当代大学生个人主义价值观的取向。

表 2　描述统计量(1)

	N	极小值	极大值	均值	标准差
会尽力帮助别人	455	1	5	1.61	0.696
即使别人做了对不起自己的事,也会原谅他	455	1	5	2.55	0.896
正直是一个人必备品质	455	1	5	1.52	0.738
会集体做事情	455	1	5	1.91	0.772
成为优秀的人	455	1	5	1.45	0.631
尽情享受生活	455	1	5	2.05	0.915
和别人好好相处	455	1	5	1.69	0.717
为了学习放弃恋爱	455	1	5	2.89	1.081
有效的 N(列表状态)	455				

(三) 关于大学生对社会主义核心价值体系的认知情况的影响因素的分析

这次问卷涉及的大学生的基本情况包括性别、年级、家庭背景、家庭收入、家庭生源地、是否为党员、是否为学生干部、专业背景、对思政课的情感、对学校生活的情感,以下就这些基本情况的变量与社会主义核心价值体系内容的认知变量作相关性分析。如表 3、表 4 所示:

表3　描述统计量(2)

	N	极小值	极大值	均值	标准差
性别	455	1	2	1.55	0.499
是否信仰宗教	455	1	2	1.92	0.277
是否是学生干部	455	1	2	1.65	0.476
是否是独生子女	455	1	2	1.42	0.494
专业	455	1	4	2.93	1.094
政治面貌	455	1	4	1.96	0.376
家庭收入	455	1	5	3.22	1.258
家庭地址	455	1	4	2.92	0.971
年级	455	1	4	2.17	0.984
家庭背景	455	1	6	2.59	1.777
对政治课老师的印象	455	1	5	2.59	0.837
是否参加过学校或社会实践活动	455	1	3	1.84	0.546
对学校校园文化氛围的感受	455	1	5	2.62	0.848
有效的N(列表状态)	455				

表4　描述统计量(3)

		对社会主义核心价值体系必要性的看法	对社会主义核心价值体系内容的了解	对建设核心价值体系有助于增强社会凝聚力的看法	对马克思当选千年最伟大思想家的看法	对坚持马克思主义在中国意识形态领域的指导地位的看法	对时代精神是精神动力的看法	国旗升起、国歌响起时的感受
性别	Poisson相关性	-0.125**	-0.133**	-0.113*	-0.134**	-0.194**	-0.167**	-0.184**
	显著性（双侧）	0.008	0.005	0.016	0.004	0	0	0
	N	455	455	455	455	455	455	455
是否信仰宗教	Poisson相关性	-0.078	-0.09	-0.054	-0.055	-0.136**	-0.121**	-0.120**
	显著性（双侧）	0.095	0.056	0.247	0.245	0.004	0.01	0.01
	N	455	455	455	455	455	455	455
是否是学生干部	Poisson相关性	0.082	0.072	-0.005	0.032	0.02	-0.004	-0.011
	显著性（双侧）	0.081	0.125	0.908	0.499	0.663	0.936	0.819
	N	455	455	455	455	455	455	455

续表

		对社会主义核心价值体系必要性的看法	对社会主义核心价值体系内容的了解	对建设核心价值体系有助于增强社会凝聚力的看法	对马克思当选千年最伟大思想家的看法	对坚持马克思主义在中国意识形态领域的指导地位的看法	对时代精神是精神动力的看法	国旗升起、国歌响起时的感受
是否是独生子女	Poisson 相关性	0.048	0.135**	0.028	0.034	0.066	0.052	0.047
	显著性（双侧）	0.302	0.004	0.551	0.465	0.162	0.268	0.319
	N	455	455	455	455	455	455	455
专业	Poisson 相关性	0.041	0.023	0.017	-0.022	-0.07	-0.06	-0.051
	显著性（双侧）	0.388	0.626	0.711	0.637	0.134	0.203	0.276
	N	455	455	455	455	455	455	455
政治面貌	Poisson 相关性	0.166**	0.171**	0.121**	0.09	0.077	0.101*	0.138**
	显著性（双侧）	0	0	0.01	0.056	0.1	0.031	0.003
	N	455	455	455	455	455	455	455
家庭收入	Poisson 相关性	-0.042	-0.065	-0.056	-0.048	-0.028	-0.072	-0.004
	显著性（双侧）	0.367	0.163	0.234	0.309	0.556	0.124	0.926
	N	455	455	455	455	455	455	455
年级	Poisson 相关性	0.032	-0.033	0.079	0.03	0.003	0.024	-0.026
	显著性（双侧）	0.49	0.484	0.091	0.525	0.942	0.606	0.575
	N	455	455	455	455	455	455	455
生源地	Poisson 相关性	0.06	0.077	0.061	-0.009	-0.017	0.02	-0.08
	显著性（双侧）	0.202	0.103	0.193	0.848	0.715	0.67	0.089
	N	455	455	455	455	455	455	455
家庭背景	Poisson 相关性	-0.006	-0.021	-0.061	0.013	0.04	-0.038	0.048
	显著性（双侧）	0.901	0.654	0.192	0.778	0.398	0.413	0.304
	N	455	455	455	455	455	455	455

续表

		对社会主义核心价值体系必要性的看法	对社会主义核心价值体系内容的了解	对建设核心价值体系有助于增强社会凝聚力的看法	对马克思当选千年最伟大思想家的看法	对坚持马克思主义在中国意识形态领域的指导地位的看法	对时代精神是精神动力的看法	国旗升起、国歌响起时的感受
对政治课老师的印象	Poisson相关性	0.378**	0.247**	0.310**	0.228**	0.260**	0.279**	0.205**
	显著性（双侧）	0	0	0	0	0	0	0
	N	455	455	455	455	455	455	455
是否参加过学校或社会实践活动	Poisson相关性	0.226**	0.189**	0.214**	0.154**	0.149**	0.194**	0.103*
	显著性（双侧）	0	0	0	0.001	0.001	0	0.028
	N	455	455	455	455	455	455	455
对学校校园文化氛围的感受	Poisson相关性	0.375**	0.357**	0.379**	0.290**	0.294**	0.330**	0.218**
	显著性（双侧）	0	0	0	0	0	0	0
	N	455	455	455	455	455	455	455

从以上分析当中可以发现“性别”、“是否信仰宗教”、“是否是学生干部”、“专业”、“年级”、“生源地”、“家庭收入”、“家庭背景”作为变量，均与“对社会主义核心价值体系必要性的看法”、“对社会主义核心价值体系内容的了解”、“对建设核心价值体系有助于增强社会凝聚力的看法”、“对马克思当选千年最伟大思想家的看法”、“对坚持马克思主义在中国意识形态领域的指导地位的看法”、“对时代精神是精神动力的看法”、“国旗升起、国歌响起时的感受”等社会主义核心价值体系的认知变量表现出负相关或者显著负相关，其中“性别”、“是否信仰宗教”更是显示出显著负相关结果。而同时，“是否是独生子女”在与对社会主义核心价值体系的认知变量作相关性分析时得出0.048、0.135**、0.028、0.034、0.066、0.052、0.047。另外，“政治面貌”、“对政治课老师的印象”、“是否参加过学校或社会实践活动”、“对学校校园文化氛围的感受”均与对社会主义核心价值体系的认知变量表现出显著正相关，即“0.166**、0.171**、0.121**、0.090、0.077、0.101*、0.138**”、“0.378**、0.247**、0.310**、0.228**、0.260**、0.279**、0.205**”、“0.226**、0.189**、0.214**、0.154**、0.149**、0.194**、0.103*”、“0.375**、0.357**、0.379**、0.290**、0.294**、0.330**、0.218**”。

四、结论与建议

本文以中共中央确定的社会主义核心价值体系的基本内容为依据设计问题类型，以对江苏大学455名在校大学生的抽样调查问卷为资料，描述了大学生对社会主义核心价值体系的基本认同情况，以及大学生在诚信观、自立观、金钱观、消费观、奉献观、人际观、人生观、恋爱观等方面的一些基本认知情况。就性别、是否信仰宗教、专业、年级、家庭背景、生源地、家庭收入、政治面貌、对政治课老师的印象、是否参加过学校或社会实践活动、对学校校园文化氛围的感受等基本情况的变量与大学生对社会主义核心价值体系的认知变量作了相关性分析，探讨了影响学生对社会主义核心价值体系认同的关键因素。

（一）结论

（1）大学生对社会主义核心价值体系指导必要性的总体认同程度比较高。

（2）大学生对社会主义核心价值体系内容的理解程度偏低。

（3）大学生在诚信观方面的认知不容乐观。

（4）大学生的个人主义取向明显。

（5）大学生存在知行不一的现象。

（6）大学生的政治面貌、是否是独生子女、对思政课老师的喜爱程度、对社会实践参与的程度、对校园文化的情感与社会主义核心价值体系的认知状况有着十分显著的正相关性。

（二）建议

构建社会主义核心价值体系与大学生价值观引导机制，将社会主义核心价值体系融入到大学生价值观培养当中，从而树立良好的世界观、价值观、人生观和荣辱观刻不容缓，是当前高校亟须高度重视和探索的一个时代课题。当然，这个时代课题的完成同时也是一个系统的育人工程，它需要全体教育者的群策群力、共同参与、协同努力，建立长效机制来实现。

1. 建立良好的环境机制

建立良好的环境机制是建立社会主义核心价值体系与大学生价值观引导机制的必要条件。高校校园文化是一所学校在其长期的发展过程中在教育教学、科研与管理过程中所形成的物质文化和精神文化的总称，它包括学校的办学特色、管理特色、教职工以及学生的群体意识、价值观念和行为规范等，是以文化形态存在的现代文明，是一定历史时期时代精神的具体体现。这是一种无形的精神力量，是学校在长期的教育教学实践中所形成的校园精神和文化氛围，对于规范大学生的思想情感、言行举止，形成正确的社会主义核心价值体系观念起到“润物细无声”的影响和潜移默化的熏陶作用。①

首先，要着力营造良好的物质环境。身处一所环境宁静优美、氛围健康向上的学校当中，学生自然会产生出一种学校归属感和自豪感，这不仅能陶冶师生的情操，还能美化师生的心灵。因此，学校不仅要保持校园环境的整洁美观，更要将一种自然的灵气和学生的灵气融合在一起。学生身处这样一种环境当中，自然会养成一种与自然亲近、与自然和谐的气质，这种气质有助于学生形成一种健康向上的、平和的自然心态。

其次，要着力营造良好的文化环境。要积极搞好校园的雕塑等人文景观建设，鼓励师生弘扬人文精神传统，提升人文品质。好的行为来自榜样的动力，诚信、上进、节俭等精神

① 李志星：《高校大学生社会主义核心价值体系教育研究》，湖南师范大学硕士学位论文，2008年。

品质，不论在哪个时代都不会过时。历史的足迹印证着人文精神的永恒，年轻的大学生正处于人生的重要阶段，他们正当青春年少，正值雄姿英发的黄金年龄，塑造良好的人文品质是非常关键的一个部分。

再次，要充分发挥学校宣传栏、校园广播台、学报、校刊、院刊、学生刊物等一些载体的重要作用。通过本次调查我们得知，学校的一些主流宣传阵地对于在学生当中宣传社会主义核心价值体系起到的作用不是很明显，部分原因是形式单一简单，学生的主动性发挥有限。因此，可以将学校主流宣传阵地和学生刊物、学生论坛、学校 BBS 这种非主流的宣传阵地结合起来，营造一种环境，在这种环境中，学生往往能不排斥地融入到对社会主义核心价值体系的认知当中来。

最后，要着力营造学校“以人为本”理念的实践环境。一种好的物质环境和人文环境必须要在现实中落实，才能真正起到感染人、影响人的作用。马克思在《〈黑格尔法哲学批判〉导言》当中就提出了要“以人本身作为人的最高本质”。社会主义核心价值体系要实现人们在意识领域内的共鸣和认同，必须要从人的关怀出发。尊重人的主体性，实事求是，以实现人的自由全面发展作为奋斗目标。社会主义核心价值体系的价值本质其实就是最终将人的世界和人的关系还给人自身。社会主义核心价值体系只有包含了对这种崇高理想的追求，才会形成一种在思想上的向往，即人类精神追求的一个坐标。这种向往要求在行动中表现出“孜孜以求”的一种精神状态，同时也成为人类精神追求的一个坐标，从而为在最大限度上实现认同获得可能的条件。因此，学校应尽最大可能地在领导环节、服务环境、教育环节中体现出以人为本的理念，实事求是，不弄虚，使学生感受到身处在一种处处体现人性化管理的环境当中。譬如，江苏大学新图书馆建成开馆以来，开设了学生意见栏，受到了广大学生的好评。学生可以将图书馆管理中不尽如人意的地方直接公开展示在意见栏中，也可以将在图书馆学习过程中发现的其他学生的一些不良行为帖在意见栏中，其他学生可以跟帖，这样一些工作的细节方面得到了改善，学生的整体素质也得到了提升。

2. 创新教育机制

创新教育机制是推进社会主义核心价值体系与大学生价值观引导机制的重要基础。在高校大学生社会主义核心价值体系教育中我们应该展开具有针对性、灵活性、多样性的教育工作，不断创新教育机制，创新高校思想政治教育传统的教育模式，用社会主义核心价值体系来改进大学生思想政治教育工作。

首先，思想政治理论课教学内容需要与时俱进，这有助于促进大学生社会主义核心价值体系的认同。社会主义核心价值体系应该在思想政治理论课内容与时俱进的前提下开展起来，内容应该紧紧结合时代发展的节奏和变化。“社会主义核心价值体系是在社会主义核心价值观念的直接指导下构建起来的，是社会主义核心价值观念的对象化和具体展开。”①思想政治理论课充当着总结中国社会实践理论成果的前沿阵地，它的作用之一就是让学生深刻认识中国近现代以来的历史事件以及中国共产党领导下中国所取得的理论和实践成果。近年来，随着社会结构转型和市场经济的逐步深化，人们的价值观念发生了

① 陈新汉：《社会主义核心价值体系价值论研究》，上海人民出版社，2008 年，第 6 页。

很大的变化,也深刻影响到当代大学生理想信念、价值取向的变化。因此,“社会核心价值体系对社会转型期间多元价值观念及其冲突予以引导的一个基本条件就是必须赢得社会中大多数人的认同,否则没有感召力。这就要求社会主义核心价值体系必须体现社会转型期间价值观念变化的特点。”①也就同时要求学校思想政治理论课不能沿袭以往传统的思想政治教育内容,而应该整合教材内容,重建教学体系,不仅注重理论的逻辑结构,更要注重内容的更新,把握社会转型期社会价值观念的新特点、社会发展的新特点,结合社会主义核心价值体系相关的基本概念、基本观点、基本方法和重大事件,构建若干内容上具有相对独立性、主题突出、鲜明的教学模块。

其次,创新思想政治理论课的教学方式,促进大学生对社会主义核心价值体系由认知上升为认同。大学生逻辑思维能力强,一旦经过他们的思维参与被认同了的东西则相对容易成为他们认同并接受的东西,并转化为他们自己的价值信念,因此,思想政治理论课教学方式应该改变过去那种宣讲式的教学方式,改变那种教师拿着教材在上面念、学生在下面打瞌睡的状况。应该采取互动式、情感教学的方式来促进大学生对社会主义核心价值体系的认知,并使他们通过自身的思维参与,理性判断后由认知上升为认同。比如:教师要有问题意识,与学生进行交流与探讨;教师采用多媒体现代技术增强对学生的吸引力;推行由学生来就某一个问题讲课、老师来回答并提问题的模式;教师就某一个主题进行项链式问题教学,推动学生主动参与。近年来,全国个别高校已经掀开了这种创新的亮点模式的探索,譬如上海大学社会科学学院的李梁工作室等,为其他学校提供了可资借鉴的良好经验。

再次,提升思想政治教育理论工作者的自身素质是将社会主义核心价值体系融入到大学生价值观引导机制当中的关键环节。从调查中我们得知,大学生对思想政治课教师的喜爱程度直接影响到对社会主义核心价值体系的认同程度,两者之间显示显著的正相关。因此,我们可以得出思想政治教育工作者自身素质的高低直接决定着社会主义核心价值体系的内容能否很好地融入到大学生价值观塑造当中,内化为学生的基本价值观。提升思想政治教育工作者自身素质有助于使其具备一种能感染学生、影响学生的人格力量,从而提高思想政治教育工作的实效。这就要求思想政治教育工作者必须不断地给自己充电,提升自身各方面的修养,起到身正为范的作用。

3. 加强实践机制

加强实践机制是将社会主义核心价值体系融入到大学生价值观教育过程当中的助推器。“从实践的角度来看,认同强调的是‘认’的过程。认同的过程就是个体通过实践活动,在主体客体化及客体主体化的过程中不断感知对象、认识对象,逐渐将对象内化为自身的观念,并外化为行为,实现从无律、他律到自律、自由的发展过程。思想政治理论课具有促使大学生认同社会主义核心价值体系的可能性,但最终应该通过具体的实践把这种可能性变为现实。”②大学生对社会主义核心价值体系的认同不能只停留在观念上,更重

---

① 陈新汉:《社会主义核心价值体系价值论研究》,上海人民出版社,2008 年,第 16 页。

② 曾令超,吴细玲:《思想政治理论课与大学生对社会主义核心价值体系的认同》,《思想政治教育研究》,2009 年第 4 期。

要的是在将社会主义核心价值体系内化为自己的价值准则和行为规范的基础上，指导自己的实践活动，形成行为认同。

参与实践活动对于促进大学生认同社会主义核心价值体系作用很显著。大学生只有通过参与各种社会实践活动，多接触社会，多接触各种不同的社会群体，并结合课堂教学内容，使主观与客观、理论与实践相结合，才能不断提高自己的理性判断能力，也才能真正把握社会主义核心价值体系的内涵，达到对社会主义核心价值体系的真正认同，促进自身的全面发展。比如通过参加各种志愿活动，他们经历各种挑战与成长，不仅会提高自身的各种能力，还会形成较为健康的心态与对自己乃至社会的责任感。充分发扬志愿精神，将志愿精神转化为志愿者行动的现实，不仅是社会主义核心价值观最大限度实现国民认同的量的体现，更是社会主义核心价值观最大限度地转化为社会信仰质的实现的前提。志愿精神的发扬能够推动人与人之间建立互助、互爱、互信、互利的和谐关系，这不管对个人还是对社会而言都是难以估量的社会资本。

总之，社会主义核心价值体系的建设是一项系统工程，需要大力弘扬和贯彻。而当代大学生处于价值观建立的重要阶段，需要正确引导，这就需要高校、教师和思想政治教育工作者进行认真思考和科学引导，以社会主义核心价值体系引领大学生价值观教育，发挥其最大化的育人效果。

附录　关于“社会主义核心价值体系与大学生价值观教育引导机制研究——以江苏大学本科生实证调查研究为例”的调查问卷

亲爱的同学：

为了尝试了解当前大学生价值观以及对社会主义核心价值体系的认同情况，以期通过分析，探索构建高校社会主义核心价值体系与大学生价值观引导机制的有效途径，我们开展了此次问卷调查。本问卷共有 28 个问题，可能要花费您一些时间，请您配合。本问卷不记姓名，调查信息也仅供统计分析用，请您如实表达您的看法和想法，不必有任何顾虑。谢谢您的真诚合作！

（填表说明：在每题所列答案中选择适合自己的选项，除问卷中注明限选数外，其余问题均选一项并在所选答案后面划√，表格题可在所选项的相应表格内划√。）

第一部分

1. 你的性别是：

(1) 男　　(2) 女

2. 你是否信仰宗教？

(1) 是　　(2) 否

3. 你是否是学生干部？

(1) 是　　(2) 否

4. 你是否是独生子女？

(1) 是　　(2) 否

5. 你的专业是：
(1) 人文　(2) 理工　(3) 艺体　(4) 其他
6. 你的政治面貌是：
(1) 中共党员(含预备党员)　(2) 团员
(3) 民主党派成员　(4) 其他
7. 你的家庭人均月收入是：
(1) 500 元以下　(2) 500—1 000 元
(3) 1 001—2 000 元　(4) 2 001—3 000 元
(5) 3 000 元以上
8. 你的家庭长期居住地是：
(1) 大城市　(2) 中小城市　(3) 乡镇　(4) 农村
9. 你的年级是：
(1) 本科一年级　(2) 本科二年级
(3) 本科三年级　(4) 本科四年级
10. 你的家庭背景是：
(1) 农民　(2) 工人　(3) 知识分子　(4) 政府人员
(5) 经商　(6) 其他
11. 你对政治课(公共课)老师的印象如何?
(1) 非常喜欢　(2) 喜欢　(3) 说不上　(4) 不喜欢
(5) 非常不喜欢
12. 你参加过学校或者其他形式的社会实践活动吗?
(1) 是的,经常参加　(2) 偶尔参加
(3) 没参加过
13. 你对学校校园文化氛围的感觉如何?
(1) 非常喜欢　(2) 喜欢　(3) 说不上　(4) 不喜欢
(5) 非常不喜欢

第二部分

1. 你觉得社会主义核心价值体系的提出有没有必要?
(1) 非常有必要　(2) 有必要
(3) 不清楚　(4) 没有必要
(5) 完全没必要
2. 你知道社会主义核心价值体系的内容是哪些吗?
(1) 知道,并且理解　(2) 知道,不太理解
(3) 不知道　(4) 完全不知道
3. 建设社会主义核心价值体系有助于增强社会凝聚力。对此你的看法是：
(1) 非常同意　(2) 基本同意
(3) 不清楚　(4) 基本不同意

(5) 很不同意

4. 千年之交,英国 BBC 公司在全球范围内进行网上评选千年最伟大思想家活动,结果马克思得票高居榜首。对此你的看法是:

(1) 说明马克思学说的社会影响力　　(2) 显示马克思的个人魅力

(3) 无所谓　　(4) 仅仅是一次调查,不说明什么

5. 必须坚持马克思主义在中国意识形态领域的指导地位。对此你的看法是:

(1) 非常同意　　(2) 基本同意

(3) 说不清　　(4) 基本不同意

(5) 非常不同意

6. 时代精神是激励人们奋发图强、振兴祖国的强大精神动力。对此你的看法是:

(1) 非常同意　　(2) 基本同意　　(3) 不清楚　　(4) 基本不同意

(5) 很不同意

7. 奥运会上,当中国国旗升起、中国国歌奏响时,你会有什么感受?

(1) 自豪感很强　　(2) 比较自豪

(3) 一般　　(4) 不怎么自豪

(5) 一点不自豪

8. 你如何看待韩国教授黄禹锡干细胞论文造假事件?

(1) 为了个人的名声和地位,无可厚非　　(2) 司空见惯,不以为然

(3) 不太清楚　　(4) 是学术腐败,应坚决打击

9. 当前社会上出现了"啃老族",一些青年人不求学也不就业,而是依靠父母养活,你怎样看待这种行为?

(1) 非常赞成　　(2) 比较赞成　　(3) 说不清　　(4) 不太赞成

(5) 根本不赞成

10. 如果取钱时,ATM 取款机差错双倍吐钱,你会归还多余的钱吗?

(1) 会　　(2) 不一定　　(3) 不会

11. 宁波市一位出租车司机在索取报酬后,才将乘客所遗失物品归还乘客。你如何看待司机的这种拾金索酬行为?

(1) 司机的拾金索酬行为不应该,违背了职业道德

(2) 说不清

(3) 拾金索酬行为可以理解

12. 一些大学生一味追求时尚,一旦有新品上市总会不惜成本买到手。对此你的看法是:

(1) 无论如何都应当提倡节俭

(2) 不可取,毕竟是花父母的钱

(3) 说不清,看个人的家庭情况而定

(4) 无所谓,不是大不了的事

(5) 有钱就应该花,自己有时也会这么做

13. 劳动模范徐虎为居民们无偿修理水龙头和下水道,十几年如一日。对此你的看

法是：

(1) 应该提倡，我也会那么做　　(2) 值得提倡，但我做不到

(3) 说不清　　(4) 没有酬劳，这种傻事谁会做

14. 请在下表中你最满意的答案的对应空栏处打"√"。

项　目	非常同意	同意	一般	不同意	非常不同意
会尽力去帮助别人					
即使受到伤害，还是会原谅他(她)					
相信正直是一个人必备的品质					
会想着为自己学校、班级的荣誉做一些事情					
会努力让自己成为一个优秀的人					
人生应该尽情享受生活					
会和周围的人都相处得很好					
会为了学习放弃恋爱					

15. 对你而言，人生最大的奋斗目标是什么？

____

____

亲爱的同学：

谨对您的鼎力协助表示感谢，衷心祝愿您的大学生活多姿多彩，天天有份好心情，祝您学业有成！

2010年11月15日

(本文为江苏大学大学生思想政治教育立项课题成果，作者：江苏大学荆海涛)

社会主义核心价值体系融入高校思想政治教育全过程研究

在新形势下，当代大学生能否坚持对马克思主义的信仰关系到我国现代化事业的成败。用社会主义核心价值体系武装大学生，进一步夯实党的大学生群众基础，这既是一个重大的理论问题，更是一个长期实践的过程。本文对社会主义核心价值体系如何融入思想政治教育的全过程进行了一些研究。通过学生问卷调查，科学揭示大学生群体的主流价值观状况；通过教师问卷调查、座谈和访谈，全面了解高校开展价值观教育的现状，寻找社会主义核心价值体系教育的载体。

一、社会主义核心价值体系教育的一般载体

大学生政治价值观教育的一般载体，即大学生政治价值观教育的通用载体，是对大学生开展政治价值观教育经常使用的载体，也是适用于大学生政治价值观教育一般情况的载体。

（一）思想政治理论课教育教学

思想政治理论课是进行大学生政治价值观教育的主渠道和主阵地。通过思想政治理论课的教育教学，可以系统深入地向大学生传授马列主义、毛泽东思想、邓小平理论和“三个代表”重要思想、科学发展观等理论内容，可以广泛开展党的基本理论、基本路线、基本纲领和基本经验教育，中国革命、建设、改革开放的历史教育以及基本国情和形势政策教育。通过思想政治理论课教学可以促使大学生正确认识社会发展规律，认识国家的前途命运，认识自己的历史重任，不断坚定在中国共产党领导下走中国特色社会主义道路，实现中华民族伟大复兴的理想和信念。总的来看，高校思想政治理论课的教育教学在培养大学生政治价值观理论素养、坚定大学生政治信仰方面具有举足轻重的地位和不可替代的作用。

（二）政治主题教育活动

选择活动作为教育载体既是巩固思想教育成果的需要，也是提高思想政治教育的有效性要求。从理论上看，政治主题活动是一种具有特殊意义的相对狭义的活动，其自身具有鲜明教育性和突出参与性的本质特征。作为大学生政治价值观的教育载体，政治主题活动将政治价值观教育孕育于活动之中，使政治价值观教育在潜移默化中实现对大学生的影响。政治主题教育活动在长期的发展过程中积累了许多宝贵的经验，其鲜明的教育主题与直接的影响方式对大学生的行为模式、价值取向、政治态度、心理发展、道德观念等都产生了极其重要的影响。然而新时期随着青年大学生的行为习惯和思想意识的变化，传统的政治主题活动也暴露出了一定的局限性，其鲜明的政治主题越来越不能适应学生的大众意识和草根文化。

（三）党团组织载体

将高校党团组织作为大学生政治价值观教育的重要载体是由于党团组织作为组织载体具备了“承载一定政治价值观教育信息和联系主客体的一种形式”的基本特征。从其基本内涵上看，党团组织是政治价值观教育主体通过一定的组织将教育客体有效地组织起来，并对其进行政治价值观教育的重要形式。高校党团组织一方面可以起到凝聚学生、促进学生政治价值观念发展的作用，另一方面也是政治价值观教育得以开展的重要基础和前提。

二、社会主义核心价值体系教育的特殊载体

大学生政治价值观教育的特殊载体是指在政治价值观教育的过程中，在特殊环境、特定范围或遇到特殊问题时需要使用的教育载体。

（一）网络载体

《中共中央国务院关于进一步加强和改进大学生思想政治教育的意见》中明确指出：“要主动占领网络思想政治教育新阵地。要全面加强校园网的建设，使网络成为弘扬主旋律、开展思想政治教育的重要手段。”由此可见，高校学生政治价值教育工作要充分发挥网络载体的重要作用。在大学生政治价值观教育众多载体中，网络载体是一种全新的传媒载体，是高校大学生政治价值观教育最现代化的教育载体。其交互性、容量大、快捷性、多样性、虚拟性、普及性等特点对大学生政治价值观教育产生了深刻影响。美国著名的未来学家阿尔温·托夫勒曾说：“谁掌握了信息，控制了网络，谁就拥有整个世界。”在现今的信息时代，随着网络在大学生学习生活中的广泛普及，如果离开网络这一极具潜在实力的载体，主流意识形态的价值导向作用将会越发失去其自身的“话语权”。

（二）心理咨询载体

心理咨询载体是指教育者运用心理咨询专业知识和技能帮助学生调适心理，促进学生认识自我、完善自我的活动方式。心理咨询载体适应了政治价值观教育个性化、人性化的教育特点，具有规范性和专业性等特点，主要针对咨询者个体具体存在的心理问题，启发和帮助咨询者自己发现问题、分析问题和解决问题，被咨询者不是简单采用被告知的方式，而是被加以适当的引导，助人自助。在现实生活中学生的政治问题、价值观问题和心理问题往往交织在一起，因此，心理咨询载体就成了提高政治价值观教育实际效果的必需。

（三）社会政治实践

社会政治实践是开展大学生政治价值观教育的有效载体。一方面，广泛的实践活动能够使大学生提高思想水平和认识能力。由于青年大学生缺乏社会实践经验，对社会的认识存在着许多盲目性，对社会发展规律的认识还不够成熟。社会实践可以使其深入社会、接触工农，在感悟和体验中接受生活中的政治教育，形成对社会、国情和民情的正确认识。此外，学生的社会实践是检验、坚持、调整政治认识的尺度，也是学生政治心理逐渐成熟的过程和基础，社会实践能够发展学生的独立思考能力，提高其运用马克思主义立场和方法观察问题的能力，引导其走理论联系实际的成长道路。因此，社会实践环节是提高大学生政治认知、增强大学生社会政治责任感和使命感的必要手段与有效载体。

三、社会主义核心价值体系教育的复合载体

新时期,我国的大学生群体在思想、心理和行为等方面呈现出了各种新特征。与此同时,随着现代科学技术的迅速发展和我国社会的进步,各个学科领域、各项工作都出现了信息化、综合化的发展趋势。在大学生政治价值观教育的过程中,单纯对某一载体的独立运用已经越来越难以满足教育的发展需要。将不同载体整合,实现优势互补,可以有效克服从单一途径或渠道考虑问题、解决问题存在的不足。大学生政治价值观教育的复合载体就是指将两个或多个不同类型的政治价值观教育载体有机联系起来并综合运用,和谐配合,优势互补,从而发挥最大教育作用的一种特殊载体表现形式。

(一)网络党团社区

网络党团社区与“红色网站”既有相似之处,如都面向大学生网民开展红色教育等,又有本质意义上的不同。“红色网站”多指官方或学生自发建设的,以单向意识形态灌输为基本方式的马克思主义知识传播网络站点。而网络党团社区是现实生活中的大学生各级党团组织与网络虚拟社区的有机结合。它除了具有一般网站的优势与特点外,还具有以下三个复合优势:一是以现实组织为成员基础,可以有效保障教育方向。一般网站的使用者与浏览者多为匿名,身份很难确定,其在网络中的名字具有彻底的符号性。网络党团社区在实质意义上就是把现实生活中的大学生党团组织“搬”到了网上。二是以成员交互为主要教育方式,充分调动教育对象的主体性。社区是指进行一定的社会活动,具有某种互动关系和共同文化维系力的人类群体及其活动区域,它强调成员的交互性。虚拟社区与现实社区类似,也包含了一定的场所、一定的人群、社区成员参与和一些相同的兴趣、文化等特质。网络党团社区与现实社区一样,提供各种信息交流的手段,如讨论、通信、聊天等,目的是使社区成员得以互动,在各种互动中教育引导成员与浏览者,确立科学正确的政治价值观念。三是具有自我教育和辐射教育的双重教育功能。网络党团社区的具体活动形式主要有时政评析、理论学习、网络讨论、思想调研等。除少数内容不宜公开外,其余大部分内容可以为任何大学生网民浏览。借助这一载体,不仅可以实现大学生党团成员的自我教育,更可以将教育内容辐射到全体大学生,影响其政治价值观。从这种意义上说,网络党团社区既是大学生党员团员在政治价值观方面开展自我教育的载体,也是引导其他大学生政治价值观的载体。

(二)“体验式”思想政治理论课教学

“体验教育的过程是受教育者对所处环境的感知和理解,产生与环境相关联的情感反应,在思想上、情感上和心理上逐步形成认识,从而达到教育目的的教育过程。”“体验式”思想政治理论课教学是指受教育者以思想政治理论课的政治理论知识为基础,通过政治生活实践的切身体验与领悟,在心理上从被动接受教育转变为主动吸纳教育,从而提升自身政治素养,形成科学政治价值观的教学过程,主要包括主题政治实践、国情调研、政治生活模拟、原著研讨、课堂辩论等具体形式。“体验式”教学是将思想政治理论课教学与政治生活体验两种载体有机结合、综合运用而形成的新的大学生政治价值观教育复合载体。这一新载体的合理运用,可以有效克服传统思想政治理论课教学模式在实践环节上的缺陷和政治生活体验缺少理论指导的问题,用理论指导实践,用实践验证理论,从而实现理

论与实践的紧密结合。

（三）政治价值问题大讨论

政治价值观的形成过程不仅仅是知识获得的过程，更是个体进行价值辨析并进一步内化为价值判断标准的过程。“价值澄清理论”指出教育应该通过一系列价值澄清策略教给学生一些澄清自己价值的技巧和自我评价、自我指导的能力，提高感知社会问题的敏感度和适应社会生活的能力，形成适合自己的价值观体系，并帮助他们把这种能力转化为行为。在我们的政治价值观教育中，如果只是注重简单的知识灌输和低层次的政治实践，而不注重将知识和实践转化为个体内在的政治价值观念，就很难使学生获得完整的、内化的、可应用的价值观念体系。

四、特殊群体社会主义核心价值体系教育的特殊载体

在大学生社会主义核心价值体系教育过程中，党员大学生、困难学生、少数民族学生等3类人群有其特殊性，对他们的教育应从不同的角度考虑，采用相对特殊的教育载体。

（一）党员大学生教育的特殊载体

对党员大学生进行政治价值观教育采用特殊的教育载体有两方面的考虑：第一，党员大学生是大学生中的精英分子，对普通学生起着模范带头作用和辐射作用，他们的言行举止、思想觉悟都对其他大学生有着直接的影响。实践教育经验证明，在一个学生群体中，党员学生的作用发挥如何，往往对学生群体的整体认识水平和思想觉悟的提高都有着重要的作用。第二，少数党员学生的思想意识也不同程度地存在着一些问题。主要表现在：少数学生党员政治素质不高，理想信念不够坚定；入党动机多样化、功利化；少部分学生党员的党性意识不强，在学生群体中的威信有待提高；等等。因此，在其政治价值观念形成发展的过程中，难免会受到某些错误观点的影响，造成一部分党员大学生认识上出现偏差，思想觉悟不高，甚至政治上迷茫、困惑。

一是要以党员集中培训为载体，提高党员学生自身素养。将党员学生集中起来，在一个相对固定的时间，如暑假、寒假等，采取统一开设课程、邀请相关专家学者做报告、组织社会实践、自主学习等方式，集中开展党员先进性学习。针对党员学生在思想上入党的问题、大学生在入党后的积极性和主动性问题、党员学生怎么发挥模范带头作用等问题，我们有必要加以区分对待，按教育对象的不同，举办不同层次的集中培训，如入党积极分子培训、预备党员培训、正式党员培训等。

二是要以学生党员联系制为载体，形成党员学生和普通学生的双向互动。学生党员联系制具体是指，通过建立党员学生与普通学生的联系制度，充分发挥学生党员的先进性作用，也促使普通学生对党员学生进行监督。

三是要以优秀党员榜样示范为载体，发挥党员学生的先锋模范作用。一个党员就是一面旗帜。特别是在学生群体中，优秀学员模范带头作用发挥得如何，直接影响着党在普通大学生中的形象，对普通大学生政治价值观念的形成有着不可低估的作用。

（二）困难学生教育的特殊载体

高校困难生主要包括3类，即学习困难学生、就业困难学生和家庭经济困难学生。心理学研究表明，人的情感往往会影响人对各种事物的价值判断。困难生在大学生群体中

具有相对的特殊性。由于一些问题的存在，他们在学习、就业、家庭经济方面存在一定的困难。如果这些困难得不到及时、有效的解决，困难生得不到关心和照顾，就会疏远对党和国家的情感，影响到他们对党和国家路线方针的认识与判断，进而会影响到他们正确政治价值观念的形成和发展。

一是要以“导师制”为载体，开展学习困难学生政治价值观教育。学习困难学生主要指受社会、家庭、教育制度以及自身原因等各种因素的影响，在正常的教学条件下，学业成绩不能达到相应的标准或是不能取得应有进步的学生群体。实施导师制度，一方面导师以其丰富的知识和深厚的科研能力，能够给学习困难学生以最佳的指导，另一方面导师良好的思想道德品质和人格会给大学生以潜移默化的影响。引导全体教师认同学生的主体地位，倾听学生的利益诉求，主动把握学生的思想脉络，对学生政治思想中出现的问题及时加以指导和纠正，十分有助于学生正确政治价值观念的形成。

二是要以“就业援助”为载体，开展就业困难学生政治价值观教育。就业困难学生是指因各种原因暂时无法得到就业岗位的学生群体。高等教育改革、高校招生规模扩大，使得近年来就业困难学生逐渐增多。能否有效就业关系学生生存、发展的切身利益。学生就业问题解决得不好，会滋生就业困难学生对国家和社会的不满情绪，进而影响其正确政治价值观念的形成。对此类学生应实行多渠道的就业援助，解决其就业困难，并在其中开展政治价值观教育。

三是要以“双线资助”为载体，开展家庭经济困难学生政治价值观教育。实践反复证明，实际问题解决得不好，往往容易导致学生在心理、思想层面的问题。家庭经济困难学生多来自农村家庭、下岗家庭，或因突发事件导致经济困难的家庭。然而无论上述哪一种家庭，都属于社会的“弱势群体”。因此，在家庭经济困难学生中，既存在着经济困难，又存在着对党和国家的潜在的不满情绪。如果不能很好地解决这些问题，就极有可能激发这些矛盾，从而导致困难学生对国家经济形势与教育政策的误解和认识偏差。

四是要以“一对一”个性化指导为载体，认真帮助困难学生解决实际问题。在以上3种教育载体的具体运用中，采取“一对一”个性化指导是最为直接和有效的教育方式。一方面，困难学生在学生群体中毕竟属于少数，另一方面，只有在切实把握学生的个性特点和实际需要的基础上采取个性化的指导，才能准确把握学生思想脉搏。因此，在困难学生中，采取“一对一”个性化指导是可行的，也是十分必要的。

（三）少数民族学生教育的特殊载体

少数民族学生政治价值观教育有其特殊性，主要在于：一是在很多高校中，少数民族学生虽然相对人数不多，但绝对数量较大，他们的政治价值观念状况不仅仅关系到个体的政治导向问题，更关系到国家的统一；二是许多少数民族学生都有自己的宗教信仰，如藏族学生多信仰喇嘛教，维吾尔族学生、回族学生多信仰伊斯兰教，少数民族学生的宗教信仰往往影响其正确政治观念的形成；三是其本民族文化与社会主流文化往往存在较大差异，进而也就导致其在政治价值观上的理解不同；等等。因此，在大学生中开展政治价值观教育时，对少数民族学生必须区别对待。

（本文为江苏大学大学生思想政治教育立项课题成果，作者：江苏大学徐惠红）

以党建工作为龙头　引领大学生健康成长

江苏大学党委紧紧围绕培养中国特色社会主义事业合格建设者和可靠接班人这一根本任务，牢固树立育人为本、德育为先的理念，制定了《进一步加强和改进大学生思想政治教育工作的意见》、《进一步加强和改进大学生党建工作的实施意见》等10项学生工作制度文件，在大力推进学生基层党组织科学化、民主化、信息化建设的基础上，着力强化学生党建工作与思想政治教育、学生素质提升、创先争优活动的有机结合，积极探索新形势下以学生党建工作为龙头、全面提升大学生思想政治教育成效、引领大学生健康成长的新路径，取得显著成绩。主要做法如下：

一、紧扣主题，强化学生党建工作与思想政治教育相结合

大学生思想政治教育工作是高校人才培养的重要组成部分，学生党建工作又是大学生思想政治教育工作的核心和灵魂，是“培养什么人、怎样培养人”的关键环节。我们通过充分发挥“三个作用”，有效促进了大学生思想政治教育水平的整体提升。

充分发挥课堂教育的主渠道作用。按照铸造灵魂、突出主题、把握精髓、打牢基础的要求，根据中宣部、教育部《关于进一步加强和改进高等学校思想政治理论课的意见》精神，以社会主义核心价值体系为引领，大力加强与改进思想政治理论课和哲学社会科学学科与课程建设。“两课”教师吸收重大现实和理论问题研究成果，着力推进党的理论创新成果进教材、进课堂、进头脑，努力培养一批具有坚定理想信念、了解国情社会、适应时代要求的青年马克思主义者。

充分发挥党校教育的主阵地作用。完善校党校、学院分党校、网上党校三级培训体系。对面上学生和入党积极分子坚持开展马列主义启蒙教育、形势政策教育、国情教育，向他们正面灌输社会主义意识和共产主义思想，教育引导他们追求政治进步，积极向党组织靠拢。进一步规范校园网络文化建设，着力建设一批融思想性、知识性、信息性、服务性于一体的校园网站，通过网络宣传党的方针、政策，通过网络与学生进行思想交流，使红色网站成为广大学生不可缺少的重要精神家园。学校党建与思政教育网站“江帆网”被评为江苏省优秀红色网站、全国百佳网站。2009年，学校投入12万元建成党内信息管理系统以及网上党校学习、考试系统，为大学生入党积极分子网上菜单式学习和自测与考试等创造了良好条件。利用手机平台、QQ群、手机报等，向全校大学生定期发送党建与团学信息，极大地提高了大学生党建工作效率和党建工作质量。

充分发挥学业导师的引领者作用。在全面提升辅导员工作能力的基础上，为增强思政教育工作的针对性，确保100%的学生接受学业规划指导，学校选派了一大批思想素质高、业务水平强、具有副高以上职称的教师担任大学生的学业导师，由他们在思想上充当

学生的领航员,在学习上充当学生的辅导员,在生活上充当学生的指导员。充分发挥专业教师在大学生人生观、世界观、价值观的塑造以及学业发展过程中的引领作用,切实将大学生人生发展导航,大学生学业、职业生涯规划以及思想政治教育融入教学第一线。聘请离退休老同志担任组织员,深入学院、班级和党、团支部,开展思想政治教育和大学生党建工作,把学生党建和思想政治教育工作做到学生班级、宿舍,有效提高了大学生思想政治教育的针对性和有效性。

二、创新载体,强化学生党建工作与学生素质提升相结合

强化学生党建工作与学生素质提升相结合,是江苏大学加强学生党建工作的着力点。学校通过创新"三个载体",有效地激发了学生党建工作活力,促进了学生整体素质的不断提升。

以"菁英学校"为载体,实现学生党员素质再提高。成立"菁英学校",旨在培养未来的政治精英、学术精英、商业精英,是学校对优秀学生党员知识、能力、素质再提高的战略举措。学校每年遴选300名品学兼优的优秀党员大学生,从增强政治素质、提升思想境界、锤炼作风品格、优化能力结构、拓展国际视野等方面对其加以重点培养,努力使他们成长为政治坚定、学识渊深、才智清明、胸怀宽广、具有国际视野的创新型人才。

以素质教育中心为载体,实现党校教育内容新拓展。成立"素质教育中心",旨在为提升大学生素质、实现党校教育内容新拓展搭建平台。通过大学生素质教育类课程的全面开辟,以学生党员为核心的各类创新创业团队纷纷成立,有效带动了校园科技文化氛围的形成,涌现出了诸如申请专利40多项、入围"2005中国大学生年度人物"的刘春生,出席"2008年全国互联网安全峰会"并荣获"第五届中国青少年科技创新奖"的张翼和创办企业年销售额近5 000万元的周尚飞等一大批在校大学生创新创业典型。在第10届"挑战杯"全国大学生科技作品竞赛中,学校与北京大学、复旦大学、香港中文大学成为获得2项特等奖的4所高校。在全国百篇优秀博士学位论文评选中,我校连续3年榜上有名。学校培养的学生因政治素质高、创新能力强受到用人单位的普遍欢迎。学校荣获"全国毕业生就业工作先进集体"称号,并被遴选为全国50所毕业生就业典型经验高校之一。

以党员修身工程为载体,推动学生文明素养新提升。通过以"讲党性、重品行、作表率"党员修身工程的全面实施,有效带动了以道德规范为基础,以诚实守信为重点,以校园文明建设为龙头,以"课堂文明、举止文明、网络文明、宿舍文明、食堂文明"建设为抓手,以优良班风学风创建为载体的大学生基础文明建设的深入开展,大学生的文明素养不断提升,感恩意识、责任意识和奉献意识不断增强。江苏省"十佳青年学生"开评以来,学校每届都有学生当选,成为江苏省唯一获此殊荣的高校。学校连续被评为"苏北计划"先进单位,近百名学生被评为"西部计划"、"苏北计划"优秀志愿者。根据学校学生党员、被誉为"爱心天使"陈静的真实故事改编拍摄的电影《小城大爱》在全国公映,并在CCTV6电影频道播放,成为全国大学生思想政治教育的先进典型。

三、典型示范，强化学生党建工作与创先争优活动相结合

通过实施“三大工程”，提升党建质量，发挥大学生党员在思想政治教育中的骨干带头和先锋模范作用，在大学生中形成了“比、学、赶、帮、超”的良好氛围。

大学生党建“三个一”工程。通过开展以大学生党建“三个一”工程，充分发挥学生党支部战斗堡垒作用和无职党员、入党积极分子先锋模范作用。一个党支部建好一个班，负责指导班风、学风建设；一名党员带好一个宿舍，负责文明素质养成；一名入党积极分子帮助一名学习困难同学，负责关爱帮扶，共同进步。活动中，学生党员以党性的力量把青年学生凝聚在一起，通过骨干作用的发挥，有力地提升了党员的先进性形象，带动促进了学生、班级、宿舍的和谐进步。

“党建带团建”工程。出台《江苏大学“党建带团建”工作量化考评标准》，把共青团工作纳入各级党组织的整体建设格局统一安排，做好党建带团建工作，不断增强基层组织的吸引力、凝聚力和战斗力。学校党委书记、校长带头给专职团干部、大学生上党课、团课，各学院书记、党支部书记也经常性地为学生骨干和全院学生开设讲座。建立中层干部、教工党员联系学生班级制度，全面带动思想政治教育、班风学风建设、校园文化建设等各项工作。积极探索与学校改革发展相适应的团建工作新路子。

旗帜引领与榜样示范工程。坚持把成功校友、先进青年的事迹作为生动教材，教育、引导和激励青年。精心打造“人文大讲堂”、“杰出校友论坛”等校园文化品牌。积极开展“感动江大人物”、“十佳青年学生”和大学生优秀党员评选活动，经常举办先进事迹报告会。通过网络、报纸、广播、橱窗等，宣传大学生先进典型的先进事迹，为全校大学生树立典范。号召广大青年向身边的典型学习，在全校范围内形成崇尚先进、引领正气的良好氛围。

综上所述，学校通过强化“三个结合”，有效地推动了大学生思想政治教育。学校连续两次获全省高校思想政治教育工作先进集体称号，并获得江苏省高校先进基层党组织、江苏省红旗基层党校。涌现出了以全国优秀学生干部、全国三好学生、江苏高校优秀共产党员标兵为代表的一大批先进典型。实践表明，以学生党建工作为龙头凝聚广大青年，服务学生成人成才，抓住了关键，突出了重点，是提高大学生思想政治教育成效、引领大学生健康成长的有效途径。

（本文为江苏大学报送第十九次全国高校党建会议交流材料）

试析基于学生党建的思想政治教育模式

加强和改进大学生思想政治教育，要与时俱进、不断创新、抓住主线，使思想政治教育成为大学生真正受益、普遍欢迎的教育实践活动。以学生党建为核心，实施基于党建的人才库项目管理实践，为大学生思想政治教育注入了新鲜的血液，是新时期大学生思想政治教育实践模式的一次重要创新。

一、基于学生党建的思想政治教育模式的内涵及其实施必要性

（一）基本内涵

基于学生党建的思想政治教育模式，其基本内涵是指高校在当代大学生（趋向于“90后”）的思想政治教育实践中，要紧紧抓住学生党建这条主线，积极营造创新环境和平台，全面激发和调动先进分子的主体精神、创新精神和责任意识，在率先发展、率先成才的基础上，带领更多的大学生成为又红又专、全面发展的社会主义合格建设者和可靠接班人。这里的先进分子包括中共党员（含预备）、入党积极分子、党员发展对象和团学骨干等。

教育部思想政治教育司杨振斌司长在一次大学演讲中说：“高校的人才培养归结起来就两条，一是党建，二是学风。”杨司长可谓一语中的，道出了高校人才培养问题的关键。高校思想政治教育的目标是培养德智体全面发展的社会主义新人，而学生党建是整个培养进程中永远的一块战略高地，高校必须牢牢抓住并创新其发挥作用的方式、方法和途径。

（二）实施必要性

1. 创新高校思想政治教育培育合格人才的实现机制

中央16号文件指出：“努力提高思想政治教育的针对性、实效性和吸引力、感染力，培养德智体美全面发展的社会主义合格建设者和可靠接班人。积极探索新形势下大学生思想政治教育的新途径、新办法，努力体现时代性，把握规律性，富于创造性，增强实效性。”同时指出：“发挥党的政治优势和组织优势，做好大学生思想政治教育工作，充分发挥学生党员在大学生思想政治教育中的骨干带头作用和先锋模范作用。”①基于学生党建的思想政治教育模式，通过以学生党建为核心的人才库建设工程新理念，实现思想政治教育培育合格人才的科学化机制。只有培养出一批素质过硬、作风优良和思想品德高尚的新一代先进分子，其辐射的光环才会映射在大学校园的角角落落，影响和带动一大批学生走向先进、走向高尚、走向自我的全面自由发展。

---

① 《中共中央国务院关于进一步加强和改进大学生思想政治教育的意见》，http://www.people.com.cn/GB/jiaoyu/1055/2920198.html，2004-10-14。

2. 强化高校学生党建内涵，深化其实现路径

2009 年 9 月，《中共中央关于加强和改进新形势下党的建设若干重大问题的决定》指出："党的基层组织是党全部工作和战斗力的基础，是落实党的路线方针政策和各项工作任务的战斗堡垒。加强思想上入党教育，重视在大学生中发展党员。从思想、工作、生活上关心党员，做好党员服务工作，健全党内激励、关怀、帮扶机制，健全党内表彰制度。"同时也指出："一些基层党组织战斗堡垒作用不强，有的软弱涣散，有的领域党组织覆盖面不广，部分党员意识淡化、先锋模范作用不明显。"①基于学生党建的思想政治教育模式将以强化学生党支部战斗堡垒作用、先进分子模范带头（党员是排头兵）作用为根本抓手，以学习型党组织建设为重要依托，丰富学生党建内涵，把学生党建和大学生思想政治教育有机融合，强化育人合力，从而拓宽高校学生党建的实现路径。

3. 促成大学生主体性教育与思想政治教育的有机融合

原教育部部长周济在学习贯彻中央 16 号文件座谈会上指出："要充分调动大学生自身的积极性和主动性，把大学生思想政治教育变成大学生自觉的行动、自主的行动。教育的根本任务是育人，教育要坚持以学生为本，强调学生在教育当中的主体地位，因而，在思想政治教育当中，同样要强调学生的主体地位。一方面，思想政治教育的根本目的，就是为了学生的成长，一切为了学生的成人成才；另一方面，把大学生思想政治教育搞好，必须把大学生内在的积极性和主动性调动起来，要努力使思想政治教育成为大学生内在的强烈的需求，要把思想政治教育做到大学生的心里去。要贴近实际、贴近生活、贴近学生，努力提高思想政治教育的针对性、实效性、吸引力和感染力。"②基于学生党建的思想政治教育模式将紧密结合以"自主性、能动性、创造性和超越性"为核心特征的大学生主体性教育理论和以学生党建为核心的思想政治教育理论，创新和完善高校思想政治教育工作体系。

二、基于学生党建的思想政治教育模式的核心平台及其实用价值

（一）核心平台——本科生人才库项目管理

1. 本科生人才库项目管理的基本内涵

本科生人才库是指在高校班级（年级、专业）中选出的先进分子（中共党员、入党积极分子、党员发展对象、团学骨干等）的集合，进入此库的成员必须德智体全面发展，且为集体作出显著的贡献，同时要经过所设学生党支部的表决同意。

本科生人才库项目管理是基于学生党建的思想政治教育模式的核心实现平台，也是最优实现平台，其基本内涵是指高校依托本科生人才库，在人才培养过程中要以发挥学生党支部战斗堡垒作用和学生先进分子模范带头作用为根本抓手，以班级（年级、专业）为基本单位推出 5 个人才库项目管理组，即由人才库骨干成员（中共党员、重点入党积极分子、党员发展对象、团学骨干）为主导，牵头自由组合认领学业辅导、人际交流、纪律监督、

---

① 《中共中央关于加强和改进新形势下党的建设若干重大问题的决定》，http://www.gov.cn/jrzg/2009-09/27/content_1428158.htm，2009-09-27。

② 周济：《在学习贯彻 16 号文座谈会上的讲话》，《中国教育报》，2004 年 10 月 21 日。

宿舍文明、素质拓展等5个子项目,科学分析项目现状,确定子项目的工作对象(属于子项目组主体成员),提出有效举措,合理分工(子项目组主导成员),在规定期限内完成项目实践,实现项目价值。人才库项目管理区别于一般科研项目的关键在于其实践性,只有在学习生活实践中,主导成员和工作对象协作共进、密切配合,项目才有可能实现。子项目周期一般为1个学期,可在期中进行项目中期检查,了解各子项目进展状况。

2. 本科生人才库项目管理的氛围营造

(1) 实现"两个率先"理念的认知统一。以学生党建为核心的思想政治教育体系,要依托人才库项目管理实践,率先实现人才库先进骨干(中共党员、重点入党积极分子、党员发展对象、学生干部等)的发展和成才,即要在全体学生中形成"两个率先"理念的认知统一,为后续的先进带后进先锋模范作用的发挥营造和谐的心理氛围并创建畅通的协调机制。

(2) 实现"双肩挑"(一个肩膀实现自我发展,一个肩膀为群体作贡献)思想的价值认同。马克思说:"人的本质在于社会关系的总和。"①基于学生党建的思想政治教育模式始终坚持和奉行"双肩挑"的思想,并在取得人才库先进骨干对这一思想的价值认同的基础上,进一步实现所有学生对这一思想的价值认同。这是贯彻执行人才库项目管理实践方案并取得思想政治教育实效的共同思想基础。

3. 本科生人才库项目管理的和谐推进

(1) 实现人才库项目实践平台的稳步过渡。以班级(年级、专业)人才库项目实践平台的形式推进人才库建设具有创新性,问题是大学生可能对项目研究比较生疏,难以在短期内建立思想上的系统科学认识。为此,基于学生党建的思想政治教育模式将在低年级以人才库成员的"学科组辅导"为核心、"思想人际经验共享"为补充进行过渡,在高年级以党小组成员"首先认领项目、组建项目团队"的方式,逐步推进这一平台的实施。

(2) 完善人才库建设考核应用的组织鉴定。人才库项目管理实践和谐推进的关键就在于考核机制,难点也在于此。考核要坚持横向指标(自身完善和集体贡献)和纵向指标(德智体素质拓展)的统一、目标考核和过程考核的统一、定性考核和定量考核的统一,同时要形成人才库综合表现考核一览表放入个人人事档案,并作为就业推荐表和考研政审表附件,形成刺激、激励效应。

(3) 强化非人才库成员的激励与警示机制。人才库项目管理实践的一个负面效应就是对部分(少数)不想进入人才库的学生不能形成激励机制。为此,工作中既要强化人才库考察及鉴定表的功能、意义,又要形成非人才库学生的基本表现考核表,密切联系家长,全方位引导学生成长。

4. 本科生人才库项目管理的考核机制

考核以"双肩挑"子项目实践完成情况作为衡量标准,以"自评、互评、教师和领导评"作为基本形式,最后形成人才库成员综合表现考核表放入个人人事档案,作为就业推荐表和考研政审函附件。具体考核可由所设学生党支部召开民主评定会执行。这一考核方式的特点是突出了学生的思想道德素质,明确了全面发展的考核理念。项目管理平台形式

① 《马克思恩格斯全集》第3卷,人民出版社,2002年。

新颖，激励性强，突出科学性（先研究再实践），在实践过程中，指导教师可予以方法引导，出色完成项目实践者（包括个人和团体）以单项奖奖励，评奖评优加分，组织发展优先。基于学生党建的思想政治教育模式推出人才库项目管理平台，科学考评，既能为党组织储备优秀后备人才，又能从根本上促进优良学风形成，培育主体性道德人格，使思想政治教育取得实效。

（二）实用价值

1. 保证了学生党员干部队伍的培养质量，为党组织储备了优秀后备人才

目前，部分高校普遍存在"重入党前考察，轻入党后教育"、"入党前使劲干，入党后松一半，转正后就不干"的现象，损害了党员干部在学生心目中的形象。基于学生党建的本科生人才库项目管理实践，重视党员的后续培养和监督考察，充分发挥学生党员在思想引导、阵地建设（寝室、教室）、弱势群体帮扶等方面的先锋模范作用，使他们成为名副其实的优秀后备人才。

2. 全面提升了高校辅导员思想政治教育工作的科学化水平和工作效能

辅导员既要成为大学生人生发展的思想导师（心灵育人），又要成为服务大学生健康成长的知心朋友（管理育人）。基于学生党建的本科生人才库项目管理实践，抓住了思想政治教育工作的主线和核心，优化了其实现机制，细化了其实现路径，有力地推动了新时期思想政治工作的科学化发展，提高了辅导员的工作效能。

3. 促进了大学生"自我教育、自我管理、自我服务"的主体性能力发展

基于学生党建的本科生人才库项目管理实践，坚持主体自觉、先进带后进的发展理念，以学生党建的功能强化和模式创新为抓手，在大学生主体能力发展和思想政治引领之间建立了纽带，强化了大学生的自我教育、自我管理和自我服务能力。

4. 促进了良好学风、班风的形成

在一个学风优良的班级，学生的学习兴趣高涨、团结氛围浓厚，先进骨干（班委、党员、入党积极分子等）能够一心一意谋发展、聚精会神促班风。基于学生党建的本科生人才库项目管理实践，其内含的一个基本思想就是通过发挥人才库先进分子的骨干带头作用和先锋模范作用，营造和创建班级（专业）的优良学风、班风。

三、基于学生党建的思想政治教育模式的主要目标

（一）从根本上提升基层学生党支部的凝聚力、战斗力，充分发挥其先锋带动作用

《中共中央关于加强和改进新形势下党的建设若干重大问题的决定》指出："党的基层组织是党全部工作和战斗力的基础，是落实党的路线方针政策和各项工作任务的战斗堡垒。必须坚持围绕中心、服务大局、拓宽领域、强化功能，进一步巩固和加强党的基层组织。"同时还指出："党的基层组织要适应新形势新任务要求，创新活动内容方式，找准开展活动、发挥作用的着力点，在扩大党员参与面、提高实效性上下工夫，增强创造力、凝聚力、战斗力。"基于学生党建的思想政治教育模式就是以学生党支部为战斗堡垒，通过本科生人才库项目管理的实践平台，一方面强化培养对象（入党积极分子、党员发展对象、团学干部）和党员干部的自身素质，另一方面充分发挥他们的骨干带头作用和先锋模范作用，最终提升基层学生党支部的凝聚力、创造力和战斗力。

（二）建立高校思想政治教育工作可持续发展的工作平台

面对新形势、新情况，高校在大学生思想政治教育工作中要创新理念，变革思想，注重研究，致力于建立一个科学有效、统一和谐的思想政治工作可持续发展平台。基于学生党建的思想政治教育模式，提出以本科生人才库项目管理为核心支撑平台，充分发挥学生党建在思想政治教育工作中的载体作用，强化其辐射功能，细化其实现途径，优化其实现机制，最终形成科学、有效、可持续的思想政治工作平台。比如，在具体实现路径上，采取人才库建设项目管理的形式，即以人才库先进骨干（中共党员、重点入党积极分子、党员发展对象）自由组合认领项目（学习辅导、思想交流、纪律监督、宿舍文明、素质拓展等项目），认真、科学分析项目现状，提出有针对性的意见并加以贯彻实施。

（三）培育大学生的主体性道德人格

大学生主体性道德人格，是指独立、理性、自为、自律、自由的道德人格，即道德主体性（自主性、能动性、创造性和超越性）充分实现的道德人格。基于学生党建的思想政治教育模式提出了以学生党建为核心的大学生思想政治教育新思路，主要通过本科生人才库项目管理平台，以学生党支部为战斗堡垒，以调动与激发先进分子的主体发展意识和奉献意识为根本，以充分发挥“一个党员就是一面旗帜，一个党员就是一个形象”的先锋模范作用为着力点，并按照建设社会主义核心价值体系的要求，以提高思想理论素养为重点，全力打造大学生思想道德建设的新阵地，着力培育大学生“创造、奉献、自律”的主体性道德人格。

（本文发表于《黑龙江高教研究》2012 年第 5 期，作者：江苏大学李宏刚　董德福）

多元文化背景下大学生价值观教育探究

随着世界多极化、经济全球化的深入发展,当今世界正处在大发展、大变革、大调整时期。传统与现代、本土与外来、精英与大众、主流与非主流、物质与精神、显性与隐性等各种思想文化交流交融交锋更加频繁。为了增强国家文化软实力,遏制文化式微、道德滑坡、价值紊乱等情形的发生,中共中央十七届六中全会通过了《中共中央关于深化文化体制改革、推动社会主义文化大发展大繁荣若干重大问题的决定》。大学生是祖国的未来和希望,是建设社会主义文化强国的主力军,在文化多元的新形势下,加强大学生价值观教育、提升他们的思想道德水平、引导他们确立正确的价值取向是一项十分急迫的战略任务。

本文根据当前大学生价值观现状和存在的问题,探讨构建"理论武装、榜样示范、体验实践"价值观教育模式,让大学生通过实践来领悟、认同并自觉维系价值观,以期提高价值观教育的实效性。

一、大学生价值观存在的问题

最近笔者对江苏省某市部分高校大学生价值观所作的一项调查显示:认同"人生的价值在于奉献"的占26.2%,认同"崇尚自我设计、自我实现"的占52.6%,认同"人都是主观为自己,客观为别人"的占21%,梦想"当大款、当大官、做人上人"的占42.6%。这表明当代大学生价值观以"自我设计、自我实现、自我负责"为内容的明显增多,而应该具备的爱国、创新、公平、正义等内容逐渐淡化、缺失。具体表现为以下几点:

(一) 物质取向突出

目前大学生价值判断标准从理想主义转向实用主义,越来越趋向追求现实功利,追求实惠、实用和物质享受,价值标准出现了目标世俗化、短期化和功利化的倾向,追求美好的个人生活成为大学生较为普遍的人生理想。在专业选择上,对将来就业前景和职业的收入关注较多;在恋爱与婚姻方面往往认为物质高于精神,比较重视经济条件和家庭背景;对于关系前途的评奖、评优、晋升、入党等问题较为关心,甚至追求不切实际的物质享受,但服务学校、奉献社会等意识淡薄。

(二) 个体取向突显

大学生价值取向逐渐由社会本位转向个体本位。重个人利益轻国家、集体利益,社会价值缺失倾向明显,价值导向上由重他人、重整体向重自我转变。强调自我奋斗,追求自身的知识和能力,在追求自身的发展过程中,自我意识越来越强烈,崇尚自我,认为个人价值高于一切,自我是一切言行的出发点和归宿。同时,合作意识淡漠,竞争意识突出,集体主义观念缺乏明显。

（三）多元取向明显

价值取向由一元价值观向多元价值观发展，大学生价值取向的层次性显著增强；价值观的变化具有节奏快、不稳定、多样化、评判双重、偏重感性、轻视理性的特点，由重义轻利向义利并重发展，由理想主义向现实主义发展。对遵纪守法、艰苦奋斗、勤俭节约、实事求是等传统价值观念，有相当比例的人认为“过时了”。他们认识到开拓创新、求真务实的重要性，只是这些价值观念更多地停留在认同层面上，却不是个人实践和追求的价值指向。

二、大学生价值观存在问题的原因分析

当代大学生在价值观方面存在不少问题和困惑。这些问题的产生既有大学生个体的主观原因，也有学校、社会的客观原因。大致可以归纳为如下几个方面：

（一）学校教育存在误区

一是功利化。自幼儿园阶段开始，学生就比家庭条件、比学习成绩、比获奖、比论文，其结果是重视学业成绩，忽略精神引导。二是理想化。学校对社会生活作出的是一种理想化的、抽象化的描述与解释，教育过于理论化、理想化。理论与现实严重脱节，致使大学生感到迷惘、困惑。简单乏味的教育方法、缺乏新意的教育内容，使大学生对价值观教育产生逆反心理。三是同质化。大学和中学价值观教育内容及形式雷同，没有很好地引领大学生从理性层面形成价值观，影响大学生对社会和国家的认知，从而影响到其对社会主义核心价值体系的认同。四是庸俗化。没有重视校园文化的教育功能，要么人云亦云，要么“标新立异”，甚至一味地“追星”，缺少历史传承性和精神独立性，缺失校园文化的核心——主流价值观。

（二）社会转型诱发弱化

社会转型对大学生价值观的主要影响表现在：一是全球化。随着全球化及我国经济体制、社会结构的变动和利益格局的调整，传统的价值观受到严重挑战，价值观念和价值取向日益呈现出多元、多维度趋势。二是市场化。市场经济结构和利益主体的多样性带来了社会思想道德取向和价值选择的多元化，思想价值观念向个性化、独立化、自我化方面变化。在这种变迁中，传统的思想道德建立的物质基础和社会基础悄然发生变化，单一的整体主义价值观渐渐向多维的自我主义价值观方向转变。三是人本化。随着民主政治的进步、公民社会的形成，西方各种思潮也大量涌入，人本主义、存在主义、西方马克思主义、实用主义和叔本华的遁世哲学等，一定程度上影响了当代大学生的价值观。四是信息化。信息共享使得大学生主体意识增强，形成全球价值观，但也让部分大学生意识形态西化，民族认同感淡化，价值取向和道德评价相对化。

（三）发展压力导致困惑

一是认知压力。部分大学生对自我认识不清，高估或者低估自我，并且错误地认为学习好了以后就可以找到好工作，赚大钱，导致骄傲自大、盲目乐观或者丧失信心、自卑畏缩。二是竞争压力。随着社会竞争压力的加大，大学生承受的压力也在持续加大。激烈竞争的环境、“千人争一岗”的就业形势、远离亲朋的孤军奋斗，使得大学生产生思想迷茫。三是情感压力。当代大学生多是独生子女，容易产生以自我为中心的心理。这种心

理往往与大学生发展所需的恋爱、人际交往等心理相冲突,困扰大学生的情感。四是物质压力。大学生的学业、就业、家业、事业等都必须有一定的物质基础作保证。生存和发展的需要使得他们对物质财富的需求欲望大,以致造成心理压力。

三、大学生价值观教育引导策略

社会主义价值体系有3个维度:一是科学的基本概念;二是现实背景;三是科学内容和精神实质。① 价值体系确立了“正当”与“应然”的价值目标。缩小“实然”与“应然”之间差距的基本路径是制度路径、思想政治工作路径和实践路径。② 学校要不断创新教育的方式,引导策略注重科学性、突出实践性、提高渗透性、强调能动性,用“形象教育与理论教育相结合,分散渗透与集中教育相结合,参与教育与灌输教育相结合”的教育方法③,让价值体系“入口”、“入脑”、“入心”,内化为大学生的价值观念,外化为大学生的自觉行为,提高价值观教育的实效性。

(一) 以学为先,知识灌输科学化

目前,大学生特别是理工农医类大学生的价值观知识贫乏,头脑中没有建立起完整的价值观知识体系。因此科学灌输价值观“是什么”及“不是什么”,要懂得“价值观不等于基本国策,不等于现实经济社会的发展目标,不等于社会规范与法律体系的要点,不等于各地区各部门的文化精神”是首先要做的工作。

首先,理论灌输。建构完整的价值观教育体系,进行系统的理论灌输。一是研读中国经典,把对我国历史文化传统的敬畏与尊重、文化自觉与文化自信加以创造性转化,灌输中国传统文化中像“修身、养性、齐家、治国、平天下”和“仁爱”等主导价值观。二是利用网络灌输马克思主义价值观,特别是劳动价值观。网络吸引力大、影响面广、渗透性强,进行价值体系宣传具有传统方式不可比拟的优势,是一条快捷、简便、成效大的重要途径。三是举办学术研讨、知识讲座等活动,通过党课、培训、演讲等方式,灌输马克思主义价值观时代化、大众化、爱国主义、改革创新等知识,让大学生真正懂得劳动、创新不仅是谋生、发展的手段,更是通向客观世界与主观世界的媒介,也是实现人性至美至善、彻底自由的必由之路。

其次,情感熏陶。向大学生灌输价值观知识,要坚持“情感、爱心、人本”的教育理念,把价值观教育与大学生全面发展教育结合起来,利用各种环境氛围来陶冶大学生情操,如净化网络空间、打造优质校园文化等,以情育人,使价值观成为大学生永恒的精神驱动。

再次,有机渗透。渗透性教育是一种间接的、潜在的和实践性的教育方法,具有“润物细无声”的特点。思想政治理论课是对大学生进行价值观教育的重要载体,教师应在教学中有机渗透价值体系的理论渊源、基本内涵,用科学的、真实的和逻辑的力量去影响大学生,做到“以理服人”;应把价值观教育作为校园文化的核心内容渗透到校园文化建设的各个层面上,并以此凝聚大学生;应在人文知识教育、心理健康教育、法制教育及专业课教

---

① 刘峰,等:《对社会主义价值体系三重维度的科学理解》,《经济研究导刊》,2011年第22期。

② 张鑫:《准确认识社会主义价值体系的四个维度》,《思想政治工作研究》,2008年第12期。

③ 黄新建,等:《学生网络法制教育研究》,《学校党建与思想教育》,2010年第11期。

学乃至学校整个教育活动之中,长期、持续、协调地通过各种形式渗透价值观教育。

(二)以身作则,榜样引导标准化

价值观念的现实影响和作用,往往通过理想人格典范的确立以及对这种人格典范的模仿、效法而实现。充分发挥道德模范的社会价值,有利于大学生树立鲜明正确的价值导向,营造知荣辱、树正气、促和谐的社会风尚,促进大学生价值体系建设。

首先,师表引领。在大学生价值观教育中,影响教育实效的最重要因素之一就是教师,这不仅包括思政德育教师,也包括其他专业教师和管理教师。所有教师的言行和思想都会直接影响学生的价值观形成,日常师表引领的影响力甚至比课堂教育更深远。高校要建立和优化评价机制、激励机制、保障机制,打造一支为人师表的教师队伍,使其以自身的正确价值观教育、影响大学生。

其次,典型示范。在开展大学生价值观教育活动中,加强舆论宣传,树立践行价值体系的先进典型和榜样,通过树立典型、学习典型、宣传典型等系列活动,打造鼓舞人、教化人、塑造人、熏陶人的积极文化,提高大学生自身的思辨力和选择力,引导大学生强化责任和时代使命,把价值体系转化为价值取向,转化为服务经济社会发展的实际行动。

再次,形象展示。要充分发挥校园文化在大学生价值观教育活动中的隐性育人作用,就应该充分利用班会、广播台、宣传栏、校园网、微博等媒介,让每位大学生都展示自己的形象,特别是要组织大学生开展自我评价、自我欣赏、自我教育活动,让大学生挖掘自己的闪光点,彰显个人"软实力"或找到与其他大学生之间的差距,自觉地美化心灵,改善言行,提升素质,以利于他们正确价值观的形成、内化以及外显。

(三)以知导行,实践体验常态化

首先,在活动中培养价值观。校园文化是学生精神的土壤。学校要切实组织引导大学生开展以主流价值观为内容的校园文化创建活动,在活动中培养学生的价值观;充分利用国庆节、"一二·九"运动纪念日等节庆日和纪念日,开展主题教育活动,使学生在参与活动的过程中受到潜移默化的影响;用榜样人物的先进事迹教育学生,使他们的思想受到洗礼、精神受到熏陶、道德境界得以升华;借助党校、社团、公益、联谊、驴友等组织,通过创办红色网站等生动有趣的活动,提炼大学生精神、凝练大学生价值观;通过专题分析、个案比较等活动,了解国外价值观教育的状况,使学生在比较中受到启发,在活动中优化价值观,培养价值判断能力和价值评价能力,外显在行为选择上,并在认同的基础上形成自觉性;通过情境教育模式、案例教育模式、双向互动教育模式等,提高教育的客观性、科学性、时效性、针对性。

其次,在实践中巩固价值观。有计划地鼓励、引导和组织大学生广泛地深入乡镇、街道、企业进行社会调查、志愿服务、公益活动、顶岗实习等社会实践活动,让他们了解乡情、市情、国情,耳闻目睹改革开放中出现的新气象,面对新问题,增强社会责任感与历史使命感。在实践活动中,让他们宣传先进文化、先进理念和价值体系,增强践行价值体系的自觉性和坚定性;让他们在参与实践、接受教育的过程中实现价值体系从理论形态向社会心理形态的转化,从而使价值体系在实践中得到巩固。

再次,在创新中践行价值观。积极开辟第二课堂,搭建各种创新平台,通过科技文化周、专题讲座、学术报告、理论研讨、演讲辩论、征文、歌咏比赛、书画展等科技、人文创新实践活动，让学生更主动地践行社会主义价值体系。营造重视创新、崇尚创新、坚持创新的浓厚氛围，引导大学生强化专业知识的学习、转化、运用和自主创造，培养大学生的创新意识、创新精神和创新能力，使每位学生真正把创新当成一种生活态度、一种工作责任、一种精神追求，在创新体验中，使价值观内化为自己的行为准则和价值取向。

大学生价值观的修复、调整和重塑过程是与形形色色非主流价值观斗争、博弈、共生共存的过程，是个体内因和环境外因共同作用的工程。必须建立价值观教育的长效机制、完善保障机制、落实责任机制、建立监管机制，把建立完善思想道德评价体系与增强大学生的规则意识结合起来，把教育引导同职业生涯教育结合起来，把教育人、引导人、鼓舞人与尊重人、理解人、关心人结合起来，把解决大学生最关心、最现实的利益问题如学业、就业、安全、人际关系、课外活动、科研等与能使大学生充分感受到价值观的重大实践价值结合起来。只有增大各方合力，大学生价值观教育才能取得实效。

（本文发表于《学校党建与思想教育》2012 年第 6 期，作者：江苏大学钱宇平　但海林　王月明　黄新阶）

互联网背景下大学生思想政治教育探析

一、大学生使用互联网情况及其对思想政治教育工作的影响

《中共中央国务院关于进一步加强和改进大学生思想政治教育的意见》明确提出，新形势下要主动占领网络思想政治教育新阵地，形成网络思想政治教育工作体系，牢牢把握网络思想政治教育主动权。近年来，随着我国社会经济和互联网技术的迅速发展，互联网的使用迅速普及，据中国互联网络信息中心（CNNIC）统计，截至2010年12月，中国网民规模达到4.57亿人，其中手机网民达到3.03亿人。高校是互联网技术发展的前沿，大学生上网十分便利，尤其是随着智能手机的普及，手机上网人数迅速增加，2009年的数据显示，85.7%的大学生网民使用手机上网。互联网的普及对大学生思想政治教育工作产生了深刻的影响。

（一）互联网的普及对大学生思想政治教育工作提出了挑战

一是大学生思想政治教育工作环境发生变化。互联网给大学生提供了最新、最丰富的信息，使他们的思想更活跃；但是网络信息繁杂，一些迷信、色情、暴力甚至不利于社会稳定的信息在网络上传播，也不断影响大学生的思想，甚至冲击他们原有的世界观、人生观和价值观。二是大学生思想政治教育工作模式亟须改进。各种空间、论坛、博客、微博、社交网站等新潮的平台对“90后”大学生极具吸引力，他们更愿意通过网络交流和解决遇到的问题。网络交流的平等性使得教育者与被教育者更加平等，传统的思想政治教育模式已不能满足工作需要。三是大学生思想政治教育效果评估复杂化。网络的诱惑是巨大的，具有持续性、反复性，学生一旦出现沉迷于网络的情况，就需要长时间、反复地进行教育，才有可能矫治成功。这种反复性也使大学生思想政治教育工作的效果评估更加复杂。

（二）互联网的普及为思想政治教育工作提供了机遇

一是互联网为思想政治教育工作提供了新的平台，有效拓宽了思想政治教育工作的途径。网络可以使教育者摆脱时间、空间的限制开展教育工作，拉近师生距离，提升教育效果。二是互联网的发展推动着思想政治教育工作的创新。网络极大地促进了高等教育的全球化，大学生思想政治教育工作者必须敢于并善于利用各种手段和资源，以大学生能够接受的方式开展教育，才能真正做好工作。三是网络文化推动着高校育人环境的发展。互联网络的普及催生了多元化、多层次的网络文化，进而形成了校园文化氛围。思想政治教育工作者应自觉、主动地深入网络环境发挥作用，使思想政治教育工作及其影响全面覆盖学校的育人环境。

二、互联网背景下推进网络思想政治教育的两个基本理念

开展大学生网络思想政治教育，应确立开放式的教育观念，强调参与式的教育方式，增加培养学生鉴别选择能力的教育内容；应坚持解放思想、实事求是的原则，坚持以人为本和教管结合原则。同时，在工作实践中还应坚持以下两个基本理念：

（一）充分利用网络，以生动的形式吸引大学生

互联网只是一个工具，关键在于如何利用。思想政治教育工作归根结底要落实到人身上，网络思想政治教育的出发点和落脚点都必须是网下。网下工作是基础，网上工作是扩展，网下工作和网上工作要有机结合起来。思想政治教育工作者应深入研究网络思想政治教育的规律，不断加强网络思想政治教育的内涵建设，增加网络思想政治教育的文化特质，根据互联网的特点开展新颖活泼的教育活动，牢牢吸引住大学生。

（二）加强思想引领，以正确的思想教育大学生

思想政治教育工作的特点之一就是渗透性，因此要通盘考虑、系统谋划，将对大学生的引导教育贯彻和渗透到各项工作中。思想教育工作者应坚持以大学生为中心，不断研究“90后”大学生的思想和行为特点，经常倾听他们的声音，准确把握大学生群体纵向分级、横向交叉的“矩阵式”结构特点，分析他们的思想困惑和需求，针对不同群体采取不同的引导方式、话语体系，努力营造健康向上的校园文化氛围和网络舆论氛围，努力提高思想政治教育工作的针对性、实效性和亲和力、感染力。

三、互联网背景下开展思想政治教育工作的途径

（一）培养人才，加强网络思想政治教育队伍建设

首先，加强网络思政教育专职队伍建设，打造一支既讲政治，又懂网络技术、熟悉校园网络文化的工作队伍。其次，培训一批学生骨干，充分发挥学生骨干熟悉网络技术、了解学生需求的优势，由他们负责网络思想政治教育的具体操作和日常维护，他们既是老师的得力助手，又是思想政治教育工作的信息员和宣传员。最后，学校提供必需的条件，定期开展对这两支队伍的培训和指导，加强对工作的监督和考核。日前部分学校设立了负责网络工作的部门，专职从事信息搜集和网络工作，如江苏大学组建了调查问卷信息收集分析小组、舆情调查分析小组和网络信息收集分析小组3支队伍，为有效推进网络思想政治教育提供了信息保障。许多学校加强了网络管理人员的培训，南京大学不定期开展对网络管理、宣传队伍及小百合BBS各讨论区版主的管理标准和管理水平培训，不断提高网络管理队伍的素质。

（二）搭建平台，构筑网络工作体系

一是各级综合性或专题网站，内容应包括学生工作的各项工作，专题性网站如社会实践网站应有一定深度，背景资料应全面；二是公共主页、空间等，如QQ空间、飞信空间、人人网公共主页、各大网站博客（Blog）、微博，校、院、年级甚至班级团支部都可以开通公共主页或个人空间，学校各级领导、辅导员的个人空间、博客、微博等更能吸引学生关注；三是即时通信平台，QQ群、MSN、飞信群、手机短信平台等，充分发挥网络在信息传递方面的优势。尤其是随着微博的兴起，高校微博也呈现出异军突起的态势，各高校纷纷开通官方

微博，在招生、就业、教学、管理等各个方面与“粉丝”进行及时、方便的互动，成为学校与学生、校友及社会各界沟通的桥梁。苏州大学还率先开通了“学生工作4S”微博，设置了资讯、学业、生活、人际、心理、职场等10多个栏目，为学生提供一条龙服务，平均每天更新4条。目前这类直接定位于为学生服务的高校官方和半官方的微博也越来越多。大学生思想政治教育工作应该积极尝试这些新颖的形式，充分发挥微博及时、互动、亲切的特点，推动学生教育工作。

（三）做好舆情调查，正确引导校园舆论

网络舆情调查可以有效避免面对面调查存在的有意掩饰等问题，更加真实。思想政治教育工作者可以利用BBS、论坛、网络投票、博客等平台开展调查，了解学生思想动态。尤其是校园BBS已经成为大学生了解和关注社会热点、发表意见、讨论交流的公共平台，目前国内建立较早的高校BBS，如北大未名BBS、南京大学的小百合BBS等都已经比较完善，拥有包括校务信箱、校园生活、社团群体、新闻信息、休闲娱乐、文化艺术、学术科学等大类的数百个讨论区（北大未名BBS有16类共946个讨论区，南大小百合BBS有12类共442个讨论区），最多时同时登陆账号1万个左右。BBS舆论在大学校园里的影响力已经逐步显现，近年来发生的杭州“70码”案件、中日钓鱼岛撞船事件等许多事件在各大BBS上都有直接而集中的反映，形成了强大的校园网络舆论。思想政治教育工作者应及时对网络舆论加以关注、引导，帮助大学生理性、客观地思考问题。笔者认为，对于社会热点问题和大学生的思想问题，要允许讨论，只要以事实为依据，经过思想碰撞和正确引导，就可以提升大学生认识水平，帮助大学生树立正确的世界观、人生观和价值观。

（四）活动上网，推进网络思想政治教育工作

网络是一个很好的宣传平台，同时也是高效的活动平台。高校可以定期发布手机报、邮件报、电子书，让目标人群及时了解所需信息。如江苏大学开展的短信平台、江大青年手机报和江大青年电子报，集宣传、服务、咨询、引导于一体，其中手机报的用户已超过3.2万人，江大青年电子报定期发向1.3万余名学生，被同学们称为“良师E友”。许多活动可以通过网络进行组织，如党、团校培训可以通过网络召集、组织学习和下载资料，科技活动可以网上申报、展示，校园文化活动可以在网上宣传和组织，名人讲座的影像资料可以提供下载。实践中，部分高校的党、团支部尝试将支部组织生活和理论学习放在QQ群中进行，取得了不错的效果。

（五）开展服务和研究，不断提高工作科学化水平

思想政治教育应该关心学生所关心的事情，提供学生需要的服务，帮助学生成长成才。尤其是在当前大学生普遍关注的素质拓展、科技创新、心理健康、维权服务、考研出国、就业创业等问题上，学生工作部门和工作者应该积极行动起来，调研学生们的需求，联系社会资源，利用网络为广大学生提供信息和服务。所有的服务都应当以学生需求为中心，以服务引导学生自觉追求上进，帮助学生成长成才。同时还要善于总结经验教训，加强思考和研究，努力破解工作中的难题。如加强实践育人工作，应注意研究如何实现社会实践的全覆盖，利用互联网提高社会实践的效果；如何加强心理健康服务，充分调动班级心理委员和学生干部作用，建立心理信息监控网络，提高心理危机干预水平，预防突发事件；如何加强对各类非政府组织（NGO）的鉴别以及对其在学校宣传和活动的管理，确保

没有非法信息和活动流入校园；如何实现志愿服务常态化、制度化，进一步弘扬志愿者精神，展示优秀志愿者形象，形成良好的校园志愿服务氛围，避免活动式的短期效应；等等。这些问题是大学生思想政治教育工作进入深层次必须要面对的问题，只有不断总结和研究，切实解决这些难题，才能真正提高工作质量，提高大学生思想政治教育工作的科学化水平。

网络在大学生思想政治教育工作的作用应当不断强化，这是一项系统的工程，既需要各级领导的重视和支持，也需要学生工作部门和思想政治教育工作者扎实工作、勤于思考、善于总结、不断创新，努力把网络工作办成"宣传工作的窗口、理论学习的课堂、师生互动的纽带、情感交流的家园"，不断提升大学生思想政治教育工作的科学化水平。

（本文发表于《教育与职业》2012 年第 12 期，作者：江苏大学石昌瑞　潘金彪）

大学生参与权的法哲学思考
——基于高等教育法治化的分析

伴随着高等教育法治化和民主化进程的逐步深入，大学生参与高校事务（尤其是与自身利益相关的教育管理事务）的权利，即大学生参与权，已经引起高等教育领域学者们的广泛关注，相关的研究成果也颇为丰硕。但略显缺憾的是，学生参与权作为新的权利类型，在我国出现的历史较短，理论研究的基础尚显薄弱。在高校的教育管理实践中，大学生参与权的行使举步维艰，甚至形同虚设。基于此，本文立足高等教育法治化背景，依据权利的法哲学理论，论述了大学生参与权的应有性、法定性和现实性 3 种逻辑递进形态，并从大学生参与权的理论诉求、现实状况和路径优化等层面，回应大学生参与权“虚置”的现实，以期保障大学生参与权的实现。

一、大学生参与权的应有性：高等教育法治化的必然趋势

从法哲学角度看，权利的应有性是指在一定的社会物质生活条件和文化传统中权利主体产生的权利需要和权利要求，是主体自身认为或被承认应当享有的权利。据此，权利的应有性是权利的初始形态，这种形态并非固定不变，而是与时俱进的，会随着社会的进步，尤其是社会法治化的发展而不断丰富和完善。

大学生参与权的源头，可追溯至近代大学的起源——中世纪的博洛尼亚大学。这所大学被称为“学生的大学”，与同时期通常由教授会掌控大学管理权的“教授的大学”形成鲜明的对比。博洛尼亚大学作为学生参与大学管理的典型代表，其学生组织几乎完全掌控了大学的管理权，负责学校的筹建、经费的使用、教授的评聘、校长的任命等校内重要事务。博洛尼亚大学是学生参与权最辉煌历史时期的典型代表，随着教授的学术权威在大学管理事务中扮演越来越重要的角色，大学的管理权逐步由教授会控制，“学生的大学”渐渐淡出历史舞台，大学生参与权进入了漫长的萧条期。

二战以后，从世界范围看，随着高等教育领域民主化与法治化浪潮的兴起，高等教育理念发生了实质性的转变。长期占主导地位的“代替父母说”在 20 世纪 60 年代趋于瓦解，传统的特别权力关系理论也逐渐被抛弃。以“对人的主体地位的尊重和对人的价值的肯定”为核心的人本主义思潮逐渐成为高等教育的主流理念，与之相对应的是以学生为本成为现代教育的核心价值观。在以学生为本价值观的引领下，学生权利意识持续高涨，权利需求愈发丰富，权利内容不断拓展，大学生的参与权成为高等教育无法回避的话题。特别是在 20 世纪 60 年代中期，世界范围内的大学生民主运动风起云涌，这一民主浪潮的主要诉求就是承认与实现大学生在高校管理中的参与权。

我国教育具有数千年的历史，教育思想源远流长，师道尊严的观念在教育过程中长期

占据主导地位。在这种观念的主导之下,教育管理的实践简单地将学生置于预先设定的教育目标和规章制度中进行塑造与培养,没有将学生视为教育过程中的互动主体。同时,长期以来,我国高等教育侧重从社会发展的需要出发来安排活动,漠视从学生身心发展的规律出发来教育人,偏重教师的知识传授和行为说教,忽视学生的独立思考和个性需求。特别是在计划经济时代,高校完全按照国家的计划进行招生、教学和工作分配,大学与学生的关系成了命令与服从性质的行政管理关系。这种行政管理关系导致大学生自主意识受到很大压制,各种权利要求缺乏理解与支持。

随着我国高等教育法治化的深入,高等教育模式逐步转变为缴费上学、自主择业,大学与学生之间的行政管理关系趋于松动,消费契约关系日益明显。对大学生而言,“高等教育已不再是免费的午餐,而是缴费之后应得到的特殊服务,大学也不再是他们利益的决定者,而更应是收取费用后的教育服务的提供者”。① 与之相伴的是中国教育界掀起了关于现代大学教育理念的大讨论,通过大讨论,传统的师道尊严受到质疑与批判,以学生为主体的教育观念逐渐成为主流。大学生逐步被视为有思想、情感、意志、需求的主体,平等、民主、互动的师生关系逐渐形成,大学生自我教育、自我管理、自我服务的价值理念在高等教育领域达成共识,大学生参与高校管理的权利诉求也受到尊重与认可。

在认可大学生高校管理参与权的同时,高等教育法治化进一步推动了现代大学制度的建立与发展。在以法治化为基础的现代大学制度建设中,治理理论的引入为大学生参与高校管理的应然性提供了理论支撑。大学治理作为为实现大学目标而设计的一整套制度安排,对大学的运行原则、决策程序、权益分配等进行了系统规制,通过保证大学各利益相关者追求自身利益的活动而实现大学的整体目标。大学生作为大学的利益相关者,具有参与大学管理的应然性诉求。对此,有学者指出,“学生参与大学治理是学生直接或间接地参与学校管理;参与的范围是学校;参与的权限是学校拥有的权力;参与的内容是学生自身相关事务和学校的政策制订;参与的主体是学校组织中的学生;参与的目的是维护自身权益”。② 大学生通过互动、信息分享和相互影响等合法方式全面参与大学事务,有效应对了“冲突与利益多元化”的治理理论逻辑,在实现参与的同时,有效回应了高等教育法治化的发展趋势。

二、大学生参与权的法定性:高等教育法治化的必然结果

权利的法定性是指现行有效的法律法规、部门规章及规范性法律文件明确规定的权利形态。权利的法定性是权利存在的主要形态,这种权利形态借助法律的权威性,对权利主体的某种行为作出正面或负面的法律评价,并告知相应的法律后果,从而为权利主体提供明确的行为导向,引导其从事或者不从事某种行为。大学生参与权的法定性,是对高等教育法治化发展趋势基础之上产生的权利需求的法律确认,也可以视为高等教育法治化的必然结果,这种结果的必然性主要通过现行有效的法律条文加以显现。

在西方国家,在社会各界的共同努力下,大学生参与权的理论诉求,经过10年左右的

① 秦惠民:《高等学校法律纠纷若干问题的思考》,《法学家》,2001年第5期。

② 唐娥,傅根生:《学生参与大学治理空间与路径的思考》,《高校辅导员学刊》,2009年第4期。

时间终于获得立法机构的回应。法国、英国、意大利、比利时等国分别在20世纪70年代制定了保障大学生参与权的法律,并得到其他国家的纷纷效仿。1992年通过的《俄罗斯联邦教育法》也规定,学生、家长、教师以及社会各界人士可以通过各种形式的学校委员会参与学校管理。

1998年10月,联合国教科文组织在巴黎总部举行的国际会议上通过了大会宣言《21世纪的高等教育:展望和行动》。在这份具有约束力的国际性法律文件中,第9条和第10条都涉及大学生的参与权问题。第9条规定,在日新月异的世界上,高等教育显然需要以学生为中心的新视角和新模式,应根据高等教育与有关社区和社会各部门之间的新型伙伴关系重新审视和安排高等教育的内容、方法和授课方式。第10条规定,应把学生及其需要作为关心的重点,并把他们看做是高等教育改革的主要参与者。这种参与应当是一种全方位、开放式的参与,包括学生参与有关高等教育问题的讨论,参与学校管理评估,参与课程设置讨论以及教学方法革新,并在现行体制范围内参与制定政策和院校的管理工作等。

我国法治化的发展使得立法步入快车道,教育领域的法律法规逐步健全与完善,推动着大学生参与权从应有性向法定性转化。《教育法》作为教育领域的基本法,由全国人大于1995年通过。该法第29条规定,学校及其他教育机构应当履行维护受教育者、教师及其他职工的合法权益的义务。该法律条文虽只是笼统地规定了学生的权利,并未具体论及学生的参与权,但对以后高等教育领域的立法起到了很好的指导与促进作用。作为高等教育领域的特别法,《高等教育法》于1998年由全国人大常委会通过,该法在总则部分的第11条规定,高等学校应当面向社会,依法自主办学,实行民主管理。该条文由于属于总则部分条款,对其他条款中教职工和学生权益具有统领作用。与《教育法》相比,该法的进步性在于间接地规定了大学生的参与权。需要指出的是,《高等教育法》颁布至今已有10余年,对其的修订工作已经启动,已有学者指出,该法在修订过程中应当借鉴国内外的先进经验,进一步明确规定大学生的参与权。

我国现行法律中对大学生参与权作出明文规定的是教育部2005年新修订的《普通高等学校学生管理规定》。作为部门规章,其第41条明确规定,学校应当建立和完善学生参与民主管理的组织形式,支持和保障学生依法参与学校民主管理。但该部门规章对大学生参与权的规定仅仅是原则性表述,至于大学生参与权的具体内容,如组织机构、参与形式、保障措施等事项语焉不详,仍有待于高校内部规范性法律文件予以进一步细化。其中尤为重要的是高校章程,高校章程作为高校的内部"宪章",具有规范和统领校内管理制度的功能,是高校开展各项工作的基本行为准则,是依法治校的重要依据,其对大学生参与权的法定化运行的重要性不可或缺。但是审视我国现有的高校章程,不仅制订步伐缓慢,而且对大学生的参与权关注不够。令人欣喜的是,最近教育部以第31号令的形式颁布了《高等学校章程制定暂行办法》,并确定2012年全面启动高校章程制定修订工作,我们有理由期待出台更多的高校章程来进一步保障大学生参与权的法定性。

三、大学生参与权的现实性:高等教育法治化的必然要求

权利的现实性是指依据权利的法定性,权利主体在现实的法律关系中,实际享有和行使的权利。法治化的过程,实质上就是权利的运行过程,权利的现实性是权利运行的逻辑终点。因此,权利的现实性就成为分析和评价法治化的重要指数。就大学生参与权而言,高等教育法治化不仅应关注与促成大学生参与权从应有性转化为法定性,更要积极创造条件,让大学生在校园生活中能实际享有和行使该项权利,彰显大学生参与权的现实性。具体而言,可从以下几个方面着手:

首先,合理界定大学生参与权的具体内容与参与形式。大学生参与权不能简单理解为大学生参与学校一切事务,基于学生智力因素、社会阅历和管理能力的欠缺与不足,大学生的参与权也必然有其限定范围。即便是适合大学生参与的事项,由于具体事项的特点不同,与大学生个人活动的关联度不同,加上大学生自身条件的诸多限制,其参与程度也不完全相同。强调大学生参与权的限度并非否认参与权的重要性,而是指出应立足于大学生参与权的现实性,对参与权的具体内容进行合理界定。界定的原则应以参与的内容与学习目的关联性为基础,综合学生的实际参与能力最终判定。

概括地讲,大学生参与权的形式包含 3 个层次:以建议权为核心的初级层次、以行动权为核心的中级层次和以决策权为核心的高级层次。从我国高校的实践看,部分高校已经通过设置学生校长助理、开通校长信箱、设立投诉热线、召开学生恳谈会等举措来保障大学生的参与权。尽管上述举措在推进大学生参与权的实现方面具有积极作用与现实意义,但是从大学生参与层次上分析,上述举措多数仅涉及以建议权为核心的初级层次,仅有少数体现为以行动权为核心的中级层次,缺少以决策权为核心的高层次的参与。为了改变上述状况,更好地落实大学生参与权的现实性,在涉及学生利益的重大问题上,应体现参与权层次的完整性。由此,高校至少要在制定涉及学生权益的校纪实施、奖助学金发放、教育教学评价、后勤服务管理的相关规定等方面让大学生享有一定程度的决策权,不能仅仅停留在表象性的征求意见层次。

其次,提升与大学生参与权相关的行为能力。依据法学理论,权利可细分为权利能力和行为能力,大学生参与权也不例外。大学生参与权的权利能力只是规定了大学生参与高校管理的可能性,其更多地具有宣示性功能,行为能力则是将可能性转化为现实性,具有落实性功能。大学生参与高校管理的权利能力与行为能力是相分离的,行为能力的取得依赖于多种能力要素的影响。因此,在权利能力得到认可的前提下,大学生参与高校管理的行为能力的提升,构成大学生参与权向现实性转化的重要环节。大学的主要功能是提供高等教育类的公共服务,大学生在大学的主要任务是接受高等教育,系统学习专业知识,开展专项性学术研究,提升自身综合素质。大学生在享有参与权的权利能力前提下,是否积极地行使参与权,更多地取决于大学生是否具备相应的行为能力来驾驭高校管理活动的复杂性与专业性,即是否具备与管理活动相适应的智力因素、控制能力、实践经验、专业知识、辨别能力和责任能力。

最后,加强大学生参与高校管理的组织建设。大学生参与高校管理通常借助自治的组织形式,综合纷繁复杂的个人意见,以集体意志的形式反馈给校方。例如:美国大学中

有“学生政府”，可代表学生向学校反映学生的各种要求；英国有学生联合体，负责征集学生的意见，反映学生的诉求，保障学生的权益。我国的大学中，虽然不乏学生会、学生社团等各种学生自治组织，但就其职能而言，更多的是完成学校交办的各项任务，向大学生们做好校方决策的宣传解释工作，在维护学生利益诉求方面与国外相比差距较大。因此，在大学生参与权向现实性转化、强化高校管理制度的同时，应加强大学生参与高校管理的组织建设，特别是要注重学生自治组织的功能完善与作用发挥。同时，由于我国的学生自治组织是在党委领导和团委指导下开展工作的，高校教育管理者可以有效利用这种特性，引导大学生的有序参与。基于上述分析，我国的大学还需要进一步放权，不仅要给予学生自治组织建议权，还应给予学生自治组织代表学生参与学校管理、决策、监督的权利。

（本文发表于《江苏高教》2012 年第 4 期，作者：江苏大学夏民　庄倩如）

第二篇　工作方式的多样化

立足根本创先争优　服务学生成长成才

江苏大学(以下称“学校”)立足高校根本任务,明确“服务学生成长成才”主题,扎实推进“为民服务创先争优”活动。学校服务学生成长成才的经验,先后在第十九次、第二十次全国、全省高校党建工作会议上交流。2011 年 12 月,江苏省高校“为民服务创先争优”现场推进会在学校召开。

一、找准切入点,在提升人才培养质量中为民服务创先争优

学校以提升人才培养质量为切入点,加强思想政治教育,推进教育教学改革,重视学生健康发展,积极构建服务学生成长成才体系。

(一) 引导学生思想成长

坚持以社会主义核心价值体系为引领,不断加强和改进思想政治教育。一是开展“弘扬三创三先,争当校园先锋”主题教育活动,引导大学生党员争当“四好校园先锋”。二是注重发挥优秀文化的教育熏陶功能,精心打造“人文大讲堂”、“名人讲座”、“校友论坛”等校园文化活动品牌。三是成立“菁英学校”。从增强政治素质、提升思想境界、锤炼作风品格、优化能力结构等方面,每年对新任学生党支部书记进行精英培训,对 300 名优秀大学生进行重点培养。

(二) 服务学生专业发展

全面推进教学改革,一是修订本科培养计划。突出创新能力培养、实践实训教学和人文素质教育,促进学生知识、能力、素质的协调发展。二是深化培养模式改革。建立共同指导、合作培养的“3 +1”校企联合培养机制,提升工程类学生的“4C”(Confidence,Cooperation,Communication,Creation)能力。三是建立学业导师制。聘任 800 多名拥有较高专业水平、丰富教学经验和较强科研能力的专业教师担任学业导师,为学生的专业发展指点迷津。

(三) 呵护学生心灵健康

一是完善帮扶机制。完善困难学生资助体系和“社会、学校、学院”三位一体的资助网络,年资助额达 4 500 余万元,6 600 多名学生得到资助。二是重视心育工作。打造心理宣传教育普及化、心理教育课程规范化、心理咨询活动标准化、心理危机干预程序化的“一点四化”大学生心理健康教育模式。全日制硕士研究生的心理普查测试率达到了 100%,本科生的测试率也达到了 99.7%。2011 年,1 357 名有心理问题的学生得到重点干预。

二、明确着力点，在优化学生成长环境中为民服务创先争优

学校通过“为民服务创先争优”活动，进一步优化教书育人、管理育人和服务育人环境，明确工作着力点，全方位服务学生成长成才。

（一）以师德师能建设为根本强化教书育人

一是推进师德工程。学校在教师中开展“立德立言，正己正人”、“崇教厚德，建高水平大学”、“走进学生心里”和“反思我们的教育”等主题实践教育活动，着力构建“了解—理解—关爱”的和谐师生关系。开展师德标兵和“最受学生欢迎的十佳教师”等评比表彰活动，激励全校教师切实履行“立德树人、教书育人”的光荣职责。二是提高育人本领。出台《关于进一步加强青年教师思想政治工作的意见》，实施青年教师“师德培养工程”，帮助青年教师过好教学关、科研关、师德关。设立党员示范岗，开展各种形式的教学比赛、技能竞赛，引导教师党员提高教育教学水平，争做教书育人表率。

（二）以作风效能建设为核心强化管理育人

深入推进校、院两级机关作风建设，成立机关作风建设工作领导小组，建立由党委全委（扩大）会议成员、党代表、教代会代表、教学单位教职员工和学生代表广泛参与测评的考评体系。要求机关部门明确岗位职责，强化服务意识，公开服务承诺和服务流程，切实转变工作作风，提高管理效能，争做管理育人表率。在学生处、教务处、团委等直接面向学生服务的单位部门推行“首问负责制”、“一站式服务”、“处长信箱”等举措，为学生服务搭建“绿色通道”。

（三）以提高学生满意度为目标强化服务育人

学校切实把服务学生成长成才作为工作的着力点。一是加强学生就业指导服务。构建常态化、立体化校内招聘市场，毕业生就业率一直保持在95%以上，学校成为首批全国50所毕业生就业典型经验高校之一。二是优化学生社区管理。坚持“以育人为核心，以规范管理、科学管理、人文管理为目标”，建设“安全、文明、和谐”社区。三是建立窗口单位示范点。图书馆、后勤服务集团、附属医院等窗口单位，结合岗位特点，设立“党支部责任区”、“党员服务站”、“党员示范岗”，开展“7S精细管理考核”、“五比一争”、“三比三看”等活动，不断提升履职能力和服务水平。

三、把握关键点，在建立健全长效机制中为民服务创先争优

学校党委围绕中心工作，坚持分类指导、示范引领、整体推进的工作思路，建立健全推进事业发展、服务学生成长成才长效机制。

（一）建立责任倒逼机制

学校党委重视加强对创先争优活动的领导，建立校领导联系学院、院领导联系系（所、室）制度，促进创先争优活动与学校事业发展相结合，与落实责任目标相结合。围绕“十二五”总目标，年初分解目标，年终由党委全委（扩大）会议成员、学校主要职能部门、学院教职工和学生代表参与目标考核。形成了“落实责任，传递压力，激发动力，促进发展”的工作机制。

（二）建立管理联动机制

一是建立党群工作联动机制。实施大学生党建“三个一工程”，组织学生党员、入党积极分子与学习困难学生进行“一对一”的帮扶。开展党建带团建“三结对一创争”工程，党团组织结对共建，党团组织负责人结对培养，党团员结对争优，深入加强基层党团建设工作。开展党建带工建活动，以构建和谐校园为核心，充分发挥工会组织教职工、引导教职工、服务教职工、维护教职工合法权益的重要作用。二是建立学生工作联动机制。建立“宣传—学工—团委”校园文化建设联动机制、“教务—学工—研究生”学风与考风建设联动机制和“学工—保卫—后勤”安全稳定联动机制，进一步加强学生工作的目标管理和过程管理。

（三）建立质量保障机制

学校党委出台《关于进一步加强和改进大学生党建工作的实施意见》，实施学生党员质量工程。一是严格发展党员程序。坚持党员发展标准，规范党员发展程序，全面推行发展党员公示制和票决制。每年都对发展党员工作进行专项检查，定期对基层党组织进行考核与走访。二是健全学习教育体系。发挥党校主渠道作用，健全学校、学院、网上“三级党校”教育培训体系，对党员进行以社会主义核心价值体系为主要内容的理想信念、党性党纪教育。三是选树学生身边典型。每年开展大学生先进党支部、优秀共产党员评比表彰。开展创先争优活动以来，共表彰 77 个先进学生党支部、128 名优秀学生党员。学生党员“爱心天使”陈静的先进事迹被改编为电影《小城大爱》在全国公映，“发明大王”刘春生获得第三届“中国青少年科技创新奖”，学生党员连续 6 年获得“江苏省十佳青年学生”荣誉称号，学校也成为江苏省唯一一所连续 6 年获得这项荣誉的高校。

（本文为江苏大学申报 2012 年全国创先争优先进基层党组织事迹材料）

努力构建“一点四化”模式
全面提升大学生心理健康教育水平

在我国高等教育事业发展和大学生群体特征变化的新形势下，江苏大学（以下称“学校”）经过多年的实践与探索，形成了以构建学校心理健康教育队伍为切入点，打造心理教育宣传普及化、心理教育课程规范化、心理咨询活动标准化、心理危机干预程序化的“一点四化”心理健康教育模式，收到了良好的实践效果，这一模式多次获得江苏省和江苏大学优秀教学成果奖，学校及相关教师多次被评为全国和省级心理健康教育工作先进集体与先进个人。

一、重队伍素质，强教育之基，以心理教育队伍建设为切入点开展心育工作

通过对辅导员队伍的心理学培训、专职工作人员作用的发挥、兼职工作人员的专业培养、学生心理骨干队伍的专业培训等途径加强心理健康教育队伍建设，以此为切入点开展大学生心理健康教育工作。

——加强心理学知识与技能培训，全面提升辅导员队伍心理教育与辅导水平。自2007年起共投资20余万元，为学校辅导员提供国家心理咨询师考试培训。目前取得国家心理咨询师证书的辅导员占全校辅导员总数的51.5%。采取走出去和请进来相结合的方式，派出辅导员参加省内外心理学学术会议及培训，邀请香港城市大学岳晓东、清华大学樊富珉等心理学专家前来讲学，通过工作坊与案例督导等形式进行心理学专业训练，促进了心理健康教育工作的纵深发展。

——发挥专职心理队伍统领作用，形成学校大学生心理健康教育的核心力量。设有副处级建制的心理健康教育中心（挂靠学生工作处），现有5名专职教师，除了全部具有相应心理咨询专业证书以外，还具有国家心理督导师、国际催眠治疗师和全球职业规划师资格证书，初步形成了团体辅导培训、心理催眠治疗及生涯发展辅导等心理辅导特色。每年举办两期心理辅导员培训班，逐步形成了学校疑难心理案例分析和心理咨询督导体系。

——不断扩大兼职心理教师队伍，形成学校大学生心理健康教育的重要力量。制定了《学院心理健康教育工作考核方案》，每个学院均设一名心理辅导员，负责全院学生的心理健康教育工作。聘请了23名具有国家心理咨询师证书的辅导员为兼职心理咨询员，参与心理咨询值班工作。坚持实行每两周一次的心理辅导员例会制度，通过学校工作部署、学院工作汇报、案例分析督导等形式交流沟通。坚持实行每月一次的心理咨询员督导制度，确保心理咨询员健康成长。

——加强班级心理委员队伍建设，形成完善的学校心理健康教育的工作网络。制定了《江苏大学心理委员工作条例》，编写出版了《高校心理委员培训教程》。自2009年起开展了系统的心理委员培训工作，向参加培训并通过考试合格者颁发“江苏大学心理委员培训证书”。2011年有53名研究生和289名本科生获得了心理委员培训证书，他们在大学生心理问题的解决、心理危机干预方面发挥了重要作用。

二、重活动实效，创教育特色，做好大学生心理教育宣传活动的普及化工作

注重开展大学生心理健康教育宣传活动普及工作，充分利用各种宣传阵地，营造心理健康教育氛围，强化全员育人意识，形成了沉边盖底的大学生心理健康教育宣传网络。

——广泛开展多途径的心理健康教育宣传活动，确保心理健康教育活动覆盖全校。通过广播、电视、网络、校刊、校报、橱窗、板报等多种宣传媒体，组织开展大学生心理健康教育宣传活动，大力营造关心学生心理健康、提高学生心理素质的良好氛围，增强学生相互关怀与帮助的意识，促进大学生心理健康成长。

——积极开展心理健康教育专题宣传活动，形成学校心理健康宣传教育活动特色。举办了以“敞开心扉，快乐成长”为主题的“3.20”心理健康教育周和以“阳光心态，健康人生”为主题的“5.25”心理健康教育月活动。通过现场心理咨询、心理游戏广场、素质拓展训练等活动，不断创新心理健康教育活动形式，中央人民广播电台、江苏教育电视台、镇江电视台、《镇江日报》等媒体作过相关报道。

——充分发挥心理社团的主力军作用，形成学校心理健康教育宣传良好氛围。学校相继成立了大学生心理学会、大学生心理委员联合会等心理社团。定期对心理社团的骨干会员进行培训，通过指导大学生心理社团，调动大学生自我认识、自我教育、自我成长的积极性和主动性，面向广大学生开展心理健康教育宣传普及活动。

三、重课程建设，促层次提升，健全规范化的大学生心理健康教育课程体系

在总结大学生心理健康教育工作经验的基础上，积极研究大学生心理健康教育工作规律，注重大学生心理成长与行为训练，建立健全大学生心理健康教育课程体系，收到了良好的教学效果。

——开设心理课程，备受广大学生欢迎。将大学生心理健康教育纳入教学计划中，开设“大学生积极心理健康教育”等20余门心理学相关课程，基本上可以满足全校学生对心理健康教育相关课程的选课需要。运用心灵陈述、启发讨论、情景互动、行为训练、模拟指导等方式不断改进教学方法，提高教学效果和教学质量。

——开办专题辅导，专题讲座覆盖面广。常年举办大学生人生导航、学习心理调适、交往心理与技巧等专题讲座，帮助大学生解决学习生活、人际交往、情感恋爱、就业择业、人格发展等方面的困惑和问题。仅2011年，学校就举办心理健康教育专题讲座59场次，听课人次达到了8 256人次，深受广大学生的喜爱。

——开展教研活动，不断提升教学质量。学校成立了大学生素质教育中心，下设心理

健康教育研究室，首期聘任了20余名辅导员为研究室成员。通过开展集体备课、观摩教学、新教员试讲、撰写教学论文、主持和参与教学研究课题等活动，不断丰富教学经验，全方位提高心理健康教育工作质量与水平。

四、重咨询质量，提辅导实效，深入开展标准化的大学生心理咨询服务工作

学校制定了《江苏大学心理咨询工作条例》，将大学生心理咨询服务辐射全校，开展多种形式的团体辅导活动，不断改善心理咨询工作环境和条件，面向广大学生开展标准化的心理咨询服务。

——深入开展心理咨询活动。实现了"三全"服务：一是心理咨询"全资质"上岗。参与心理咨询值班的老师全部具有国家心理咨询师资格证书，达到了持证上岗。二是心理咨询"全天候"服务。每周一至周五的上午、下午和晚上都安排了心理咨询值班，开通了电话咨询及网络咨询。三是心理咨询"全方位"设置。建立了校、院（社区）二级心理咨询体系，校关工委设立了"关爱谈心屋"，为来访的学生提供科学的心理咨询服务。

——广泛开展团体辅导活动。通过开展户外素质拓展、心理游戏广场及同感共情系列团体心理训练，促进参与的同学探索自己的生命，提高心理水平，优化心理素质，同时提升助人技能，发挥朋辈心理辅导功能，使他们成为学校心理健康的护卫。全校每年都有3 000多人次参与团体心理辅导活动，收到了良好的辅导效果。

——加强心理咨询条件建设。逐步建立了布局合理的预约等候室、心理咨询室和团体辅导室，并配以心理测量室、心理宣泄室、沙盘治疗室、生物反馈治疗室及催眠放松治疗室等心理诊疗场所，逐步添置了必要的心理咨询设备和器材、常用心理测量分析软件等心理健康教育产品，不断优化心理健康教育和心理咨询的手段。

五、重心理普查，保学校稳定，建立健全程序化的大学生心理危机干预体系

学校制定了《江苏大学大学生心理危机干预工作预案》，建立健全学校心理危机三级预警系统。通过新生心理普查、心理危机排查等途径和方式，帮助学生渡过心理难关，维护校园的安全与稳定。

——三级预警全程化服务。一级预警是发挥班级心理委员的作用，加强其与同学的联系与沟通。二级预警是各学院密切关注学生的异常心理和行为，发现重要情况立即向心理中心报告，及时对学生进行主动干预。三级预警是心理中心专职教师发现有危机状态的学生，积极采取干预措施，并及时向学校心理健康教育领导小组汇报。

——心理普查全方位实施。学校每年都对新生进行网络心理测试，建立心理健康档案。仅2011年，学校就对2011级的1 672名研究生、7 767名本科生和32名海外留学生进行了全方位的心理普查，全日制硕士研究生的心理普查测试率首次达到了100%，本科生的测试率也达到了99.7%，基本上掌握了全部新生的心理健康状况。

——心理干预全覆盖运行。坚持对心理普查中筛查出来的重点新生进行主动干预，做到心理危机的早发现、早诊断、早处理、早预防。仅2011年，共重点干预有心理问题的

新生 1 357 人，并将干预的过程和结果记录到心理健康档案系统中，便于将来定期跟踪随访调查。

学校在发挥大学生心理健康教育功能和作用方面进行了许多有益的尝试，取得了一定的实效和成绩，这是学校在以人为本教育理念指导下重视学生管理和教育工作、拓宽学生工作思路的结晶。我们将在今后的工作中加倍努力，不断完善大学生心理健康教育的网络系统，多层次、多渠道地开展心理健康教育工作，使学校的心理咨询与心理辅导工作真正成为护卫大学生心理健康的主阵地，使学校的心理健康教育工作更上一个新的台阶。

（本文为江苏大学报送 2012 年江苏省普通高校学生工作会议交流材料）

3G通信技术对大学生思想政治教育的影响探析

当代大学生是伴随着互联网和手机成长的一代,3G通信技术加速了互联网和手机的融合,必将对高校思想政治教育产生重大影响。目前我国的3G市场还处于起步阶段,按三大运营商的计划,最晚也将在2009年第三季度推出3G服务。本文在3G通信技术在我国没有大范围普及之前,研究3G通信技术对大学生思想政治教育的影响与对策,以防患于未然。

一、3G通信技术对大学生思想政治教育工作的影响

(一)3G通信技术给大学生思想政治教育工作带来了新的机遇

1. 促进了大学生思想政治教育方式的多样化

3G时代,手机的数据传输速度提升几十倍,将给信息时代的消费模式带来颠覆性冲击。3G通信技术具有独有的不受时空限制的特点,能够处理青年学生喜爱的图像、音乐、视频流等多种媒体形式,传播的网络信息综合性强,声、像、图、文并茂,信息传递形式生动活泼,因此,3G时代的互联网使得思想政治教育具备课堂思想政治教育所不具备的优势。除了采用传统的与学生面对面的思想政治教育、利用互联网丰富教育方法和手段外,我们可以利用3G的先进技术,开展手机网上心理咨询室,及时解决大学生思想及心理问题,制作一些知识性、趣味性强的FLASH或视频短片传播大学生思想政治教育知识,等等。

2. 促进了大学生思想政治教育主体的多元化

3G通信技术突破了信息承载介质的界限,而且增加了丰富多彩的沟通手段,实现了5A(anytime,anywhere,any context,anyone,any device)的通信境界,为人们交流思想、表达情感、陈述观点提供了诸多技术手段,方便随时随地与家人或者朋友交流。"一台小小的手机,足以进一步拉近你和家人之间的距离,无论走到哪里,家,都在掌心里。"

3. 促进了大学生思想政治教育工作的高效化

3G技术交流的互动性与便利性,可以促进高校思想政治教育工作的高效化。当大学生思想上有疑问、学习上有困难、生活上需帮扶时,都可以实时、"面对面"地咨询学校有关部门人员或向同学询问,切实打破时空限制,充分实现互动性、针对性和有效性。另外,由于3G技术运用了多媒体的技术,其娱乐性优势非常明显,这样可以使思想政治教育工作的政治性、思想性和娱乐性紧密结合,大大增强思想政治教育工作的渗透效果,而且可以通过快捷的速度、大学生喜闻乐见的形式将思想政治教育与社会热点问题联系起来,实现思想政治教育工作的高效化。

（二）3G 通信技术给大学生思想政治教育工作带来了新的挑战

1. 3G 通信技术更易影响大学生的世界观、人生观和价值观

在 3G 产业时代，网上的信息纷繁复杂，有积极健康的，也有消极不健康的。就世界范围而言，西方的所谓自由平等、"普世价值"具有很大的市场，邪教、迷信也通过互联网传播，黄色网站也十分泛滥。手机短信和手机彩信在提供大量短小有用信息的同时，攻评类、淫秽类、欺诈类、泄密类、造谣类、官场类等多种不良短信也层出不穷。由于 3G 技术的传播优势，手机必然成为这些不良网络文化和手机信息传播的新的、更丰富的、更快捷的载体，随时随地影响大学生世界观和价值观的形成。

2. 3G 通信技术更易助长大学生不良行为甚至违纪行为的发生

3G 时代的无线互联网超越目前互联网的及时性，用户可以用它来浏览网页、玩网络游戏、观看影音等，3G 手机将成迷你的计算机、掌中电脑。3G 上网的便捷性，使得大学生能在课堂上或者是自习室上网，有的大学生人在教室，心却在 3G 手机上，他们在课堂上悄悄地用 3G 手机视频聊天、玩游戏、浏览网页，最终导致学业荒废。此外，已经出现的手机短信也将"升级换代"，3G 手机的定位、短片录制功能和快速传播特点等都将为学生的违纪甚至违法提供便利。

3. 3G 通信技术更易诱发大学生心理问题，导致心理障碍

互联网时代，经常上网的大学生中已经出现了学习困难、学业荒废、情绪焦虑、苦闷、压抑、烦躁等情况，有的还出现了"因特网综合征"，严重影响了日常的学习和生活。3G 通信技术将吸引更多的青年人尤其是大学生进入机器交流的世界。一些大学生患上人际交往的心理障碍，被称为 3G 人，成为被信息化的人、被简单化的人、失去了真实世界的人，夺走信息就像夺走他的灵魂，他的时间被 3G 填满，甚至不愿看一眼窗外的世界，对身边的人和事缺乏兴趣。他的快乐、他的安全感、他的选择，都来自于 3G 技术带来的服务。

二、3G 技术条件下的大学生思想政治教育对策

（一）高校思想教育工作者要积极应用 3G 技术，做 3G 技术使用的引领者

思想政治教育工作者要了解、熟悉 3C 技术带来的方便快捷以及存在的弊端，真正了解 3G 技术。这样，在对大学生的思想政治教育中，才能做到有的放矢，增强工作的有效性。例如，班主任和辅导员可以通过视频通话、召开视频班会进行集中性的思想政治活动或个别的思想教育。学校可利用视频通话技术，开展校长手机视频接待日或者处长手机视频接待日活动，方便学校领导与学生沟通交流，了解学生思想动态，促进民主化工作。

（二）高校要拓展校园文化建设的新渠道，积极开展健康向上的文化活动

针对 3G 时代媒体形式多样化的特点，高校可以开展手机视频短片比赛、手机短信大赛等活动。学校可以通过校电视台、校广播台、校刊校报、校内网络等媒体平台，经常举办旨在倡导崇尚文明的活动，如以"红色文化"为内容的手机短片或者是手机短信接力赛，赛出内容质量、赛出输入速度、赛出政治水平，让大学生自主、自觉、自律地运用 3G 手机，引导大学生重新定位和挖掘 3G 技术思想教育功能，远离消极与粗俗的信息，崇尚健康与文明的信息。

（三）高校要利用3G技术的手机电视功能，拓展校园文化新载体

高校可以开办手机电视台，丰富大学生的课余生活。手机电视台内容可以是最新的时事政治或者是有关国家大政方针的贯彻实施，以培养大学生的爱国主义情怀；手机电视台内容可以是校园里优秀学生的先进事迹报道，以便大学生能从身边找到一些榜样和楷模，自觉端正学习态度。手机文化中心可以为学生提供文化资料下载、学习交流平台、心理在线咨询，还可以专门为毕业生不定期发送相关的招聘信息，促进毕业生的就业工作。

（四）高校要利用3G技术移动学习的功能，倡导大学生随时随地学习

3G通讯技术发展和3G手机在我国的推广应用，使得移动学习成为可能，实现了师生异地同步或非同步教学。在传统的网络模式下，由于硬件设备和学习时空带来的局限性、教学资源的设计和教师教学模式转变的适应性等原因，现代远程教育的效果和发展受到影响。而在3G时代，师生们可以网上答疑、在线讨论，通过音频、视频（直播或录像）直接进行交流，从而增强了移动学习的交互性，实现师生有效互动。高校可以利用这项技术在3G手机上开通校级选修课，方便大家随时随地学习选修课程。

（五）高校要利用3G技术的手机上网功能，拓展校园服务领域

在3G时代，高校可以利用3G的先进技术来扩大校园的服务领域。比如，利用3G手机电子钱包的功能，高校可以实现校园3G一卡通，以3G手机来代替饭卡、校园里的洗衣卡、学生证、借书证、宿舍钥匙等。为方便广大学生，还可以开发3G手机为学生提供图书续借或者图书预订服务的功能，方便大家随时随地进行图书续借或者是图书预订；还可以为学生提供网上选课及退课等服务。

3G通信技术对大学生思想政治教育的影响是传统的互联网或者手机所无法比拟的，高校德育工作者必须高度重视这一思想政治教育的新时代、新领域，加强工作研究，积极抢占这一新阵地。

（本文发表于《学校党建与思想教育》2010年第11期，作者：江苏大学李洪波 程佳伟 杨兰）

教学主导　培训辅导　氛围引导　深入推进大学生创业教育

江苏大学(以下称"学校")历来高度重视大学生创业教育,始终把传授创业的基本原理和方法,培养基础宽厚、富有创新精神、能够适应未来社会发展和挑战的人才作为学校的中心工作。在大学生创业教育开展过程中,学校坚持以"提升大学生创业素质"为核心,以"创业带动就业、创业推动创新"为目标,以"教学主导、培训辅导、氛围引导"为路径,创新理念,健全体系,着力在强化大学生创业意识、塑造大学生创业精神、提高大学生创业能力、培养大学生创业道德、指引大学生创业途径等方面进行了有益探索,取得了一定成绩。学校被列入江苏省首批大学生创业教育示范校,"创业管理"课程被评为国家级精品课程。学校的创新创业教育受到教育主管部门、学生、社会和家长的一致好评。具体做法如下:

一、坚持教学主导,植入创业"基因"

创业教育的根本目标是将创业意识、创业能力和创业心理品质内化为受教育者的内在特质,成为让受教育者终身受益的"基因"。基于这一理念,学校重点在构建完善层次化、系统化的创业教育教学体系上进行了大胆探索与有益实践。

(一) 开设创业课程

主要是以"创业管理"国家级精品课程为依托,组建了以骨干教师和企业领导为创业讲师的课程专家组,制定了"100% +30% +5%"的教学目标,即100%的大学生接受创业知识教育,30%的大学生获得创业精英培训,5%左右的大学生在校期间有创业的实践锻炼。课程组采用"2 +2"的教学模式,即大学前两年为创业素质教育阶段,后两年为创业能力培养和创业实践训练阶段。根据这样的"两段培养模式",学校面向大一、大二学生开设了"创业学"、"创造学"、"大学生职业生涯规划设计"等有利于创业意识培养的必修课;面向大三、大四学生和研究生开设了"大学生创业基本理论、方法与实践"、"大学生KAB创业基础"、"创造方法论"等有利于创业技能提升的选修课。通过精心开设这些创业类课程,有效夯实了同学们的创业理论基础。

(二) 回归工程实践

主要是以省教育体制改革试点项目"加强大学生创业教育和就业指导"的开展为切入点,结合教育部"卓越工程师教育培训计划"的实施,积极将创业教育融入创新人才培养模式改革。在加强学生工程实践能力培养方面,主要是以世界两大工程教育体系(《华盛顿协议》和欧洲大陆工程教育体系)为参照,以新型工业化过程中的社会需求为导向,以工程教育必须回归工程实践为原则,采取校企结合的形式,切实将实践能力的培养渗透到学生专业实习、毕业设计等各个环节。通过强化学生的工程意识和工程实践能力,切实提高学生的创业素质。

（三）实行创新学分

创新学分是指全日制本科生在校期间，课外参加学校认定的各类竞赛、科学研究、发明创造、创业实训等取得成果，通过申请和认定后所获得的相应学分。学校规定，学生在校学习期间，除修满教学计划要求的学分外，必须取得一定的创新学分，学校还针对各类创新创业竞赛和实践训练项目制定了相应的学分评定标准。这一“硬规定”充分激发了学生参加各类竞赛、发明创造、创业实践、技术开发的主动性，有效推动了科技创新创业活动的深入开展。

二、坚持培训辅导，选育创业“种子”

所谓构建立体网络，就是着力构建课内课外结合、理论实践相融、现实虚拟互补的立体化创业教育培训体系。

（一）成立创新创业学校

学校于2002年成立了全国首家创新创业学校，把它定位为课堂创业教学的拓展与延伸。重点是突出4个注重：一是注重教学模块化设计，按照主干课程、主题报告、社会实践、论坛交流和毕业设计等五大模块设计培训内容，学制一年，共240学时。二是注重创业型师资的选聘与整合，“创业教育理论与实务”的讲授教师主要从学校“创业管理”课程组以及创业教育专家组中选聘，实际创业知识的讲授主要聘请知名企业家、高级创业导师承担。三是注重创业理论与实践模拟的结合，主要是利用“ERP实验中心”、“创业模拟实训室”、“企业沙盘对抗模拟中心”、“网络创业实验室”开展创业模拟实践活动。四是注重学生的自主创业实践，遴选出30支大学生创业团队入驻大学生创业孵化基地，并为每个入驻团队配备创业导师，免费提供场地、办公设备。目前，已有8支团队注册了公司，获批国家专利40余项，取得明显的经济、社会效益。

（二）开通创业教育网站

为有效发挥网络和新媒体在大学生创业教育中的辐射作用，学校专门建立了大学生创业教育网站，并与教育厅创业教育网站对接，重点发布国家、省以及地方和学校的创业政策、创业活动信息以及创业典型事迹，拓展服务大学生创业的网络阵地。此外，还通过江苏大学青年手机报、江苏大学新浪官方微博等，及时宣传创业活动信息，形成了立体式广覆盖的创业宣传网络体系，为同学们了解创业、参与创业创造机会和平台。

（三）成立创业研究室和素质教育中心

学校专门成立创业研究室和素质教育中心，围绕新时期如何有效开展大学生创业教育开展理论研究，编撰出版了《创造学基础》、《创业案例集》等12本教材，承担国家、省部级课题17项，在创业类核心期刊发表论文60余篇。同时，利用素质教育中心这一平台，将大量的研究成果注入学生素质拓展中，全方位为学生提供创业政策咨询、创业项目指导、风险投资引入、公司注册服务等，有效发挥了理论研究在大学生创业教育中的指导作用。

三、坚持氛围引导，培育创业“果实”

重点是聚焦“挑战杯”创业计划大赛，做实创新创业活动，树立创业典型榜样，努力为创业教育营造浓厚的氛围。

（一）发挥各类创业赛事的引领作用

学校高度重视以“挑战杯”创业计划竞赛为龙头的各类创业赛事，形成了“校院班”三级参赛机制，每年有100余支团队参加校内“星光杯”创业计划大赛，每年为30支创业计划获奖团队配备导师进行“一对一”指导，并备赛全国“挑战杯”创业计划竞赛。在2008年“挑战杯”中国大学生创业计划竞赛中，学校申报的3件作品获得一银两铜的好成绩，并荣获高校优秀组织奖。2010年学校荣获第七届“挑战杯”中国大学生创业计划竞赛两项金奖（全国共55项金奖）。在这项赛事的引领下，学校积极组织学生参加“巅峰时刻”全球挑战赛，“朗阁杯”创新创意创业大赛、模拟沙盘大赛等全国和省市级创业竞赛，让学生在丰富多彩、充满竞争与激情的赛事中汲取创业知识，提升创业素质。

（二）发挥创新创业活动的载体作用

重点是点面结合举办创新创业活动，如：面向全校师生举办创新创业论坛、企业家论坛；面向创业积极分子，举办各类创业竞赛、创业沙龙等。此外，学校还注重发挥创业型社团以及大学生科研立项在创业教育中的基础性平台作用。目前，学校建有9个“大学生创业联盟”社团，其中“创业商学会”被评为“江苏省十佳社团”。同时，通过精心组织届次化的科研立项工作，有效吸引了近万名大学生参与，目前每年学生申报的科研项目就达千余项。

（三）发挥创业典型的榜样示范作用

浓郁的创新创业氛围培育了一大批创业精英，在已毕业的学生中有：“中国青少年科技创新奖”、“江苏省青春创业风云人物”得主，正经营3家公司的刘春生；思航科技有限公司总经理，初次创业年销售额就达到400余万元的周成林；“涯遇江大”创始人刘洋；等等。目前在校学生创业成功的也屡见不鲜，如：荣获第五届“中国青少年科技创新奖”的反木马专家张翼；申请专利39项（其中获授权29项），独自撰写30万字《创新宝典》，创办创新学校的吴多辉；创建江苏名通信息科技有限公司和江苏悦虎科技信息服务有限公司，目前拥有1 000万元资产的周尚飞；建立江阴举世网络科技有限公司，年利润达20余万元的高天明；等等。这些创业典范的成功历程在校园引起了积极的影响，引领了一大批学生走上创新创业之路。

（本文为江苏大学报送2011年江苏省大学生创业教育示范校建设推进会交流材料）

推进“四个结合” 构建励志育人新平台

江苏大学(以下称“学校”)高度重视资助经济困难学生工作,根据国家有关资助经济困难学生的政策,在采取切实有效的措施、扎实做好经济困难学生资助工作的同时,坚持资助与思想政治教育相结合、资助与励志教育相结合、资助与素质拓展相结合、资助与就业相结合,积极探索,大胆尝试,不断创新资助形式和工作方法,引导学生自立自强、奋发向上,增强了学生的感恩、回报意识,达到了经济助困与思想育人的双重效果,促进了学生的成长成才。

一、资助与思想政治教育相结合

贫困生虽然都家庭经济困难,但致贫原因却很复杂。由于受不同的家庭背景、不同的教育经历和社会环境影响,家庭经济困难学生的思想状况也呈现出不同的特点。大致有4种类型,即:自强自立型、敏感猜疑型、自暴自弃型、现实拜金型。学校学生资助工作坚持在解决经济困难的同时,本着尊重人、理解人、关心人、帮助人的原则,将人文关怀融入思想政治教育当中。

(一) 系列主题教育

学校通过开展反哺教育、感恩教育等系列活动,引导学生克服自卑心理,树立克服困难的信心,提高诚信意识,增强回报社会的责任感。如:开展“一封感谢信,一片感恩情”活动,主动给贷款经办银行、主管部门及奖助学金设立单位写感谢信等。

(二) 志愿服务

2006至2008年,共有13名家庭经济困难学生参加了“大学生志愿服务西部计划”和“大学生志愿服务苏北计划”,其中1人获得“陕西省大学生志愿服务西部计划优秀志愿者”称号,1人获得“苏北计划志愿服务金奖”;广大家庭经济困难学生还主动参加各类义工活动,尤其在美化市容市貌、繁荣镇江民间文化等方面作出了较大的贡献;汶川大地震后,许多家庭经济困难学生不仅主动捐款捐物,还积极申请做义工,服务灾区受伤群众,受到多方好评。

(三) 诚信教育

每年组织贷款毕业生集中参加诚信还款宣誓活动,增强贷款学生的诚信意识。2006届、2007届、2008届全体贷款毕业生还自发地向全省贷款毕业生发出“诚信还贷,回馈社会”的倡议,号召贷款毕业生恪守诚信、按期还款。近年来,绝大多数毕业生按期归还贷款,违约率逐年下降,受到经办银行的肯定。

家庭经济困难学生是一个需要给予特殊关注的群体。因为贫困,他们肩负着家庭几代人的希望;因为贫困,他们的求学之路比常人艰辛;因为贫困,他们的内心常常比较脆弱。因此，高度重视家庭经济困难学生的思想政治教育，倡导人文关怀，通过对家庭经济困难学生的关爱、启迪、扶持与引导，帮助他们找回自我，引导他们敢于面对贫困、面对困境，成为构建和谐社会的栋梁之材，是我们义不容辞的责任。实践表明，经过生活的磨砺，家庭经济困难学生具有极强的耐挫力，他们中的绝大多数思想积极上进，有较高的思想觉悟；他们知恩图报，诚实守信，具有很强的可塑性。据统计，近年来学校家庭经济困难学生获奖比例逐年提高，思想政治教育的效果得到充分的体现。

二、资助与励志教育相结合

贫困生家境困难的原因各异，影响他们人格形成、发展的因素也各不相同，所以，家庭经济困难学生的心态是复杂多样的。工作中，我们发现，家庭经济困难学生这一群体中心理存在困惑的学生比例相对较高，其心理困惑主要体现在：一是心理上自尊和自卑的矛盾，二是人际交往消极退缩，三是情绪孤独、抑郁，四是学业焦虑。

（一）“三困生”的“一对一”帮扶

建立健全了“三困生”（特指学习困难、经济困难以及心理存在困惑的学生）档案，做到每个学习困难学生都有定向指导、每个经济困难学生都有明确的解困措施、每个心理存在困惑的学生都可以得到校心理援助系统的帮助与支持，从而促进了“三困生”的成长成才。

（二）心理帮扶

学校为每个学院配备了具有国家心理咨询师职业资格的心理辅导员，每双周召开工作例会，通报、讨论、研究学生中个性和共性的心理问题，为及时并有针对性地解决问题提供了很好的帮助。学校还通过心理访谈形式，重点帮助家庭经济困难学生认识自身的人格特点，掌握积极的应付方式，进行有效的自我调节，以提高对困难和挫折的承受力。学校在对家庭经济困难学生实施援助时，有时实行“隐蔽”的方法，以避免“贫困生”的标签对学生产生消极影响。

（三）爱心活动

营造团结互助的集体氛围，吸引家庭经济困难学生参加自己的社团，如“自强社”、“大学生勤工助学中心”、“爱心联盟”、“曙光爱心公社”等。其中，“爱心联盟”通过“回收饮料瓶助困”的行动感染了众多大学生，举办的一系列富有特色的爱心活动受到了《人民日报》、江苏人民广播电台、《扬子晚报》、《新华日报》、《镇江日报》、《京江晚报》等各级各类媒体的关注。众多网站转载了“爱心联盟”的事迹，也在“高校十佳百优学生社团文化展”活动中被评为“全国高校优秀学生社团”。

（四）义工制和自愿捐款

2006 年学校制定了《江苏大学受助大学生义务工作管理办法（试行）》，文件规定：凡受到各级各类助学类奖助学金资助，且符合义务工作基本条件的大学生，及其他欲申请各级各类助学类奖助学金的学生必须完成一定时数的义工。接受资助时，必须承诺毕业后 4 年内向学校“爱心基金”自愿捐款，培养学生的回馈意识。到目前为止，该基金已陆续收到 66 名贫困毕业生的爱心款 45 750 元，学生累计完成义工达 2 万余时数。

（五）典型人物评选

每年开展“励志之星”评选活动，评选出的“励志之星”和“励志优秀学生”在全校各学院进行事迹巡讲，从而引导更多学生学习他们自尊自信、自立自强的品质，培育克服困难、百折不挠的奋斗精神，养成乐观向上、积极进取的人生态度。

通过一系列扎实有效的措施，学校家庭经济困难学生人格逐步完善，思想健康向上，校园内时常可见他们自强自立、感恩奉献、互帮互助的身影，爱心春潮不断在校园涌动。

三、资助与素质拓展相结合

高等教育阶段是人生的黄金时段，大学生正值青春年华，具有较强的可塑性。加强家庭经济困难学生的素质拓展，可以使之增强团队意识，融入班级这个群体；可以使之在专业课以外，培养自己对文学、艺术、科技、体育等方面的兴趣；可以使之在与老师、与同学、与社会的广泛接触中，掌握言语技巧，增强交际力和语言表现力。一句话，素质拓展对加强贫困生核心竞争力具有不可估量的重要作用。

（一）学以致用

学校充分发挥“勤工助学”主渠道的资助和育人双重作用。校内勤工助学主要有3种类型：一是劳务型，即打扫卫生、校园治安保卫以及其他后勤用工；二是服务型，即发挥家庭经济困难学生的技能和特长，作为办公室助理参与学校服务和学校管理；三是科技智力型，选择部分品学兼优的家庭经济困难学生兼作助教、助研、助管工作，这样既扩大了资助经费的来源，又发挥了这些学生的知识优势，使他们真正学以致用。另外，学校还组织学习成绩优秀的家庭经济困难学生利用课余时间做家教，利用假期参与企业的广告策划与宣传、市场调查、产品开发等。学校还利用设立奖助学金单位的便利条件，积极开辟相对稳定的勤工助学基地，利用专业优势，让更多的学生走出课堂，融于社会之中，不仅锻炼了能力，而且提升了素质。

（二）公开招聘、竞争上岗

为培养家庭经济困难学生的竞争意识、敬业意识，自2002年以来，学校每年举办勤工助学招聘大会，实行公开招聘、竞争上岗；2003年起举办的勤工助学创业大赛，开创了勤工助学与大学生自主创业有机结合的先河，投入运营的6支创业团队先后为家庭经济困难学生提供了300余个勤工助学岗位，收到了拓展勤工助学岗位与培养学生创业能力、提高学生综合素质的双重效果。

（三）课外科技活动

注重引导家庭经济困难学生参加“大学生科研课题立项”、“星光杯”江苏大学创业计划竞赛以及“创新论坛”、“科普周末”广场活动、“学术大讲堂”系列活动和“百科知识竞赛”等，以拓展他们的视野，培养他们的自学能力、生存能力、适应能力和创业意识；学校还专门推荐优秀的家庭经济困难学生参加江苏大学“菁英学校”、江苏大学“创新创业学校”等培训，全面提高家庭经济困难学生的综合素质和整体实力。

（四）树立典型

2006年至2008年，家庭经济困难学生的获奖比例逐年增加，获奖层次也逐年提高。如：化学化工学院2004级本科生刘秀丽获全国优秀学生干部、江苏省优秀学生干部称号，两次获得国家奖学金；计算机学院2004级本科生张翼获第五届中国青少年科技创新奖、第十届“挑战杯”全国大学生课外学术科技作品竞赛二等奖、第十届“挑战杯”全国大学生课外学术科技作品竞赛江苏省一等奖、第三届江苏大学“星光杯”大学生课外科技作品竞赛一等奖。

关心家庭经济困难学生的全面发展，就是关心一群优秀青年健康成长的问题，更是关心我们国家宝贵的人力资源的健康发展问题。增强家庭经济困难学生的核心竞争力，就是增强我们国家优秀青年未来的核心竞争力。因此，做好资助和素质拓展工作，就是为家庭经济困难学生今后的更好发展搭建有利的通道。

四、资助与就业相结合

目前大学生就业形势日趋严峻，家庭经济困难学生的就业形势更不容乐观。在自身能力不足、经济条件不够、社会关系匮乏等种种不利因素的困扰下，家庭经济困难学生就业可谓难上加难。经调查，学校目前有13%的家庭经济困难学生由于品学兼优、自立自强、乐观向上，对就业充满信心；有19%的家庭经济困难学生立志考研，继续深造；有68%的家庭经济困难学生由于自身条件有限，社会关系薄弱，对能否顺利就业缺乏信心。

（一）因材施教

以人生规划为先导，以职业生涯设计为主线，因人而异，因材施教。针对家庭经济困难学生缺乏就业自信心和就业压力较大的特点，在开展人生规划活动中，指派经验丰富的老师“一对一”辅导，使家庭经济困难学生在大学期间对将来要干什么及成为怎样的人有一个明确的目标和方向。

（二）开通就业的“绿色通道”

主动并优先开展家庭经济困难学生就业推荐工作，采取举办专场招聘会的方式，积极邀请用人单位“走进来”；采取“走出去”的形式，携带贫困毕业生材料主动走访用人单位，为毕业生寻找合适的岗位；搭建家庭经济困难学生就业网上平台，校内就业网优先为贫困毕业生发布个人信息，提供求职、招聘、指导平台。

（三）全员参与

广泛发动校内干部、教师参与就业工作，并重点扶持帮助家庭经济困难学生就业。对在联系安排家庭经济困难学生就业方面作出贡献的教职工，学校在年度考核评比中给予奖励。学校关心下一代工作委员会还建立了大学生就业指导服务组，利用老教师在社会关系方面的优势，先后帮助60余名就业有困难的贫困毕业生走上工作岗位。

（四）教育引导

引导家庭经济困难学生转变就业观念，拓展就业思路。把择业方向导向中小企业、民营企业，使他们认识到“小企业，大舞台”的意义，牢固确立“先就业、后择业、再创业”的就业理念，树立全方位、多渠道的就业观念。几年来，学校每年都涌现出不少积极报名参加“西部计划”和“苏北计划”的家庭经济困难学生，他们在服务基层中切实得到了锻炼、增长了才干，获得了用人单位的好评。

（五）拓展就业实习岗位

鼓励和帮助家庭经济困难学生落实就业实习单位，让贫困生利用寒暑假进行“适应就业”等社会实践活动。通过活动，家庭经济困难学生深入接触社会，了解、搜集就业信息，一方面加强与用人单位的沟通了解，另一方面也能根据个人情况明确就业方向、选择合适的就业岗位，提高了职业（择业）的技能。

几年来，学校家庭经济困难学生只要愿意当年就业的，均能落实就业岗位。实践也证明：同非贫困生相比，这些贫困大学生大多具有较强的就业适应能力和择业心态，能正确认识就业形势，树立就业信心；具有较强的市场竞争意识，勇于接受市场的挑战；能客观地评价自己，找准自己的位置，在竞争中不断提高自我的就业能力。

今后，学校将继续积极贯彻资助育人的理念，不断增强资助工作的人性化和教育功能，增强对贫困学生自立自强、积极进取、团结协作等精神意志和健康心态的培养、锻炼和提升，为贫困学生全面成长成才搭建坚实的平台。

（本文为江苏大学报送2011年江苏省高校助困工作会议交流材料）

扶贫励志　助困树人

目前，江苏大学（以下称“学校”）在校本专科学生为21 338人（不含京江学院6 670人），家庭经济困难学生4 331人，占全校学生的比例为20.3%，特困生1 556人，占全校学生的比例为7.292%，其中城市和农村低保家庭子女学生1 216人，占全校学生的比例为5.7%，持有市县总工会核发的“特困职工证”的家庭子女学生194人，占全校学生的比例为0.91%，无生活来源和法定赡养人或社会福利机构收养的孤儿128人，占全校学生的比例为0.6%。学校在学生教育管理过程中，非常关心和重视家庭经济困难学生。学校从实践“三个代表”的高度出发，积极落实国家和江苏省有关资助家庭经济困难学生的政策，几年来，确保了“不让一个学生因家庭经济困难而辍学”。

一、领导重视，机构健全

学校高度重视经济困难学生资助工作，校长办公会和党委常委会多次听取经济困难学生资助工作汇报，讨论“三困生”（“三困”即经济困难、学习困难、心理困难）工作；一把手校长多次召开协调会，协调资助经济困难学生有关工作的落实；2005年，学校专门出台了《关于加强资助经济困难学生工作的实施意见》，以进一步加强资助经济困难学生工作。学校成立由分管学生工作校领导任组长，学工、教务、财务、后勤、团委等相关职能部门负责人组成的资助经济困难学生工作领导小组，统筹考虑资助经济困难学生的重大问题，协调相关部门的工作。在学生工作处成立资助经济困难学生工作办公室，统筹安排和协调全校的资助经济困难学生的具体工作。另外，为加强国家助学贷款和勤工助学工作，学校成立了“国家助学贷款工作领导小组”、“国家助学贷款中心”、“大学生勤工助学中心”等，保障了各项助困工作的有效运转。

二、思想统一，齐抓共管

学校各部门、各级领导都能从讲政治的高度，从维护学校稳定和社会安定大局出发，充分认识到助困工作的重要性和紧迫性，把资助经济困难学生作为一项重要工作，齐抓共管，扎扎实实解决好经济困难学生学习、生活中的困难。学生工作处在学校资助经济困难学生工作领导小组的领导下，落实好各类助困措施；财务处做好各类助困资金的管理工作，并及时将各类资金发放到位；后勤集团切实关心经济困难学生的生活情况，保证平价菜肴的供应。各学院成立了资助经济困难学生工作小组，在学校资助经济困难学生工作办公室的协调和指导下，负责落实本学院资助经济困难学生的具体工作。

三、经费充足,渠道多样

学校根据国家有关资助经济困难学生的政策,结合实际情况制定了奖学金、国家助学贷款、勤工助学、困难补助和学费减免等(简称"奖、贷、助、补、减")多元化的,以国家助学贷款为主体的资助经济困难学生的政策体系,实施了社会、学校、学院三个层次的资助体系。按教育部有关规定,学校每年从学费收入中足额提取10%的经费,用于设立奖助学基金和支付国家助学贷款风险补偿金。

2004年,学校在全校教职工中推行"爱心助成才"捐资助学活动,让所有教职工都参与到资助经济困难学生的工作中来,共捐款41.7万元,资助2004级经济困难学生314名。2005年,学校教职工党员又捐款40余万元,资助505名经济困难学生。

学校还积极向社会各界宣传资助经济困难学生的重要意义,主动争取企事业单位、社会团体、杰出校友和热心公益事业的人士到学校设立奖助学金,进一步完善学院、学校、社会三者结合的资助网络。目前,学校设有中国联通奖助学金、锡柴奖助学金、嘉新奖学金、常发光彩奖助学金、中国肯德基曙光基金等24个社会奖助学金,总额达586.12万元。

四、措施得力,成效显著

几年来,学校高度重视资助经济困难学生工作,切实落实各项资助措施,取得了显著成效。

(一)设立绿色通道,确保新生入学

(1)学校在寄发录取通知书时,同时告知新生特困生资助办法和国家助学贷款申请办法,解除贫困新生的忧虑。

(2)暑假期间,学生工作处安排人员全天值班,接受学生及家长关于经济困难学生资助、新生接待及其他事项的咨询。家庭经济确实困难的,让学生按时来校报到,进校后再根据实际困难情况予以资助。

(3)新生报到时,学校实行"一分钟"报到制,先让学生领取宿舍钥匙和饭卡,其他报到手续开学后逐项办理。另外,学校还在新生报到现场设立了特困生绿色通道和国家助学贷款咨询处,并给学生及家长发放《学生成长家长导读》、《江苏大学助学导刊》等资料,让学生及家长知晓学校的教育管理及资助经济困难学生的各项措施,明白申请、办理程序。

(4)对交不起学费的特困生采取先报到上课,学费缓交,然后区别困难情况予以资助的办法,确保困难新生顺利入学。贫困生可先行吃饭、住宿和学习,再凭有关手续办理贷款、参加勤工助学等。

(5)对没有及时报到的新生,学校主动查明原因,对由于经济困难不能入学的新生,采取相应措施,确保其顺利入学,绝不让任何一名新生因为交不上学费而辍学。

(二)加强银校合作,落实助学贷款

作为江苏省首批开展国家助学贷款工作的高校之一,江苏大学积极推行国家助学贷款工作。学校自1999年起就与镇江市工商银行协作,积极开展国家助学贷款工作。2000年以后,学校全面推进国家助学贷款工作,先后与镇江市工商银行、镇江市建设银行、镇江市农业银行签订合作协议。截至 2006 年 11 月,学校共有 5 495 人次获得了国家助学贷款,累计贷款金额 2 645 万元,2 000 余名学生在国家助学贷款的资助下顺利完成了学业。2006—2007 学年,学校有 1 435 名学生申请国家助学贷款,申请总额达 715.65 万元。

2003 年,全国的国家助学贷款工作停滞不前。由于助学贷款难度加大,而扩招后困难学生增多,学校专门出台有关规定,采取了江苏省内的学生到生源地农村信用社申请国家助学贷款的措施,收到了一定的成效。据统计,2003—2005 年学校共有 1 020 名学生获得江苏省农村信用社生源地助学贷款,贷款总额达 557.015 万元。2006 年,据不完全统计,学校有 193 人获贷,生源地助学贷款总额达 106.16 万元。

几年来,学校与国家助学贷款经办银行紧密合作,认真做好国家助学贷款的申请、审核、发放工作,并采取切实有效措施,积极协助经办银行做好贷款回收工作,使国家助学贷款工作取得了显著成绩。

(三) 挖掘勤工助学岗位,开拓勤工助学市场

学校积极开展学生勤工助学活动,牢固树立助困育人的理念,不断探索创新,构建了以体力智力输出为主、以勤工助学创业为辅的勤工助学岗位体系。积极推进学生兼任“助教、助研、助管”工作,吸纳学生参加校内实验室等有关工作,使学生的勤工助学与专业学习相结合。加大力度选派学生承担后勤服务、校园秩序维护、图书管理等力所能及的工作。2006 年学校还遴选出 30 余名学生担任兼职辅导员,加大了学生助管的力度。鼓励大学生从事家教、市场调研、社区服务等勤工助学工作。学校不断加强勤工助学网站的建设,加强勤工助学工作的培训,指导学生开展勤工助学工作。

近年来,学校勤工助学基金连年攀升,勤工助学岗位逐年增加,2001—2004 年累计提供助学岗位 10 000 余个,发放报酬达 1 000余万元,帮助数千贫困学生顺利完成了学业;勤工助学工作不断出新,自 2002 年以来,学校每年举办勤工助学招聘会,实行公开招聘、竞争上岗,2003 年起举办的勤工助学创业大赛开创了勤工助学与大学生自主创业有机结合的先河,投入运营的 6 支创业团队先后为家贫学子提供了 300 余个勤工助学岗位,收到了拓展勤工助学岗位与培养学生创业能力、提高学生综合素质的双重效果。2005 年以来,学校每年各类勤工助学经费达 400 余万元。

(四) 用好专项基金,实施重点扶助

继续推行临时困难补助实施办法,对因病住院或家庭发生灾变的特困学生实行不定期的资助。做好特困生的寒衣以及困难学生返家路费补贴的发放工作。认真做好“阳光助学金”(120 万元,自筹)、“励志助学金”(200 万元,自筹)、“国家和省政府助学奖学金”和“省政府专项补贴”等专项困难补助的审核发放工作,重点资助家庭经济特别困难的学生。学校还设立了特困基金,不定期对全校特困学生给予生活补助。

(五) 坚持以奖助困,激发学习热情

学校大力开展以奖助困工作,通过设立各类奖学金和社会奖助学金,适当提高奖学金的比例和额度,奖励经济困难、品学兼优的学生,激发经济困难学生的学习热情,鼓励其自强不息,勤奋学习,通过努力获取各种奖助学金,解决自身的经济困难。目前学校设有校长奖学金、优秀新生奖学金、学习优秀奖学金、优秀毕业生奖学金等,各项奖学金的获奖面超过 50%。

（六）学费减免

学校根据有关规定为“西部开发助学工程”受助学生以及其他家庭特别困难学生减免全部或部分学费。

（七）教师、学生结对帮困

学校在教职工党员中开展与经济困难学生结对资助活动，在全校学生党员、学生干部中开展结对帮困活动，在学习、心理、经济上帮助“三困生”，形成了 3 000 对结对帮困对子。

（八）学生自助

2006 年 3 月，学校 19 名大学生自发成立学生社团“爱心联盟”。“爱心联盟”通过“回收饮料瓶助困”的行动感染了众多大学生，举办的一系列富有特色的爱心活动受到了《人民日报》、江苏人民广播电台、《扬子晚报》、《新华日报》、《镇江日报》、《京江晚报》等各级各类媒体的关注，并有众多网站进行了转载。2007 年 12 月，“爱心联盟”在“高校十佳百优学生社团文化展”活动中被评为“全国高校优秀学生社团”，这是学校大学生社团首度荣获全国优秀称号（江苏省共有 6 个大学生社团入选全国“百优”）。

（九）开展“给我一个家”孤儿帮扶助学活动

2005 年，“给我一个家”孤儿帮扶助学活动由学生工作处与校关心下一代工作委员会共同组织开展。帮扶活动为一项分阶段、长期性的活动，帮扶对象确定后，除特殊情况，帮扶活动直至其本科毕业。每个阶段的帮扶周期为一学年。每年新生中的孤儿都将列入帮扶计划，由关工委安排老教师、老教授进行结对帮扶，目前帮扶学生为 12 名。这项活动在给予帮扶对象经济资助（每月 200 元）的同时，重在给予帮扶对象精神上的鼓励、心理上的疏导、学习上的指导，帮助他们自立自强，奋发向上，健康成长，成人成才。多年来，这项活动取得了明显成效。几个孤儿大学生已基本消灭了不及格现象，多数成绩已达中等以上水平。有 3 名孤儿有入党要求，有的已写了入党申请，1 名孤儿已成为中共预备党员。

五、管理严格，操作规范

每年学校对新生中的经济困难学生进行家庭经济情况调查，详细了解其实际经济情况，建立完整的贫困生档案，并及时更新，使资助经济困难学生的工作做到有的放矢。学校还对经济困难学生进行跟踪管理，不定期地召开座谈会，班主任、辅导员经常与经济困难学生沟通，了解其困难，把握其学习、生活、思想上的变化，有针对性地开展工作，切实解决其学习、生活、思想上的困难。目前，学校已建立起了“三困”学生的“三色”档案，即经济困难学生的“黄色”档案、学习困难学生的“绿色”档案、心理困惑学生的“红色”档案，采取针对性的措施，进行重点帮扶、关注。

学校还注重有关资助政策的宣传工作，通过校园网、广播、公告栏、全校贫困学生大会等有效的途径及时公布资助工作的相关政策和程序，加强与学生沟通，确保每一个经济困难学生都能方便快捷地获得帮助。在各种奖助学金评选过程中，严格贯彻“公开、公平、公正”的原则，真正做到评选前公开、评选中公平、评选后公示。各项助困经费统筹考虑、专款专用，严格审批程序，真正让符合条件的经济困难学生获得资助，让助困工作落到实处、取得实效。

六、诚信教育，效果显著

学校历来高度重视学生的思想教育，特别是贷款学生的诚信教育。几年来，通过多种形式、渠道对学生进行诚信教育，防范贷款风险。

（1）每届贷款毕业生离校前，学校组织贷款毕业生集中参加诚信还款宣誓活动，增强贷款学生的诚信意识。2007 年，学校为贷款毕业生制作了“国家助学贷款还款友情提示卡”，提醒毕业生按期还款，同时告之学校和贷款经办银行的联系电话和联系人，使学生在还款过程中遇到困难能及时得到帮助。2006 届全体贷款毕业生还自发地向全省贷款毕业生发出“诚信还贷，回馈社会”的倡议，号召贷款毕业生恪守诚信、按期还款，用爱心接力，用信誉传承，认真书写良好的个人信用记录，用实际行动回报母校、回报银行、回报国家的信任和关爱。

（2）毕业前未还清贷款的毕业生，在档案中放入“国家助学贷款还款确认书”和“协助督促还款通知书”。这样既对毕业后的学生有一定约束力，又可以督促有还款能力的学生提前还款。

（3）给每位贷款即将到期的学生的家长寄信，请家长提醒子女按期归还贷款；给用人单位发放“协助归还国家助学贷款通知书”，请用人单位协助追缴欠款。

（4）开展“一封感谢信，一片感恩情”活动。为争取银行对学校助困工作的支持，学校开展了系列真情实意的工作。在实施农村信用社助学贷款的过程中，为了解农村信用社助学贷款实施中的问题，学校给学生发放“农村信用社助学贷款开展情况调查表”，并将调查情况整理成书面报告，供江苏省教育厅学生贷款管理中心领导参考；向给学校学生发放助学贷款的农村信用社寄发感谢信，通报贷款学生在校学习及综合表现等情况；2006 年，学校引导获得贷款和受奖助学金资助的学生在“五·一”节前给贷款经办银行、主管部门及奖助学金设立单位写感谢信，表达感谢之情、奋发之意、回报之心。

七、扶贫励志，成人成才

在对经济困难学生大力进行经济助困的同时，学校坚持经济资助工作同思想政治教育相结合的原则，加强精神激励，实现“扶困”与“扶志”同步进展、“扶贫”与“成才”相互结合。

（1）开展去福利院慰问老人、孩子，认建“肯德基曙光林”等活动，帮助贫困学生树立自立自强、克服困难的信心，努力培养自强奋进、回报社会的责任感。

（2）在一系列社会奖助学金评选中明确规定：凡接受资助的学生，必须有乡级以上政府的家庭经济困难证明，必须有义工或勤工助学经历；接受资助时，必须承诺毕业后 4 年内向学校“爱心基金”自愿捐献一定数额以上的款项。以此增强受助学生的回馈意识，让爱心延续。

（3）关注家庭经济困难学生就业。学校高度重视家庭经济困难学生就业工作，专门为家庭经济困难学生进行就业指导和培训；学生资助中心与就业办公室实行联动，优先推荐家庭经济困难学生就业，受到学生好评。

几年来，由于学校资助经济困难学生工作扎实有效，开拓创新，中央电视台、江苏电视台、《中国教育报》、《新华日报》、《扬子晚报》及新浪网、新华网等全国各大媒体多次对学校学生资助工作做了深入报道，在全国高校乃至全社会产生了广泛影响。2006 年 4 月，学校被评为“江苏省国家助学贷款工作先进集体”；8 月 15 日，学校经省教育厅推荐，代表江苏高校参加教育部第十次记者招待会，重点介绍了学校国家助学贷款工作。今后学校将在省教育厅有关部门的领导和关心下，进一步拓宽助困渠道，探索助困途径，将学校资助经济困难学生工作做得更加富有成效。

（本文为江苏大学报送 2007 年江苏省高校宣传思想工作会议交流材料）

大学生学业规划理论与实践研究

一、大学生学业规划的理论研究

（一）大学生学业生涯规划的概念

大学生的学业是指大学生在高等教育阶段所进行的一切以学习为主的活动，是广义的学习阶段，不仅包括科学文化知识的学习，还包括思想、政治、道德、组织、管理、科研、创新及实践能力等的学习。

大学生学业生涯规划简称大学生学业规划，又叫大学生学业生涯设计，是指大学生对与其事业（职业）目标相关的学业所进行的安排和筹划。具体来讲，是指大学生通过对自身特点及社会未来需要的深入分析和正确认识，确定自己的事业（职业）目标，进而确定学业发展方向，然后结合自己的实际情况制订学业发展计划，从而最大限度地提高大学生的人生事业（职业）发展效率，实现个人的可持续发展，获得阶段性职业目标所必需的知识、能力和素质的过程。

（二）大学生学业规划的意义

大学是人生中最为关键的阶段之一，科学开展大学生学业生涯规划的意义在于：

1. 有助于大学生进行合理自我定位

大学生要不断地发掘自己的专长，认识自己的不足，不断地进行调整与修正，找出真正感兴趣的领域，确定自己的优势所在，明确进入社会的起点，其中最重要的是明确人生目标，即自我定位。大学生学业生涯规划确立的过程是一个弹性动态的循环过程，是一个明确自己“想干什么”、“能干什么”和“社会要求干什么”等问题的过程。此过程使理想与现实有机结合，促使大学生进行合理的自我定位。

2. 有助于大学生提高自我管理能力

学业生涯规划对大学生的日常学习、工作、生活具有直接的指导意义。学业目标的分解能强化大学生的时间管理观念，让大学生明白现在所做的点点滴滴都是实现学业目标的一部分，从而增强目的性和自我约束力，让大学生重视现在、充分把握现在，提高自我管理能力，集中精力完成选定的学业目标。

3. 有助于大学生增强成才的主动性

有效的切实可行的学业生涯规划，能够引导大学生认识自己的个性特质、现有和潜在的优势，确立明确的学业目标；能够引导大学生评估个人目标，学会运用科学有效的方法，采取切实可行的措施，不断增强自己的学业竞争力，最终实现自己的学业目标。培养学业生涯规划意识，就是为了使大学生由被动学习变为主动学习，增强成才的主动性。

4. 有助于大学生提升就业的竞争力

大学生就业难的原因有很多,其中最根本的一点就是大学生没有实现所学、所用、所爱和所长的统一,没有充分发掘自己的潜能并将自己的职业竞争力充分展示出来。学业生涯规划就是要在大学学习生活的起点上,树立明确的学业目标和职业理想,在实现目标和理想的过程中不断发掘自己的潜能,最大可能地提升就业竞争力。

(三) 大学生学业规划的原则

1. 满足社会发展的需要

学业规划的制订要保证所学习的内容和培养的素质将来在社会上有用武之地,例如,当代大学生的学业规划应当符合中国特色社会主义的国情,顺应知识环境和市场经济条件下和谐社会对人才的要求等。

2. 结合自身实际制订规划

学业规划要根据自身的实际情况,例如自己的爱好、性格、能力、特长等来制订,尤其是要将自己的特长、爱好和专业学习相结合,这样可以最大限度地发挥自身的潜力,提高自己的核心就业竞争力。

3. 计算投资成本

接受大学教育也是个人和家庭长远的经济投资行为,以最小的经济成本实现自身价值增值的最大化,应是大学生追求的目标。制订学业规划,必须考虑经济的投入情况,也即家庭的实际情况,在制订规划的时候要力求科学合理、少走弯路,对于必须完成的课程学习、考试都应当力求一次性通过,实现自身的经济、精力和时间等因素的最优组合。

(四) 大学生学业规划的指导方法

学业生涯规划指导工作是一项专业性较强的工作,涉及教育学、管理学、心理学和社会学等多学科的知识,要求指导人员具备较强的专业知识、实践能力和综合素质。因此,高校需要对指导人员进行系统的学业生涯规划理论与实践等内容的培训,提高指导人员的理论水平与实践能力。同时,要选聘乐于服务、具有强烈社会责任感的学业生涯规划指导专业人才,建立一支以专业教师与辅导员为骨干、专职与兼职相结合的学业生涯规划指导队伍。兼职指导队伍主要由校外专家、高年级本科生党员和低年级研究生党员组成。对在校大学生的学业生涯规划实行全程化针对性指导,覆盖所有在校大学生。根据大学不同阶段的学生特点,采用集中教育与个别辅导相结合、理论与实践相结合的方式进行。专业课教师和校外专家对本专业发展方向、前沿领域、就业环境等非常清楚,熟知将来从事本专业领域内的职业所需具备的知识、能力和素质。校外专家通过讲座等形式对大学生的学业生涯规划进行集中指导,专业课教师则通过个别指导,在专业思想巩固、学习习惯养成、科研创新能力培养等方面给予具体化的指导。辅导员主要负责培养大学生学业生涯规划的意识,加强与家长、专业课教师的沟通与互动,做好学业生涯规划的辅助性工作,同时对大学生学业生涯规划进行全程化的检查与督促。高年级本科生党员通过集中的课业辅导,为低年级本科生提供基础课程的学习指导,培养他们良好的学习习惯,缩短新生的适应期,提高他们的学习成绩。低年级研究生党员通过集中的讲座或个别指导等形式,为高年级本科生提供考研和就业的相关指导,提高他们考研的成功率和就业的竞争力。

(1) 集中开展专业思想教育,使广大学生认识专业发展的过去、现状和前景,提高专业发展兴趣。

(2) 学院根据专业设置情况拟订相关专业的学业规划基础模板。

(3) 学院组织拟订同专业、不同类别的学业规划指导意见供指导教师参考。

(4) 指导教师通过主题班会等形式,宣讲学业规划的重要意义、要求、方案制订的思路及具体实施办法。

(5) 学生拟订学业规划初稿,并开展学业规划班级交流活动。

(6) 开展个别谈心活动,倾听学生想法,帮助学生分析个人情况,提出指导意见并填写。

(7) 增强学生的认同感,督促学生执行(检查落实)。

(8) 督促学生按规划要求定期制订、调整内容,认真进行小结,达到提高的目的。

(五) 大学生学业规划的实施步骤

大学生学业规划是一个动态的周而复始的过程,学业规划包括学业规划选定、学业规划分解、学业规划实施、学业规划评估、学业规划激励与惩罚 5 个部分。大学生学业规划贯穿于整个大学阶段,在每一个过程中都需要用到大量的信息。随着信息技术的不断发展、计算机网络(以下简称网络)的日益普及,特别是高校校园网和学分制建设的推进,网络广泛地融入大学生活的各个方面,成为现代大学生活不可或缺的重要组成部分。网络不仅仅作为一项技术和工具而存在,更重要的是它改变着人们的交流方式、生活方式、学习方式和工作方式,影响着人们的思想观念、行为模式、学习途径和价值取向,尤其是对大学生的影响极其深远。利用网络技术开展大学生学业规划,可以极大地提高学业规划的有效性。

1. 学业规划选定

首先,分析自己的兴趣爱好,认定自己想干什么。兴趣是理想产生的基础,兴趣与成功几率有着明显的正相关性。兴趣可以造就伟人,兴趣可以使人为自己所钟爱的事业奋斗终身。但目前有很多大学生对自己的兴趣是什么没有清醒的认识。学生可进入网络上已有的学业规划系统和职业测评系统进行测评,分析测评的结果,结合自己所学专业来认定自己的兴趣爱好是什么,选择自己喜欢的专业方向和研究领域进行奋斗与学习。

其次,分析自己的能力、特长,确定自己能干什么。网络版的大学生职业测评系统结果中有一个部分就是大学生所具备的能力。能力是人的综合素质在现实行动中的表现,是正确驾驭某种活动的实际本领、能量和熟练水平。能力是实现人的价值的一种有效方式,也是左右与支配人生命运的一种主导性的积极力量。因为任何职业都要求从业者掌握一定的技能,具备一定的条件,所以每个大学生都应结合自己的兴趣爱好,在认定自己想干什么的基础上确定已经具备的能力和应该培养的能力。

再次,分析未来,确定社会要求干什么。充分利用网络上已有的与自己所学专业相关的信息,着眼将来、预测趋势,立足于所学专业发展变化的需求。选择社会需要又最适合发挥自身优势的专业方向和研究领域才是最好的。大学生应把自己的兴趣爱好、能力特长、社会需要结合起来,把想干什么、能干什么、社会要求干什么有机结合起来。几方面的结合点和链接处正是大学生学业规划的关键所在。

最后，选定大学阶段学业规划的总目标。大学阶段的总目标包括两个层次：(1) 顺利毕业；(2) 工作或深造，工作包括考公务员、协议就业、灵活就业、自主创业和出国工作等，深造包括考取研究生或出国留学等。

2. 学业规划分解

学业规划目标的来源主要有以下几个方面：(1) 个人的兴趣爱好；(2) 班级目标（省先进班级、省优秀团支部、校先进班级、校红旗团支部、校达标班级等）；(3) 学院年度工作计划和目标（和学生相关的部分）；(4) 学校层面（专业培养计划、创新学分、学业规划学分）。

学业规划知识的来源主要有以下 4 个：(1) 网络；(2) 图书馆；(3) 学校、学院的讲座；(4) 同学之间的交流。

学业规划目标和学业规划知识的来源如表 1 所示。

表 1　学业规划目标和学业规划知识的来源

类别	学校	学院	班级	个人
学业规划目标的来源	专业培养计划、学生手册、创新学分、学业规划学分	学院年度计划和目标	文明寝室、达标班级、校先进班级、省先进班级	个人兴趣爱好
学业规划知识的来源	网站	图书馆	学校学院讲座	同学交流

学业规划的总目标又可以分为顺利毕业、考研、出国、工作等，如表 2 所示。

表 2　学业规划的总目标

总目标	顺利毕业	就业	考研	出国
要求	完成全部的专业培养计划和 2 个创新学分、2 个学业规划学分，通过英语四级，无违纪行为	增加应聘企业的要求（大四上学期可正式与单位签约）	增加研究生入学考试初试和复试（数学、英语、政治、专业课和面试）	增加出国留学外语和其他能力的要求（大三结束时要准备好所有的出国留学材料）
获得具体信息的途径	学校网站、学校文件、学生手册	单位网站、招聘通知、校园招聘会等	考研网站、报考学校网站	教育科研信息网、外国学校网站

大一至大四的学业规划建议目标如表 3 所示。

表 3　学业规划建议目标

学年	建议目标	计算机科学与技术	软件工程	网络工程	通信工程	信息安全
大一	适应大学、制订规划、成绩定位、能力培养等相关证书（CET－4、计算机等级证书）、思想道德、学科竞赛	CET-4 500 分	CET-4 500 分	CET-4 500 分	CET-4 500 分	CET-4 500 分

续表

学年	建议目标	计算机科学与技术	软件工程	网络工程	通信工程	信息安全
大二	成绩定位、相关证书（CET－6、计算机等级证书）、能力培养、学科竞赛	CET-6 450分	CET-6 450分	CET-6 450分	CET-6 450分	CET-6 450分
大三	成绩定位、相关证书（会计资格证、司法资格证、教师资格证、心理咨询师资格证、文秘资格证、口译证书和托福、雅思、GRE证书等）、学科竞赛	GRE 雅思 托福	GRE 雅思 托福	GRE 雅思 托福	GRE 雅思 托福	GRE 雅思 托福
大四	成绩定位、最后冲刺、毕业设计、成果总结、展示自我、收获希望					

其中大学期间的竞赛主要包括以下种类：

（1）　国际数学建模竞赛
（2）　国际大学生程序设计竞赛（ACM）
（3）　全国大学生数学建模竞赛
（4）　全国大学生英语竞赛
（5）　全国英语演讲大赛
（6）　“挑战杯”全国大学生课外学术科技作品竞赛
（7）　“挑战杯”全国大学生创业大赛
（8）　全国信息安全竞赛
（9）　全国 UML 建模大赛
（10）　全国大学生电子设计竞赛
（11）　江苏省大学生电子设计竞赛
（12）　“江苏软件杯”全国大学生程序设计大赛
（13）　江苏省大学生信息安全竞赛
（14）　江苏省普通高等学校高等数学竞赛
（15）　江苏省高校大学生物理及实验科技作品创新竞赛
（16）　江苏省理工科大学生人文社会科学知识竞赛
（17）　“挑战杯”江苏省大学生创业计划竞赛
（18）　江苏省大学生职业规划大赛
（19）　江苏省高校学生多媒体作品竞赛
（20）　江苏省“领航杯”大学生数字媒体作品竞赛
（21）　江苏省大学生文化艺术节
（22）　江苏大学“星光杯”学生课外学术科技作品竞赛
（23）　江苏大学学生科研立项
（24）　江苏大学大学生文化艺术节
（25）　江苏大学团委、大学生科协举办的科技竞赛活动参加以上相关竞赛，大学生可以更好地规划大学生活，丰富课余生活，提高对专业知识的理解能力和就业竞争力，提高考研面试时的分数，丰富出国留学的申请材料，同时可以超额完成《江苏大学本科生课外创新学分认定与管理办法（试行）》中规定毕业最低要求的2个学分。

学业规划总目标制订以后，要对其进行自上而下的分解，即制订具体规划。在校期间学业规划的总目标的内容包括学校、学院、班级和个人4个层次。将学业规划的总目标按照时间维度细分成以下的目标：学年学业规划目标、学期学业规划目标、每月学业规划目标、每周学业规划目标和每日学业规划目标。另外学业规划的目标根据评估的要求细分为定量目标和定性目标。分解后的学业目标使得学业规划落实到学生学习生活的每一天，确保学业规划的严格执行和可评估。

3. 学业规划实施

学生（规划及执行者）：要认识自我，分析情况，增强学业规划的主动意识，主动约请学业导师予以指导（原则上，约请指导的时间为学期末，最迟为每学期开学初三周内），认真拟定或调整学业规划，并请学业导师签署指导意见；要提高自信心，把握每一环节，切实实施学业规划。学生是基础。学生应提高规划的主动性，自觉实施规划、调整规划，努力完成目标。

学业导师（指导者）：学生学业规划的指导教师原则上由规划者的班主任担任，也可由规划者的辅导员、专业教师共同担任。指导者是关键，学业导师要熟悉指导对象的专业发展前景，具备良好的沟通能力，建立良好的师生关系，增强学生对自己的信任度，提高学业指导的可执行能力。指导教师首先应通过集中辅导方式开展面上指导工作，其次应通过个别谈心等细致听取规划者的陈述，帮助规划者剖析情况，释疑解惑，提高规划的科学性，并与规划者探讨、分析规划的可行性（目标与措施），签署指导意见，平时应关注规划者具体实施规划的状况。

学院（组织及监督者）：每学期初部署学业规划工作，对学业导师提出学业规划工作指导意见；做好面向学生的宣传工作，要求学生主动开展学业规划相关活动。学院是保障，负责每学期抽查一次学业规划执行情况，集中抽查时间为每个新学期的第三周，对未进行指导的学生开展帮扶活动。

4. 学业规划评估

及时根据环境和条件对自己的执行情况作出评估。做到定期评估：每年、每学期、每月、每日进行检查评估，进而分析原因与障碍，找出改进的方法与措施。由于现实生活中种种不确定因素的存在，因此学业规划的设计应具有一定的弹性，以便于个人及时反思和修正学业规划目标，变更实施措施与计划。

5. 学业规划激励与惩罚

激励措施能将人的潜能和积极性激发出来，惩罚可以防止惰性的产生。大学生学业规划的整体执行情况应与学院学生工作、学业导师工作考核挂钩，个人一定要制定出完成阶段目标后对自己的奖励和惩罚措施。对于大学生来说，只有及早设计自己的学业规划，明确自己的学业目标，明确应该学什么、怎么学、什么时候学等问题，才有可能在将来激烈的竞争中把握住机会并获得成功。这也是学业规划对大学生最大的激励。

（六）大学生学业规划的内容

一年级，引导大学生认识学业生涯规划的重要性，了解所学专业现状及发展前景，通过测评、咨询和分析等手段了解自己的职业意向和潜能，明确职业发展的目标，确立大学阶段的学业目标，如考研、就业、出国或创业，并依据社会、学校、院系、班级和个人的实际情况，将学业目标细分到每个学期，制订大学阶段的发展计划和每学期的发展计划。完成一年级的分目标，如制订规划、适应大学、成绩定位、能力培养的相关证书和参加学科竞赛等。二年级，要引导大学生强化专业基础知识的学习，鼓励大学生参加社会实践活动，增强实践和组织管理能力，提高思想政治素质和道德素质。完成二年级的分目标，如学业生涯规划阶段评估和调整、成绩定位、能力培养的相关证书、参加学科竞赛和科研创新等。三年级，要指导学生系统评估和总结前两年目标完成情况，帮助大学生根据主客观因素适时调整学业目标，加深对职业目标的思考，强化专业课程的学习和实践能力的锻炼。完成三年级的分目标，如学业生涯规划阶段评估和调整、成绩定位、能力培养的相关证书、职业资格认证的相关证书、参加学科竞赛、科研创新、考研复习或就业技能提升等。四年级，要指导学生对前面3年的目标进行全面的评估和认真总结，明确毕业后的发展方向。根据考研或就业的特点和困惑，对考研大学生进行考研动员和考前指导，帮助就业大学生分析市场需求，使其确定合理的职业定位，促进大学生继续深造或顺利就业。完成四年级的分目标，如学业生涯规划阶段评估和调整、成绩定位、毕业设计和专业实习等。

二、大学生学业规划的实践研究

学校设计和开发了适用于本校的基于网络支持的大学生学业规划系统。通过大学生学业规划系统提供的网络信息平台，可以有效整合学校教务管理系统、学生工作系统、心理健康教育系统和职业测评系统中的信息，为大学生学业规划提供精细化的指导。充分利用网络技术增加指导人员和大学生的互动交流，弥补面对面交流的不足，以期提高指导的针对性和有效性。

在高校抓紧实施“十二五”规划的开局之年，将现代教育技术作为大学生学业规划的载体，顺应了大学生思想政治教育信息化的发展趋势，又瞄准了数字化校园建设的大方向，具有很多优势：一是为学生提供基于网络技术的学业规划管理平台，有利于充分调动学生学习积极性和主动性，网络与大学生生活的紧密联系使得学生能够便捷地获取需要的学业规划知识，本系统各种信息技术的应用可以引发学生的参与兴趣和热情，丰富多彩的活动和内容将会进一步提高学生对学业规划的认同度、接纳度和内化度。二是为学生和指导教师提供互动交流平台，通过该平台学生可自主进行学业规划网上咨询预约，或者在交流平台上与同学、指导教师进行互动交流，获得个性化的指导。三是拓展了学业规划教育的内容和形式，适应了高校教育信息化发展的趋势。四是变“静”为“动”，真正建立起动态的大学生学业规划档案，并随时进行相应的更新，掌握所有大学生的学业规划发展动态，便于对学生的学业进行定期的评估和评价进而给予针对性的个性化指导。

根据大学生对学业规划的需求，将该系统分为5个子系统：

（1）学生学业规划管理子系统：主要包括学生的基本信息管理模块，大学期间总目标、阶段目标（学期、每月）的制订和评估调整模块，学业指导教师的指导意见模块。

(2) 学业规划咨询子系统:主要包括学业规划宣传教育模块、学业规划指导教师简介模块、学业规划咨询预约模块、学业规划咨询预约情况的查询和修改模块。

(3) 学业规划交流子系统:主要为一个交流论坛,实现学生和学生、学生和指导教师的在线交流、在线群组交流(考研、工作或出国等)以及学业规划的离线交流等管理模块。

(4) 在线职业测评子系统:实现学生在线职业测评,可以对参加测试学生的测试结果进行查询,是学生实现学业规划有效性的基础工作。

(5) 学业规划档案管理子系统:主要是一个数据库管理系统,用数据库存储学生的基本信息、测评结果、学业规划目标及完成情况、指导教师意见,实现学生资料的动态更新,保证后续工作的开展。

三、课题的研究成果

本课题从思想政治教育、职业规划和网络技术的角度深入开展大学生学业规划的理论和实践研究。

理论方面:(1) 研究了大学生学业规划的理论基础、含义、原则、方法、步骤和内容;(2) 主要从定性和定量两个方面开展研究,研究了大学生学业规划的评价方法。

实践方面:(1) 设计和开发了适用于本校的基于网络支持的大学生学业规划系统,有效整合了学校教务管理系统、学生工作系统、心理健康教育系统和职业测评系统的信息,主要包括学业规划管理、学业规划咨询、学业规划交流、职业测评等4个部分;(2) 将该系统在计算机学院加以试用,进行横向和纵向比较研究,并在实践和研究的过程中不断改进。

(本文为江苏大学大学生思想政治教育专项课题成果,作者:江苏大学王训兵)

高校共青团领导下大学生自组织体系发展研究

我国的大学生自组织是在社会形态转换、经济体制转轨、生活方式转变的大背景下，伴随互联网、手机等新型媒体普及而蓬勃兴起的，是大学生参与校园生活的新型组织形式，是观测高校流行文化的重要标识。建设大学生自组织对于高校共青团具有重大意义。团的十六大报告指出：各级团组织要高度关注大学生自组织，深入研究大学生自组织产生和发展的趋势，主动培育和发展具有自组织特点的青年社团。因此，促进大学生自组织的健康发展是高校共青团一项重要而紧迫的战略任务。

一、大学生自组织的基本内涵

大学生自组织是指由于兴趣爱好（趣缘）、利益诉求（利缘）、职业倾向（业缘）、区域观念（地缘）等方面对一部分青年学生产生吸引力，使其聚集在一起的学生非正式组织。大学生自组织是相对于大学生他组织而言的，他组织主要包括行政组织、党团组织、群众组织、社团组织。大学生自组织既没有在高校内部（如校团委）登记备案，也没有在当地民政部门注册、登记拥有法人资格，而是大学生自发成立、自主发展、自我运作，在校园（社会）生活中较为活跃的青年组织。

二、大学生自组织的利弊分析

（一）从“利”的方面来看

第一，它有利于实施公民教育。大学生自组织建立在平等尊重和相互协调的基础上，在言论自由、信息公开、机会平等方面极少受到约束，尤其是在交流思想、阐述见解时更是如此。在这一组织中，大学生受到平等、自由、合作等价值观的无形熏陶，久而久之，公民意识便随之形成。第二，它拓展了高校德育工作的载体。大学生自组织是学生自愿结合的团体，在为广大同学服务的同时，自组织及其活动已成为高校了解大学生思想动态的重要而真实的窗口。它有利于高校真实准确地了解学生的情况，以便调整工作思路，提高德育工作的针对性和有效性。第三，它满足了当代学生的身心特点。当代大学生的心理构成因素增多，情感状态较为复杂，心理冲突加剧，他们的这些体验往往不愿意与父母、教师交流，因此，自组织就成了不同层次的大学生联络感情、交流思想的场所，形成了心理调节和情感沟通的平台，使成员获得心理上的满足感和归属感，有助于他们的身心健康。

（二）从“弊”的方面来看

第一，大学生自组织挑战了高校学生工作。多数大学生自组织利用网络、手机等新兴媒介发展壮大，“网上交流、网下聚集”的特点已越来越显著，且不易掌控，给学校管理及各级团组织的整合能力带来新的挑战。第二，大学生自组织增加了高校德育工作引导的难度。大学生自组织的自发性、隐秘性，致使学校德育教育主体难以发现其存在，也就难以有效控制和利用其开展德育教育工作。第三，大学生自组织种类繁多，良莠不齐。虽然大学生自组织的主流是好的，但不可否认，校园里还存在着少部分宣扬消极思想、低级趣味的破坏型自组织，他们的存在威胁着校园和社会的和谐稳定。

三、大学生自组织发展的建议

（一）建立自组织和他组织相结合的大学生组织体系

由于学校行政权力、学术权力和学生权力的共存，大学生组织体系不可能完全由他组织或自组织构成，而是要统筹兼顾，形成一个有效的自组织和他组织共同存在、共同发展、相互补充的体系。这就要求高校必须制定有关政策，从宏观上进行有效指导，既要重视他组织的建设，更要重视自组织的发展。另外，高校应在微观方面放权，让自组织管理成为一个自我创生、自行管理、自我发展的系统，充分发挥自组织的灵活性。

（二）大学生自组织应成为开放的系统

大学生自组织要以国家法律法规、部门规章、校纪校规为依据，制定适合自身发展的目标和任务，积极地与外界进行物质和信息交流，使自身成为一个开放的自组织系统。同时，建立必要的系统控制机制，以排除那些不利于自身目标实现的因素，以最大化实现自身目标为标准进行选择，在宏观上进行积极有效的干预，在微观上让组织内的各子系统有充分自由度，形成自组织运作模式，达到组织和效率的统一，使其在法律法规和校纪校规的框架下，最大可能地实现自组织机制。

（三）有效地利用“涨”“落”使大学生自组织管理达到有序

“涨”“落”是形成自组织的动力机制，通过“涨”“落”，系统发生突变，得以实现从无序到有序的转变、从低级向高级的有序进化。大学生自组织在发展过程中，不可避免地要受到系统内外因素的影响，这些影响形成了自组织自身的“涨”“落”。而这些因素在自组织发展中可分为积极的和消极的两种，要充分利用“涨”“落”机制，形成积极的干扰因素，使自组织发展达到一个更高的有序状态，同时限制那些消极的干扰因素，避免自组织发展陷入混乱状态。“涨”和“落”无所谓好坏，管理者要根据具体情况，利用或消除“涨”“落”，使自组织管理达到有序，尽最大可能实现管理目标。

（四）充分利用协同和竞争使大学生自组织发展成为自组织过程

自组织内部诸要素之间既存在整体同一性，又存在个体差异性。在自组织发展中，整体同一性表现为协同，个体差异性表现为竞争。自组织协同既包括管理者和被管理者之间的协同，也包括自组织内部各成员之间的协同；竞争既包括大学生自组织之间的竞争，也包括自组织内部各成员之间的竞争。通过协同结合成为一个稳定性管理实体，通过竞争调动各方面的积极性。因此，大学生自组织的管理要有效地利用协同和竞争，抛弃传统管理思想影响，形成民主化管理氛围，让自组织成员充分发挥主体作用，充分利用他们之间的协同作用使自组织的管理成为自发实现组织目标的过程，利用竞争调动他们的积极性，形成非平衡机制，为自组织的管理形成自组织创造条件。

四、高校共青团领导下合理构建大学生自组织体系的对策

（一）提高认识，重视自组织

大学生自组织的兴起，给共青团组织带来了新的挑战和严峻考验。高校共青团必须牢牢把握时代要求和青年学生特点，主动调整工作思路，深入了解大学生自组织的发展轨迹、管理模式、运作流程、活动特点，学习借鉴其灵活的组织方式和多元化的服务手段。学校团组织要认真学习大学生自组织把握青年学生脉搏的能力、挖掘青年学生需求的能力、策划活动的能力和管理组织的能力；要切实加强自身建设，扎实开展党政所需、青年学生所盼的各项活动，最大限度地把大学生自组织吸引、团结在团组织周围。各高校应加强对大学生自组织的专题研究，了解其发展规律，摸清本校大学生自组织的基本情况，要从组织成长发展的规律出发，深入研究大学生自组织产生、发展过程中的规律，了解其在各个成长阶段独特的发展需求，为制定切实可行的扶持、监管、服务举措奠定基础。

（二）搭建平台，聚合自组织

高校要充分发挥党团学组织的作用，努力把大学生自组织纳入共青团指导和学生会、社团组织联系合作的范围，形成党领导下的，以共青团为核心，以学生会、社团联合会为骨干，以大学生自组织为延伸的青年组织体系。团组织可以发挥自身的资源优势，为大学生自组织的成立、运作、完善提供政策咨询、场地支持、资金扶持。团组织可以发挥自身的人才优势，定期邀请青年专家、政商俊杰参与大学生自组织的领袖（负责人）沙龙，以达到交流信息、加强指导的目的。团组织也可以发挥自身的组织优势，在一些影响较大的自组织中设立虚拟团支部，以达到共青团组织对青年学生的多重和有效覆盖。

（三）分类治理，引导自组织

大学生自组织形式多样、性质各异，要在认真研究的基础上正确认识、区别对待，有针对性地采取相应的原则和处理方法。对宣传先进思想、满足学生正当需求、促进校园文化健康发展的大学生自组织，团组织应给予关心，并在财力、物力等方面给予大力支持，鼓励其开展各种有益的活动，成立"大学生自组织孵化中心"，对宗旨明确、运作规范的自组织给予更多的辅导，使其早日成为具有"合法身份"的社团或民间组织。对小团体主义严重、江湖义气浓厚、抵制甚至破坏正式组织的活动的自组织，要及时给予批评和教育，提高其政治思想素质，促使其态度转变，消除其消极影响。对政治辨别能力差，经常传播不正当的信息，严重干扰、影响学校正常的宣传教育和学习生活环境，产生不良后果的自组织，要严厉打击、坚决取缔。

（四）营造氛围，扶持自组织

大学生自组织的健康发展，需要优良的外部环境作支撑。一是强化组织保障。高校团组织应充分发挥自身的组织和联络优势，积极吸纳优秀大学生自组织的领袖人物，以加强联系、提供服务、开展活动为手段，把更多的自组织凝聚在体制内青年组织周围，为建立"同心多圆"的新型组织体系汇聚力量，架设党、政府、学校和大学生自组织的良性沟通渠道。同时，相关政府部门要进一步下放大学生自组织的监督管理职能，引导大学生自组织进行合法登记注册，逐步规范其组织运作，保障大学生自组织沿着正确的方向健康发展。二是强化法律保障。鉴于国内目前没有明确的大学生自组织管理规范，高校与民政、公

安、教育行政主管等部门要联合开展有针对性的政策性调研,尽快研究出台关于大学生自组织的管理规定,使大学生自组织管理步入正规化、法制化的轨道。三是强化制度保障。要针对青年流向分布多样化、民主参与强烈化、正当需求多元化的特点,探索建立大学生自组织的联系协调机制、指导扶持机制、经费筹措机制、激励考评机制等多项管理、运行机制,提高大学生自组织的制度化、规范化、科学化水平。

(本文发表于《教育与职业》2010 年第 27 期,作者:江苏大学王飞　顾瑜婷)

论思想政治教育在大学生创业就业过程中的导向作用

党的十七大提出“以创业促进就业”的策略，随后《关于促进以创业带动就业工作指导意见》、《就业促进法》、《教育部办公厅关于做好核发〈高校毕业生自主创业证〉有关的工作的通知》等法律和文件相继出台，大力促进大学生创业就业已成为高校人才培养领域的一股新热潮。然而身处这股热潮之中，高校教育工作者应做冷静反思，在国家大力营造创业就业政策环境的同时，教育的作用，尤其是作为“诸育”之首的思想政治教育的作用更应引起重视。因此，探寻思想政治教育在大学生创业就业过程中的作用机理及其实现条件，对于提高思想政治教育实效性和创业就业教育成效有着重要而现实的意义。

一、思想政治教育在大学生创业就业过程中的作用研究

（一）有助于引导大学生树立正确的创业就业观

当前，我国大学生的创业就业观存在着价值取向偏差的现象，表现为价值取向范围上的利己主义、价值取向时间上的急功近利以及价值内容上的物质主义。比如，应聘者“脚踏多条船”、“擅自毁约”现象以及认为“前途前途，有钱就图”等。这些消极的创业就业观对大学生的创业就业实践产生着难以估量的危害，也不利于高等教育的健康发展。但从根本上讲，真正作祟的是其背后的人生观、世界观和价值观。因为，创业就业观是抽象的人生观、世界观和价值观在现实生活中的具体体现，它受“三观”的规约和限定。反观思想政治教育，其本质就是社会或社会群体用某种思想观念、政治观点、道德规范，对其成员施加有目的、有计划、有组织的影响，使他们形成符合一定社会要求的社会实践活动。那么，思想政治教育介入大学生创业就业过程之中，势必能为大学生树立正确的创业就业观提供价值导向，能引导学生对不符合社会主义核心价值体系的创业就业思想、观念进行批判，增强学生对正确创业就业观的价值认同，最终从创业就业的理想信念、奋斗目标和行为规范层面实现对大学生的有效引导。

（二）有助于提高大学生的创业就业能力

无论是创业还是就业，归根结底都是个人在一个组织中发挥作用的过程。因此，学生不仅要拥有扎实的创业知识和技能，还要具备良好的非专业能力，比如沟通协调能力、自我推销能力、机会识别和掌控能力。当前，我国的大学生创业就业总体面临着结构性失衡的尴尬境地。比如，创业机会增多和创业环境变好并未带来大学生的“高创业率”和“创业高成功率”，学生“就业难”和企业“人才荒”现象并存。上述困境的形成，在很大程度上同大学生的创业就业能力低下，尤其是非专业能力的低下有着密切的关系。随着思想政治教育价值取向从“社会本位”向“人本位”的实践转换，尊重学生主体地位，满足学生实际需求，发挥育人功能，帮助学生实现物质与精神、科技与人文、政治与道德、知识与能力

等方面的均衡发展,已成为思想政治教育工作者的共识。这一理念指向大学生创业教育与就业指导,必定会促进大学生创业就业能力,尤其是非专业能力的显著提升。比如通过思想政治教育的实践环节(志愿服务、社会实践、勤工助学),培养学生的事业心、奉献精神和生存发展能力。根据木桶理论,在非专业能力这块“短板”通过德育环节拉长之后,学生的创业就业能力必将得到显著的提升。

(三)有助于培养大学生良好的创业就业心理品质

良好的创业就业心理品质是创业就业能力的释放源,在创业就业活动中始终起着关键性的作用。当前,随着我国大学毕业生人数的增多以及全球金融危机对我国宏观经济形势的“时滞效应”,在未来一段时间内大学生的就业压力仍然较大。加之大学生年纪轻、阅历浅、经验少等原因,在遇到创业与就业这类关乎自身前途的关口,常常会产生种种不良心理反应。如:焦虑心理——过分担心自身的创业不能成功或是不能找到中意的工作岗位,并出现紧张烦躁、心神不宁、萎靡不振、意志消沉等状况;自卑心理——对自身的素质和竞争能力评价过低,不敢自主创业,甚至连向用人单位推销自己的勇气都没有;急于求成心理——对创业与就业过程中的困难和风险认识不足,当现实与理想出现差距时,有些人就会意志消沉和气馁,对事业丧失热情,失去奋斗的方向;怕苦心理——对于国家推出“大学生村官”、“三支一扶”、“西部计划”等面向艰苦地区和行业的就业项目无动于衷,宁愿做“啃老族”、“漂族”也不愿意按期就业。思想政治教育工作者可以运用相关学科的知识,深入学生的心灵世界,帮助他们培养乐观向上、乐于奉献、勇于开拓的精神,克服没有目标、缺乏毅力的消极心态,帮助他们辩证地对待创业与就业过程中出现的风险、困难和挑战,克服创业就业过程中过于焦虑、依赖、自卑、畏缩等人格障碍,培养大学生顽强、坚毅、独立、自信的心理素质,促进大学生人格的健全和完善,以便形成良好的创业就业心理品质。

(四)有助于培养大学生良好的职业道德

职业道德是指从事一定职业的人们在职业活动中所应遵循的道德规范以及该职业所要求的道德准则、道德情操和道德品质的总和。随着现代社会分工的不断发展和专业化程度的不断提高,市场竞争日趋激烈,整个社会对从业人员包括职业观念、职业态度、职业纪律和职业作风在内的职业道德的要求越来越高。当代大学生是一个特殊的社会群体,经过小学、初中、高中的学习,大学往往是他们走向社会的最后训练基地,他们面临着由学生向职业工作者的转变,成功的职业道德教育可以为大学生日后的职业生涯打下良好的职业道德基础,为他们从业后具备良好职业道德修养提供理论、知识和情感准备。反观高校思想政治教育,它是保证高校人才培养目标符合社会主义价值期待的重要活动。① 在社会对大学生的价值期待中,这种保证既表现为培养大学生在政治风浪的考验面前作出正确抉择的能力,也包括培养大学生在走向社会后的职业生活中采取正确的职业态度、以良好的德行处理职业生活中的各种人际关系、以职业道德规范约束自己的职业行为的能力。因此,高校思想政治教育的目标天然地蕴含了对大学生职业道德的要求。实践中,一

① 刘云林:《培养大学生良好的职业道德是高校思想政治教育的重要目标》,《思想理论教育导刊》,2010 年第 3 期。

些高校针对“思想道德修养课”和“法律基础课”等通用教材中没有具体、专门论述的问题，根据自身人才培养方向的需要，有针对性地在思想政治理论课中增加了职业道德教育方面的内容。比如针对医科学生开展医德教育，针对师范学生开展师德教育，针对艺术类学生开展艺德教育，针对考取“村官”和公务员的学生开展廉政教育，这些教育对大学生毕业后的职业生涯产生了积极作用。

（五）有助于培育校园创业就业文化

创业就业文化属于当代校园文化的重要组成部分，是学生在就业和创业的准备过程中所表现出的勇气、心理、思想观念以及鼓励创业就业的校园环境的总和。它作为一种思想意识形态，对大学生的理想信念、人生态度、价值取向等所起的作用是不容忽视的，对大学生的创业就业行为可以产生持久而深刻的影响。创业就业文化需要学校的精心设计和培育，尤其离不开思想政治教育系统的参与、配合和支持。当前，高校的创业就业文化建设普遍存在导向性不强、凝聚性不强、整合性不强、特色不鲜明以及功利化倾向明显等问题。① 比如，有的师生认为创业就业教育不符合高等教育的发展规律，将大学教育庸俗化了；不少高校与地方政府缺乏有效联动，创业就业社会促进体系尚未形成；高校间的创业就业教育与实践同质化倾向比较严重，缺乏学校特色。而思想政治教育本身所具有的导向功能、凝聚功能、协调功能、概括功能有助于上述问题的解决，有助于推动校园创业就业文化的形成与发展。比如，思想政治教育通过建立价值体系、制定行为准则、创造舆论氛围发挥导向功能，使“就业是责任”、“创业光荣”的理念获得师生的认同；通过活动整合、政策聚合、情感黏合等途径发挥凝聚功能，使得学校的教育、管理、服务为培养创业创新型人才服务；通过调整、劝解等方式发挥协调作用，使得参与创业就业教育与实践的各种因素、各种力量、各种手段实现最佳配合，提高活动效率；通过发现、提炼、升华等步骤发挥概括功能，使得创业就业文化更具生命力和影响力。

二、几个需要注意的问题

（一）加强领导，做好顶层设计

高校思想政治教育按照其存在形态可分为思想政治教育理论教学、日常思想政治教育、宣传思想政治教育。而在实践中，这 3 项职能归口不同部门，容易造成各自为政、步调不一致，不能产生最大化的效益。因此，要实现思想政治教育对大学生创业就业作用的最大化，就必须将上述 3 种形态的思想政治教育加以整合，做好顶层设计，减少“断层”和“盲区”。具体而言，学校需要成立包括宣传部、学工部、团委、马克思主义学院、教务处、科技处等在内的创业就业指导委员会，从战略层面加强创业就业教育与思想政治教育的对接。比如宣传部通过营造积极向上、崇尚创业的校园文化环境促使大学生形成敢想敢为、干事创业的价值取向、思想观念和精神风貌；教务处倡导教学理念的更新，改变专业教师在课堂上只传授知识和技术而忽略价值观教育的倾向；学工部通过组织开展学业（职业）生涯规划，使得日常的德育工作更加突出创业就业这一主线；团委在组织社会实践时增加与创业就业相关联的社会实践，如开发“创业见习”、“顶岗实习”项目等，引导学生在

① 翁细金，夏春雨：《高校校园创业文化建设研究》，《中国高教研究》，2011 年第 1 期。

社会实践中养成热爱专业、敢于拼搏的精神。

（二）抓住关键，改革思想政治教育理论课

大学生的创业就业过程，是综合运用知识及能力，全面分析、判断和解决问题的过程，是一项复杂的创造性活动。特别是在处理复杂问题时，大学生要创造性地对已有的知识和技能进行重组与再生，以满足创业就业实践的需要。因此，高校要充分挖掘思想政治理论课本身所应具有的"培养正确的认知与思维方式、建立科学的理论知识结构"的功能。① 具体而言，一是要改革授课方式。传统的思想政治理论课多以灌输式的讲课方式为主，这种方式很难吸引学生的注意力，效果不佳。这就需要思想政治教育课中能更多地引入启发式、讨论式、体验式的授课方式，让学生不再感觉到理论教学的枯燥。二是要创新授课内容。比如，通过理想信念教育来鼓舞大学生的创业热情，通过道德与法制教育来规范大学生的创业行为，通过形势与政策教育来引导大学生了解当前的宏观政策环境，通过辩证法讲授来引导学生正确识别和取舍创业机会，帮助学生养成正确分析问题、解决问题的思维方式，不断提高学生的创业观察力、思考力和决策力。

（三）尊重主体，倡导大学生开展自我教育

现代思想政治教育理论认为：思想政治教育的对象也是教育的主体，思想政治教育要达到预定的目标，教育者就必须充分尊重受教育者，围绕受教育者的特点、需求来设计教育内容和载体。大学生是高智商群体，充分发挥他们的主观能动性，引导其开展自我教育往往可以收到意想不到的效果。具体而言，一是尊重个体主体，开展学业与职业生涯规划。以全程化的学业与职业生涯规划为载体，激发学生的主观能动性，让学生主动思考自己的人生理想和职业目标，根据创业就业、升学、出国等不同目标规划大学每一阶段的学习与生活。围绕创业就业方向，在大一着重了解创业就业的宏观形势，激发学习动力；在大二着重积累创业就业知识与技能，提高创业就业素养；在大三着重了解创业就业实务性知识和政策法规，培养对创业就业的感性认知；在大四着重进行顶岗实习、创业实践等，提高创业就业实战能力。二是尊重群体主体，扶持创业就业类社团。创业就业类社团，是指以创业就业实践活动为目标，以服务学生、提升自己为宗旨，由具有共同兴趣爱好的大学生，按照一定组织程序自发组织，通过开展一系列活动来提高自身的创业就业素养的各类学生社团。学校可根据社团定位，打造职业规划类、就业服务类、创业实践类等不同类型的创业就业类社团。同时应配足、配强社团指导教师，对社团的日常活动给予场地、经费、政策等多方面的支持，按照"放手、放权"的原则，使创业就业类社团在学生自我教育、自我服务中发挥作用。

（本文发表于《学校党建与思想教育》2011 年第 11 期，作者：江苏大学王飞　姚冠新）

① 蔡建英：《高校思想政治教育体系的构建》，《教育理论与实践》，2010 年第 3 期。

服务学生就业创业　打造温暖成长工程

近年来，江苏大学坚持“以修身为基础、以学业为中心、以就业为导向”的学生工作理念，根据学生成长规律，锁定社会需求，整合多方资源，构建学生成才服务体系，提升大学生的核心竞争力，形成了培养质量保障就业、创业教育带动就业、多方合力促进就业的局面。毕业生深受用人单位的欢迎和好评，就业率与就业质量呈现“双高”，学校就业创业服务工作被学生称为“暖心工程”。

一、加强教育引导，端正就业观念

（一）突出思想导向

强化毕业生思想教育，引导毕业生树立正确的择业观。一方面致力于加强毕业生的世界观、人生观、价值观和择业观教育，使毕业生树立自主择业、勤奋创业、终身学习、“行行建功、处处立业”的观念，引导毕业生顾全大局，正确处理个人成长、事业发展与国家需要之间的关系。另一方面根据不同专业的就业特点，有针对性地开展工作，转变学生就业、择业观念，教育学生自主择业、自主创业，克服消极等待、依赖、攀比等思想，积极学习掌握就业的实际本领，提高就业竞争力，以求引导毕业生充分就业。

（二）实施榜样引领

近年来，学校涌现出了一批创新创业的典型。如，曾获“江苏省十佳青年学生”、“江苏省青春创业风云人物”称号及“中国青少年科技创新奖”等荣誉的刘春生，目前已经申请49项国家专利，获批19项，利用自己的“秸秆气化炉”的专利项目，先后在镇江、常州、徐州、扬州等地建立了自己的企业。在校研究生周尚飞创办了3家企业，参与或主持省市各级科技项目多项，涉及项目资金近200万元，旗下江苏名通信息科技有限公司等企业每年可吸纳100余名母校学生参与就业创业见习，正式员工中近半数为母校毕业生。学校通过宣传像刘春生、周尚飞这两类产品开发型和技术服务型创新创业典范，以榜样的力量营造了江大学子善创、敢创的创新创业氛围。

（三）做实就业指导

学校建立了全程化的就业指导体系，将“职业生涯设计”作为必修课，将“就业与创业指导”作为选修课，通过系统教学来培养学生的就业意识，提高学生的就业能力。全程化的就业指导，实现就业指导由毕业生向低年级延伸，将职业生涯教育贯穿于整个大学教育。推行“五心服务”，即接待用人单位和学生要热心、就业咨询要耐心、就业辅导要细心、日常工作要有责任心、毕业生择业过程中遇到困难要有同情心。

二、深化教学改革，培养高素质人才

(一) 紧扣社会需求

实行“大类招生，大类培养”人才培养模式，采取“平台+模块”的课程结构，根据人才市场需求及预分配意向确定专业方向，有效缓解了学生所学专业与就业意向不对口、所学知识与社会需求不符合等方面的矛盾。在专业建设上始终突出两个重点：一是调整结构，高起点创办新专业；二是全力打造品牌特色专业，提高学生就业竞争力。每年对招生、就业“双低”专业，有计划地减少招生、隔年招生直至停止招生；对强势专业，重点打造，适当扩大招生。积极实行面向本科生的主修辅修制，有效地促进了学生志趣、才能和专长的发展，形成了“复合型”人才培养模式，优化了学生的知识结构、能力结构和素质结构，拓宽了就业领域。

(二) 夯实实践实训

根据学校以工科为特色的状况，紧扣工程实践与创新能力这两个关键环节，建立了工业中心基础平台、学科专业平台和产学研基地三足鼎立、相互交融的工程实践架构。一方面，积极创建高等工程教育开放型工程训练体系，投入3亿多元重点建设了以校内工程训练中心为代表的实践教学基地，形成了基础实验、专业实验、校外实习基地以及产学研相结合的实践教学体系。另一方面，通过优先科研立项、优先评奖评优、优先推荐基地就业和予以经济补贴的“三优一补”机制，鼓励工科学生、研究生到产学研基地、就业基地和就业工作站，在开展工程实际研究中实现在基地就业。目前学校拥有国家级实验教学示范中心1个、省级实验教学示范中心9个、长三角周边地区就业工作站50个，就业创业见习基地500多个。此外，建立了“点面式”的社会实践模式，在本科生中实行“第一个暑期跟团实践、第二个暑期专业实践、第三个暑期就业实践”，研究生实行“导师带领学术科研社会实践”的做法，广开学生就业门路。

(三) 优生优先发展

实行“优生优培”制度。每年在新生中选拔优秀学生组建机械动力类和电气信息类培优班，实行单独的教学计划，为优秀学生成长成才创造条件。同时，从2007年开始推行了提前选拔攻读硕士学位预备生制度，配备导师，使其提前进入导师的课题组，参与课题研究与科研训练，努力为预备生提高工程能力、创新能力和科研能力创造条件。学校还以教育部实施“卓越工程师培养计划”试点为契机，组织机械设计制造及自动化、车辆工程、流体机械及工程等专业(方向)教师调研论证，积极探索与践行“3+1”等工程类人才培养新模式，制定了“卓越工程师培养计划”培养标准、培养方案、实现矩阵等，全力保障“卓越工程师培养计划”的有效推行。

三、整合多方资源，构建就业促进体系

(一) 学校相关部门实施联动

学校实施全员关心就业工程，明确了相关职能部门的就业工作职责，举全校之力，促进毕业生充分、顺利就业。譬如，学工处和研工部常年安排专人负责处理就业信息；校友会充分利用广大校友资源，积极联系校友企业来校招聘；研究生处在国家招生政策允许范

围内，在研究生增招计划和在应届生中招收专业学位硕士的计划的实施方面，原则上主要录取本校毕业生并帮助做好上线学生的调剂工作等。各学院将就业工作当做“一把手工程”，学校将就业工作作为综合考核学院领导班子的重要内容。

（二）争取各地政府资源倾斜

学校精心组织，主动出击，密切与地方政府联系，结合地方支柱和新兴产业，充分发挥产学研合作的桥梁和纽带作用，通过深化与地方在更高层次、更广领域的合作，提高科技服务地方的贡献度，赢得其对学校就业工作的支持。尤其是加强了与各地人事主管部门的联系，结合毕业生的流向，选择了长三角、珠三角等人才需求量大的经济发达地区，与50多个县级以上主管部门合作建立了毕业生就业工作站。每年联合各地人事主管部门组织所在地用人单位前来举行地区专场招聘会5次以上，每次均有150家左右企业参会。注重加强与地方政府的互动合作，引导学生到基层就业，与东台市在全国率先共建“大学生村官实践基地”，已经安排首批2010届大学生见习村官到东台市进行村官挂职锻炼。

（三）引导合作单位吸纳人才

依据学校学科优势，结合生产实习、科研基地的建设，与500余家大中型骨干企业签订就业基地协议。每年邀请对口单位组织行业内的产学研、就业基地洽谈会，举办诸如汽车、机械、IT、医学、师范之类的10余场行业专场招聘会。充分利用广大校友资源，积极联系校友来校招聘毕业生，每年举办校友企业专场招聘会，在满足校友企业用人需要的同时，切实为就业困难的学生推荐就业岗位。

（四）帮扶推荐困难学生就业

解决思想问题与解决实际问题相结合，帮助毕业生解决困难。辅导员经常关心就业困难学生，并进行针对性指导；每周定期接待毕业生，帮助学生解决实际困难。学校邀请关工委老同志、退休教师、知名教授等与毕业生座谈，用亲身经历激励毕业生。加强毕业生就业心理咨询和辅导，重点关注家庭经济困难、暂未签约等毕业生群体。

多年来，江苏大学毕业生初次就业率均在75%以上，总就业率保持在96%以上。已连续5年获得江苏省教育厅授予的“江苏省高校毕业生就业工作先进集体”荣誉称号，连续15年被评为“全国社会实践工作先进单位”。2007年被遴选为全国6家就业工作典型之一，应邀在全国就业工作会议上作典型发言。2008年入选江苏省首批“大学生创业教育示范校”，2009年又首次被评为“全省高校毕业生人才引进工作优秀协作单位”以及“全国就业工作先进集体”。每年江苏大学的就业工作都广受社会好评，被新闻媒体争相报道。2009年市级以上媒体报道学校就业工作达37次，其中《中国教育报》5次大篇幅报道学校就业工作新举措、新经验。

（本文为江苏大学报送2010年江苏省高校宣传思想工作会议交流材料）

“三位一体”耦合模式与大学生创业教育

2011年3月召开的中国大学生自主创业工作经验交流会暨全球创业周峰会提出:我国高校要把创业教育作为提高高等教育质量的一个重要突破口,作为培养创新型人才的一条重要途径。事实上,从1999年我国首次引入“创业教育”理念以来,创业教育得到了政府、社会、高校的高度重视并取得了阶段性的成绩,初步形成了“政府促进创业、市场驱动创业、学校助推创业、社会扶持创业、个人自主创业”的良好局面。但客观分析,创业教育仍处于起步阶段,存在许多迫切需要解决的问题,如:创业教育尚未融进学校整体育人体系,师资、教材、课程等创业教育资源相对缺乏,学生受教育程度越高创业积极性反而越低,高校内部的创业支持政策不完善。究其原因,很重要的一点在于,作为高校教育子系统之一的创业教育未能与专业教育、职业教育、大学生思想政治教育等进行有效联动和深度融合,上述“诸育”的优势和资源未得到充分利用。特别是作为“诸育”之首的大学生思想政治教育,它不但可以为创业教育的顺利开展发挥保障作用、导向作用、凝聚作用、激励作用,而且其网络化的组织体系、多元化的工作载体、科学化的工作方法,可以为创业教育的深入推进贡献一臂之力。因此,高校创业教育需要突破思维定式和实践束缚,充分利用大学生思想政治教育的组织体系、人才资源、运行机制来促进创业教育的科学发展。

一、对于创业教育本质的再认识

1989年,联合国教科文组织在北京召开了“面向21世纪教育国际研讨会”,此次会议首次提出了“事业心和开拓教育”(后被译为“创业教育”)的概念。1995年,联合国教科文组织阐述了创业教育的概念,即求职和创造新岗位。按照其解释,创业教育从广义上来讲,旨在培养具有创新精神、开拓意识、创业能力、社交和管理才能等开创性品质的人。创业教育注重把创新创业精神和开拓技能的培养提高到与学术性和职业性同等重要的地位,培养具有开创性品质的人,使他们能更好地适应未来社会需要,更好地为促进社会经济发展和个人生活质量的提高发挥作用。

回到高等教育语境。大学生创业教育不仅仅是一种创业知识和技能的传授,更是一种理念,一种精神品质的挖掘、培养和树立,是对大学生追求卓越、成就事业、实现价值的激情或者说本性的开发和疏导。当前,我国正处于“后金融危机”和“高等教育后大众化”的时期,宏观就业压力和结构性矛盾并存,大学生就业仍然面临较大的压力。对高等学校来说,创业教育是服务于国家转变经济发展方式、建设人力资源强国和创新型国家战略的迫切需要;是落实以创业带动就业发展战略、促进大学生充分就业的重要途径;是深化高等教育改革,推动高校教育教学、科学研究、社会服务三大功能有机结合,培养创新型人才的重要手段。

二、大学生创业教育与思想政治教育耦合的可行性

耦合是物理学的一个基本概念，是指“两个或两个以上的系统或运动方式之间通过相互作用而彼此影响以至联合起来的现象”。两个相互耦合的运动形式由于具有彼此耦合的因素，最终形成了新的统一体系。本文中的“耦合”是指创业教育与大学生思想政治教育不仅仅是静态的交叉重叠的关系，而且是相互渗透、相互作用的关系。二者应当成为一个有机的整体，这样才能使二者产生相互促进、相得益彰的效果，从而更好地为大学生成长成才服务。之所以提出这样的观点，主要是基于如下分析：

（一）大学生创业教育与思想政治教育根本目标一致

《国家中长期教育改革和发展规划纲要》指出：高校德育工作的使命是“培养信念执着、品德优良、知识丰富、本领过硬的新一代大学生”。因此，大学生思想政治教育目标就是要培养德、智、体、美全面发展的人。而创业教育，它所追求的是受教育者创业意识、创业知识、创业技能的形成，以及适应性、合作性、创新性、耐挫性等创业心理品质的塑造，旨在培养“个人价值和社会价值相统一的人”。因此，虽然创业教育与大学生思想政治教育在具体目标、内容、实施路径等方面存在着差异，但是从根本目标上来看却是一致的，都是为了让大学生的智慧和性格得到全面合理的发展，才能和个性得到自主而自由的发展。也正是其一致性为二者之间的相互联系、相互促进奠定了基础。

（二）大学生创业教育与思想政治教育的“耦合”能带来“共进”

大学生创业教育与思想政治教育的“耦合”能够带来“共进”，实现“双赢”。一方面，将创业教育的有关内容纳入大学生思想政治教育范畴，可以为思想政治教育注入生机和活力，并有效提高其教育质量。另一方面，创业教育借力于大学生思想政治教育，可以起到事半功倍的效果，帮助其解决师资不足、氛围不浓、合力不够的现实问题。

三、基于“三位一体”模式耦合的实现路径

尽管国内的一些学者对大学生创业教育、思想政治教育的耦合（有的提法为“融合”、“结合”）必要性给予了充分的肯定，但对于“二者如何有效耦合”并未给出有效对策。本文认为可以通过建立“三位一体”的耦合模式，从价值耦合、要素耦合、方法耦合 3 个层面推进大学生创业教育与思想政治教育的实质性耦合。

（一）价值耦合，建设创业导向型就业价值观体系

创业导向型就业价值观体系是指高校在思想教育中所蕴含的以提高大学生创业意识为目的的，以培育创新精神和企业家精神为着力点的一系列有关就业和创业的思想、观念、规范的总和。它对于大学生创业学习与实践起到导向、规范和熏陶的作用。高校可以从我国的传统文化、区域商业文化中提炼出符合学校创业教育指导思想的创业导向型就业价值观体系。它的内核至少应该包括以下 4 个维度的内容：一是自主创业精神。据统计，目前我国的大学毕业生自主创业率仅为 1%，不到国际社会平均水平的 1/10。因此，高校应该帮助大学生树立创业意识，倡导“创业光荣”、“抢座位不如造椅子”、“成功固然可喜，失败也不丢人”的创业氛围。二是艰苦奋斗精神。邓小平曾经说过：“即使在收入水平得到改善的情况下，我们的人民都应该保持艰苦创业的传统。”更何况，创业是一个长

期的过程,存在着风险和困难,不可能一帆风顺。因此,高校应该引导学生克服贪图安逸、小富即安、小成即满等影响事业进取的不良思想。三是诚实守信意识。现代社会越来越重视信誉,诚信在创业中的价值是难以用经济回报来衡量的,它不但是大学生创业的基础,也是做人的基础。缺乏诚信,必将导致大学生在创业的道路上面临失败,最终将产生严重的后果。因此,高校要让学生明白诚信既是立人之本、齐家之道,更是交友之基、经商之魂。四是遵纪守法意识。社会主义市场经济是法治经济。作为正在创业和准备创业的大学生,必须树立遵纪守法意识,自觉用法律法规约束自己,在创业的过程中保证依法办事,把创业的每一个步骤都置于法律法规允许的范围之内。当自身的合法权益受到侵犯时,又要能够自觉主动地拿起法律武器维护自身合法权益。

(二)要素耦合,构建创业教育教学体系

将创业教育教学体系纳入到正规的人才培养计划之中,实现"教育教学一体化,课内课外相衔接",彻底改变目前的创业教育仅停留于"第二课堂"的局面。

一是利用好思想政治教育课堂教学平台。大学生创业应突出知识和科技含量,通过技术转让、产品创新、创意输出等方式实现创业。因而,大学生创业不同于其他人群的创业,它不是简单的资金和体力的付出,而是综合运用知识及能力,全面分析、判断和解决问题的过程。特别是在处理复杂问题时,他们要创造性地对已有的知识和技能进行重组、整合与提升,以满足创业实践的需要。因此,高校要充分挖掘思想政治理论课本身所具有的"培养正确的认知与思维方式、建立科学的理论知识结构"的功能。在课程建设中植入创业教育的有关内容,把思想政治教育理论课建设成为创业教育的核心课程之一。比如:通过理想信念教育来鼓舞大学生的创业热情;通过道德与法制教育来规范大学生的创业行为;通过形势与政策教育来引导大学生了解当前的宏观政策环境;通过辩证法讲授来引导大学生正确识别和取舍创业机会;等等。帮助大学生养成正确分析问题、解决问题的思维方式,不断提高大学生的创业观察力、思考力和决策力。

二是利用好思想政治教育载体。研究表明:思想政治教育载体具有信息的承载与传导功能、促进主客体相互作用的中介功能、渗透教育内容的蕴含功能以及导向与养成功能。因此,高校应充分发挥大学生思想政治教育各类载体的功能。既要利用好开会、谈心、理论教育等传统载体,又要开发好报纸、广播、电视、网络等现代载体,从而形成载体合力。在运用传统载体方面,可以通过组织"创新、创造、创业"主题教育活动、大学生创业心理辅导与咨询、创业教育必修课和选修课等形式,将创业宏观形势、创业知识与技能、创业政策等信息向大学生传递与发布。在开发现代载体方面,可以通过QQ、飞信、博客、微博等途径,提高大学生对创业的兴趣和好奇心。比如,充分利用微博的"关注"功能来加强创业教育主客体之间的沟通,利用其"评论"功能来组织大学生针对创业话题展开讨论,利用其"转发"功能来构建创业感悟、技巧和项目信息的传播渠道。

三是充分发挥辅导员的作用。辅导员是实施大学生思想政治教育的骨干力量。他们与大学生朝夕相处,联系紧密,对大学生的家庭背景、学业水平、兴趣爱好、能力素质等这些影响创业成败的情况比较了解。高校应仿照"心理辅导员"、"资助辅导员"工作模式,在院系层面设"创业辅导员"岗位,充分发挥他们在普及创业常识、宣传创业政策、推介创业项目、干预创业者心理危机等方面的作用。此外,应以全程化的职业(学业)生涯辅导实施方案为载体，要求辅导员对不同年级、不同专业的大学生进行职业（学业）规划指导，让大学生明确自身职业定向，根据就业、升学、创业等不同方向提早做好学业规划。

（三）方法耦合，浓郁校园创业文化氛围

校园创业文化是校园里自觉与自发相结合形成的一种特殊文化现象，是创业教育的产物。良好的校园创业文化，可以使大学生在日常的学习和生活之中受到创业活动文化的熏陶、创业物质文化的陶冶、创业制度文化的影响，进而提高自身的创业素质与能力。建设校园创业文化可以采取“方法耦合”的策略，借鉴大学生思想政治教育在长期实践中所形成的“全员育人、全过程育人、全方位育人”方法体系。具体内容包括：

一是运用全员育人法。高校要健全创业教育的组织机构，成立校级大学生创业教育指导委员会，统筹规划并系统实施全校的创业教育、教学、研究及管理工作。学校主要领导亲自抓、分管领导具体抓，教务处、学生处、校团委、科技处等部门各司其职，通力配合。再者，要建立创业指导专兼职教师队伍。既要充分挖掘校内资源，选拔一批有相关专业背景或培训经历（如：KAB 项目培训）的教师担任创业课程的主讲教师；又要寻求外力支持，从创业成功人士、风险投资家、企业管理者中选聘一批创业导师，邀请其为大学生创业提供“一对一”的创业指导。

二是运用全过程育人法。在大学阶段，学生在不同时期具有不同的身心特点和发展诉求。因此，创业教育只有根据不同时期的情况，有针对性地设计并侧重实施相应的创业教育方案，才能实现学生个体创业能力的阶段性发展和递进式培养。从时间维度，为一年级学生提供入门级创业教育课程，重点培养创新创业意识，使他们尽早树立创新精神和创业观念；为二、三年级学生提供中级创业教育课程，重点培养创业品质，使学生具备坚韧的创业意志力和基本的创业技能；为毕业班学生提供高级创业教育课程，重点培养创业实务能力。从空间维度，要将创业教育从第二课堂向第一课堂、第三课堂延伸，以创业教育学学科建设、跨学科创业课程群建设带动创业理论教学质量提高；以产学研平台建设、就业创业见习基地建设推动创业实践教学的开展。

三是运用全方位育人法。高校应建立好大学生创业支持体系，给大学生创业提供资金、场地、后勤等全方位的帮助，对大学生进行潜移默化的教育。实施大学生创业实务辅导工程，与工商、税务、科技、金融等部门建立工作联动机制，帮助大学生解决创业过程中遇到的企业注册、税收优惠、风险评估、贷款融资、知识产权保护等方面的问题。建立大学生创业扶持制度，通过“种子资金”等形式，为创业项目进行分类评估，并择优进行资助和激励；为创业过程中遇到暂时困难的创业者发放最低生活保证金；为雇佣社会失业人员的企业发放岗位补贴。建设大学生创业实习实训平台，在校内建设大学生创业孵化基地，为大学生积累创业能力提供实战平台；在校外，联合地方政府共建大学生创业产业园，为孵化成熟的创业项目实现公司化运作提供场所。

（本文发表于《中国高校科技》2011 年第 10 期，作者：江苏大学王飞　姚冠新）

大学生就业创业工作创新研究

一、研究的背景

近年来,在全球经济危机和西方主要经济大国经济衰退的大背景下,我国经济也面临着经济结构调整和产业结构升级的巨大挑战。同时我国的高等教育规模已跃居世界首位,高校毕业生人数连年升高,大学生就业创业问题成为日益突出的社会问题,引起了社会、政府、学术界和广大学生及家长的普遍关注。大学生就业创业问题与经济环境、高等教育体制以及诸多社会深层次问题密切相连。在这种情况下,加强大学生就业创业工作创新研究就显得尤为重要。

二、研究的意义

受全球经济危机的影响,许多产业和部门生产受到重创,企业裁员现象普遍,社会所能提供的总就业岗位增加有限,与此同时,我国也面临产业结构的升级和调整,就业结构性矛盾突出,区域性差别显著,这也给大学生就业带来了巨大影响。在这种社会大背景下,创造性地开展大学生就业创业工作,提高大学生的就业创业能力和层次,具有重大的政治意义和现实意义。大学生就业创业工作关系到高等教育的可持续发展,更关系到社会的公平与稳定。因此,以科学发展观为指导,坚持“以人为本”的理念,做好高校就业创业研究工作,具有重大理论意义和现实指导价值。

三、研究的主要内容

根据对大学生就业创业现状的实际调查,从社会、高校、用人单位、学生本人等方面出发,认真分析大学生就业创业难的原因。(1) 对我国经济发展特点和发展阶段进行分析,包括造成大学生就业创业难的政策原因、沿海与内陆地区差异问题、城乡二元结构问题、户籍制度改革问题等,通过与国外一些发达国家对比,找出大学生就业创业难的阶段性特点。(2) 当前金融危机对经济发展造成不同程度的影响,使得很多企业生产困难,不断进行裁员减负,对大学毕业生的需求减少,从而给大学毕业生就业创业带来困难。另外,劳动力总量供大于求,到2020年劳动年龄人口总规模将达到9.4亿人,而社会新增就业岗位缺口大,整个社会就业形势比较严峻。(3) 全国高校毕业生就业创业的结构性矛盾突出,就业压力集中体现在“地域”、“行业”不均衡上。从地域上看,东部地区需求增长有限,中西部虽有增长,但是吸引力依然不足。从学历看,高职高专毕业生仍然是就业的难点和重点。从学科专业看,工科和应用性较强的学科专业就业形势较好,而一些文科专业就业相对困难。(4) 社会支持保障制度不完善,用人需求向重点大学集中、向研究生集中,一些地方院校的毕业生就业难度增大;高校毕业生“重心”下移受阻,由于下岗失业人员、中学毕业生、农民工等的抢占,一些低端岗位被占领;社会的有效需求赶不上高校毕业生的快速增长;东部一些中心城市出台限制人口政策。(5) 我国现行教育制度和高校就业工作中还存在许多问题,包括家庭教育、学校教育和社会教育都存在不合理地方。(6) 从学生个人角度分析,许多大学生心理素质较低,甚至存在心理障碍,另外部分大学生在就业观念上还需要进一步转变,在综合素质上还需要进一步提升。

四、研究的步骤

整个研究过程分为3个步骤:第一,准备阶段,在此阶段,课题组成员共同探讨课题研究的方法和实施过程,一起学习有关知识和国家政策,收集相关研究资料;第二,研究阶段,课题组成员根据分工进行走访调研、问卷制作发放和回收,对调查问卷进行汇总分析,对课题研究过程中出现的问题进行深入探讨,并撰写出相关报告或文章;第三,汇总课题组成员的研究成果,进行讨论分析,发表相关文章,并撰写结题报告,申请结题。

五、研究的方法

(一) 文献资料法

通过查阅大量的文献资料,充分了解高等教育大众化背景下大学生就业创业过程中存在问题的深层次原因,从社会经济发展、教育制度改革等方面对大学生就业创业工作进行创新研究。

(二) 问卷调查法

通过设计并发放问卷,对不同专业、不同年级大学生以及部分已毕业大学生进行调查,了解大学生就业创业难的原因,寻找有效解决途径。

六、研究的成果

在课题研究过程中,课题组成员取得了一定的成果:(1) 对贫困大学生这一群体就业创业问题进行了研究。金融危机下,贫困大学生群体在就业方面面临更大的困难,他们存在心理自卑感强、受传统就业观念影响较深、社会资源匮乏、综合能力不强等方面的问题,我们认为只有社会、高校、家庭和个人共同努力,才能改变贫困大学生就业难的问题。(2) 对大学生创业中存在的问题进行了研究。当今大学生创业热情高、创业势头良好,但创业规模小、创业成功率低。这与正常扶持不到位、我国区域经济发展不平衡、高校创业教育不足以及大学生自身综合素质不强有密切关系。只有转变就业观念,加强政策扶持的力度,改革高校教育体制,才能更好地为大学生创业营造良好的氛围。(3) 对如何发挥校友资源促进大学生就业创业进行了研究。充分发挥校友资源,能够对大学生职业生涯规划教育起到示范和引导作用,为大学生提供就业信息和政策,为大学生直接提供就业和实习岗位,同时可降低大学生就业成本,提高就业效率。因此高校要完善校友会等组织机构,在校友会中成立就业工作指导机构,充分发挥校友资源,为大学生就业创业提供更好的服务。

通过一段时间的研究,我们认为要创新大学生就业工作机制,政府和社会需要在以下几个方面开展工作:(1) 深化教育制度改革,继续实施素质教育,培养大学生的综合素质和能力,努力提高高校教学质量和水平,培养创新型现代人才,不断适应现代高科技企业对人才的需求。(2) 调整优化经济结构,促进经济良性发展,为高科技企业发展提供空间,促进乡镇企业和集体经济的发展,努力改变城乡二元经济结构,缩小贫富差距,扩大就业市场容量。(3) 强化大学生的思想政治教育和就业指导教育,帮助大学生树立正确的人生观、价值观,明确学习目标,消除拜金主义等不良风气的影响;在高校中深化课程设置改革,培养社会需求的人才,逐步开设就业创业指导课程,加强就业指导队伍建设。(4) 加强学校校友会建设,大学生就业创业工作实施全员参与,发动全体教职工的社会关系和力量,尤其充分利用好优秀校友、离退休老教师等社会资源为大学生就业创业提供帮扶。

七、研究中的反思及今后的设想

研究过程中也存在一些不足,表现为:(1) 本课题可借鉴的已有研究成果较少,少量相关研究大都局限于较为肤浅的、表面的理论探讨,对实际工作缺乏指导意义,要在短时间内得出具有普遍指导意义的科研成果几乎不可能,需要进一步深入探讨研究。(2) 大学生就业创业是一个重要的社会问题,它涉及面非常广,牵涉到政府部门、企事业用人单位、高校、家庭和大学生个人等,要进行比较全面和准确的研究难度较大。(3) 由于本课题涉及范围较大,如进行深入的走访和调查研究、设计制作针对性较强的调查问卷存在较大困难,如要得出更为科学的研究成果,需要付出更多的时间和精力。(4) 大学生就业创业中存在的问题与我国经济社会发展所处的阶段有很大关系,许多问题是经济社会发展的必然产物,在经济结构优化升级完成之前很难彻底改变。

在下一阶段,我们要继续加强学习和研究,不断跟踪国内外最新研究成果,继续主动关注和学习有关本课题的相关政策和国内外研究成果,在走访调查中宣传大学生就业创业的重大意义,在更大范围内进行调查研究,根据掌握的相关知识,继续改进调查问卷,并进行更加广泛的调查,然后对调查结果进行分析总结。

(本文为江苏大学大学生思想政治教育专项课题成果,作者:江苏大学夏大庆)

第三篇　教育过程的科学化

以系列主题教育为载体　做实做活做深大学生思想政治教育工作

近年来,江苏大学(以下称“学校”)的大学生思想政治教育工作取得了较为显著的成绩,连续两次被评为江苏省高校思想政治教育先进集体,连续15年被评为全国大中专学生志愿者暑期“三下乡”社会实践活动先进单位,两次捧得全国大学生“挑战杯”优胜奖,连续6年获得“江苏省十佳青年学生”荣誉,两次荣获“中国青少年科技创新奖”。这些成绩的取得,与学校不断针对大学生思想政治教育的新形势、新特点,积极探索新思路、新方法,提高针对性、实效性是分不开的。近年来,学校以系列主题教育为载体,完善活动机制,彰显活动特色,努力把大学生思想政治教育工作做实做活做深。

一、精心组织,创新形式,完善系列主题教育活动机制

(一) 明确定位,统一认识

系列主题教育活动,是指紧跟社会主旋律,遵循教育规律,设定中心主题,并辅之以多种形式开展的前后衔接、步步深入,以达到一定教育效果的系列活动。它充分发挥全体师生的主动性、积极性,集中全体师生的智慧。学校通过组织活动,营造浓郁氛围;学生通过参与活动,增强自身体验。寓教育于学生喜闻乐见的活动中,力戒生硬枯燥,最终实现春风化雨、润物无声。

(二) 主题突出,紧扣热点

自2004年起,学校的主题教育活动渐趋规范化,结合时代主题、时事热点和学生的思想实际每个年度确定一个主题。几年来,先后开展了以“爱国爱校爱科学、求知求真求创新”(2004年)、“理想、修身、成才”(2005年)、“感恩、责任、奉献”(2006年)、“知荣辱、强素质、促和谐”(2007年)、“创新、奋进、报国”(2008年)等为主题的系列教育活动,有效解决了大学生群体中普遍存在的一些热点难点问题,在引导青年大学生树立正确的世界观、人生观、价值观,提高他们的思想道德素质方面取得了明显的成效。

(三) 精心组织,有序推进

经过长期摸索与实践,学校形成了一套行之有效的活动组织和管理机制,形成了点面结合、有始有终、形式多样、内容鲜活、有效激励、影响广泛的工作特色。在广泛听取意见、组织专家论证的基础上精心策划、确定每年的活动主题。举行隆重的启动仪式,在全校范围内拉开活动帷幕。各学院及相关部门围绕主题,结合学生实际,精心设计具体可行的实施方案。一方面通过以大型活动为纲,推行全员参与,校、院、班三级互动,实现主题教育的全覆盖。一方面通过中期交流、年终评比、成果展示等,激励各单位将主题活动做出特色、做出新意、做出实效,并将一些成功的经验与做法在全校范围内加以推广。

二、贴合实际，力求成效，彰显主题教育活动特色

（一）以弘扬“爱与责任”为主旨，铸造大爱校园

“爱与责任”的意识是一个社会人的立身之本，更是我们当代大学生需要具备的素养之一。切实抓好大学生“爱与责任”的教育，可以使大学生将自己成才、个人命运与他人发展、国家的需要有机结合起来，把大学生培养成为社会需要的优秀人才。

为此，学校于2006年开展了“感恩、责任、奉献”主题教育活动，先后开展了《俺爹俺娘》图片展、“种曙光林，立鸿鹄志”——植树节活动、主题征文演讲活动、“心灵共振”——学生家长沟通交流会、“我为学校发展献一计”金点子征集活动、“一封家书”活动、“算算亲情账，感知父母恩”主题班会等共计150多项活动，参加学生达10多万人次。通过“感恩、责任、奉献”这样的主题活动，唤醒了学生的感恩意识，使学生理解父母的养育之恩、师长的教诲之恩、朋友的帮助之恩、社会的关心之恩，进而增强大学生反哺他人与社会的责任意识和奉献精神，提高大学生奋发成才的自觉性和积极性，使大学生懂得用实际行动来回报父母、回报学校、奉献社会、奉献祖国。

学校出台了“受助大学生义务工作管理办法”，所有受资助的在校大学生都要参加一定的义工服务。学校2007年度中国教育年度新闻人物前20人之一、“爱心天使”陈静的事迹在社会各界引起了强烈反响，中央电视台《共同关注》节目两次报道陈静的事迹，根据她的故事改编、实名实景拍摄的电影《小城大爱》已经搬上银幕。首届“江苏省十佳青年学生”吴强被评为陕西省大学生志愿服务西部计划优秀志愿者，并获中国青年志愿服务银奖。同被评为“江苏省十佳青年学生”的感恩社会的张兵同学、志愿服务的朱国锋同学都是江大校园体现大爱精神的典型。同时，他们的事迹和精神又在影响和感染着更广大的同学。学校学生社团“爱心联盟”一直开展富有特色的爱心活动，受到了《人民日报》等众多媒体的关注，曾被评为“全国高校优秀学生社团”。《中国教育报》曾刊发《江苏大学：“爱心校园”是这样炼成的》的文章，报道了学校近年来在培育校园爱的氛围、锻造学生爱的品质、铸炼形成以大爱精神为核心的校园风尚方面作出的努力和取得的成果。

（二）以提升创新创业能力为目标，大力培养创新型人才

基于建设创新型国家和创新型人才的培养，学校2008年开展了“创新、奋进、报国”主题教育活动，着力培养学生的创新意识和创新能力。一方面，围绕培养和增强学生创新精神、创新能力来开展教学、科研和课外活动，学校专门设立了大学生科研立项基金，资助学生开展科研工作，努力培养具有视野开阔、主动创新、勇于实践的创新型人才。几年来投入近百万元资助学生科研项目近千项。另一方面，大力推进创新创业教育，鼓励学生积极投身创新创业的实践。近年来，学校重点扶持了7个创业团队，给予每个创业团队启动资金，选配专业教师进行指导，从硬件设施上给予了大力的支持，为他们提供了办公场所、电脑等相关办公设施，建立创业孵化平台。学校在创新创业教育方面取得的成绩得到了江苏省教育厅的充分认可，2008年省教育厅把学校列为首批13所“创业教育示范校”之一。

通过这些活动的开展、氛围的营造，学校涌现出了一大批创新意识强、创造精神佳、创业能力优的学生典型。如，2005年被评为“江苏省十佳青年学生”、2006年荣获“中国青少年科技创新奖”的刘春生同学在校期间申请了40多项专利，目前已有19项国家专利获

得授权，被誉为“发明大王”。刘春生研发的家用生物质气化技术项目通过了国家级科技成果鉴定，仅凭这个项目刘春生就申请了5项发明专利、4项实用新型专利。该技术在为农村家庭提供经济高效能源方面的应用前景十分广阔，江苏省政府相关部门已投入几百万元进行应用推广。另外，2008年荣获“中国青少年科技创新奖”的张翼同学已凭在网络安全方面的专业素质被同行视为专家，他也作为10位主讲人之一出席由微软、盛大、新浪等互联网界各大巨头的技术专家参加的“全国互联网安全峰会”，介绍木马防御技术。

三、开展系列主题教育的几点体会和感受

（一）系列主题教育活动是大学生思想政治教育的有效形式，能形成全员育人的氛围

实践证明，开展系列主题教育活动是大学生日常思想政治教育的有效形式和重要途径。确立了主题，可以使我们的思想政治教育更具针对性，可以使我们的教育者和受教育者围绕中心、突出重点、整体推进。确立了主题，大学生思想政治教育就有了方向感，学校各相关部门，如宣传部、学生处、团委、关工委、各学院就能切实围绕主题，结合学生实际开展系列活动。确立了主题，学校就能形成大学生思想政治教育的整体氛围，全员、全过程、全方位育人的目标就更容易实现。

（二）系列主题教育活动要围绕中心、遵循规律

中央16号文件提出了加强和改进大学生思想政治教育的主要任务，这为系列主题教育活动的任务、要求指明了方向。当前的系列主题教育活动应遵循大学生思想发展规律和社会发展要求，从学生的实际需求出发，体现时代性、教育性和针对性，强调知行合一，讲求教育效果。

（三）系列主题教育活动要持之以恒、不断总结、大胆创新

开展主题教育活动的最终目标是要不断提高大学生的思想道德素质和综合素质。这一目标不可能通过几次活动或几次学习就能达到，所以我们在开展活动的过程中，要围绕主题不断地进行强化、修正，特别是要从大学生实际出发制订长期的规划。为了适应社会的发展、多元文化的交融、大学生新特点的形势，我们还需要不断总结，深入研究和探讨，不断创新内容和形式。

高深理论主题化，思想教育活动化，做到既立意高远，又贴近生活，既高屋建瓴，又落地生根、枝繁叶茂。回顾近些年持续开展的主题教育活动，我们看到校园内涌现出了一大批优秀的大学生。更可喜的是我们看到了通过这些主题，我们的校园充满了积极向上、青春文明的气息，这些气息必将滋养每一位学子，必将塑造一大批政治素质过硬、专业素质扎实、综合素质全面的优秀大学生。

（本文为江苏大学报送江苏省高校宣传思想工作会议交流材料）

有效加强高校贫困生思想政治教育的途径探析

随着我国高等教育体制改革的不断深入和发展,高校贫困生已经成为了一个独特的群体。高校辅导员在工作中要针对贫困生的思想现状,积极创新途径,开展有针对性的思想政治教育工作,推动高校帮困助学工作的健康、协调、可持续发展,最终实现贫困生的全面发展、健康成长。

一、高校贫困生的现状

高校贫困生是指普通高校中家庭贫困,没有能力缴纳学费,日常生活没有保障,基本生活费用难以达到学校最低生活保障线的一类大学生。根据教育部的调查统计,目前全国普通高校中贫困生占在校生总数的 15% ~30%,其中经济特别困难学生所占比例为 8% ~15%。

(一) 贫困原因

高校贫困生是 20 世纪 90 年代中期出现的一个特殊群体,目前贫困生人数和比重还在呈现快速增长的趋势。据有关调查显示,产生贫困生的主要原因有:来自老、少、边、山、穷地区的农村家庭,这些家庭基本靠务农维持生活,加上自然条件恶劣、经济收入来源少,很难支付孩子的学杂费,如果遇上天灾人祸就更是雪上加霜;多子女,很多落后地区不能很好地实行计划生育,多子女现象比较普遍,本来经济不富裕,要维持几个孩子同时上学就更加困难;家庭变故,一些家庭突遭变故,缺少经济来源或经济负担严重,难以支付孩子的学杂费。

(二) 思想问题

应该说当前高校贫困生思想政治状况的主流还是比较积极健康的。他们有着坚定的政治信仰,热爱党、热爱祖国;他们有着顽强的意志,勤奋刻苦、坚忍不拔;他们有着积极乐观的心态,敢于正视现实、接受现实;他们有着远大的理想和目标。绝大部分贫困大学生都具有吃苦耐劳的优秀品质,健康向上,能以比较客观的心态来看待自己的现状。但是也有一些贫困生存在比较明显的思想问题,如理想信念不够坚定,感恩意识缺乏,诚信意识不够,存在"等、靠、要"的思想,进取心不强。因此,我们要认识到加强高校贫困生思想政治教育的重要性和紧迫性。

(三) 心理问题

面对来自经济等方面的多重压力,加上特殊生活经历的影响,一些贫困生在心理上承受着巨大的压力,逐渐产生自卑、焦虑、抑郁、孤僻等一系列心理问题,也就出现了与"经济贫困"相对应的"心理贫困",成为经济和身心的"双困生"。个别贫困生由于长期以来的自卑、孤僻,平时不善于与周围人进行交流,把自己与其他同学隔离起来。这样的学生一般没有什么知心朋友，甚至遇事都找不到一个倾诉的对象，对集体活动更是避而远之，把自己长期封闭在一个寂寞、偏僻、孤独的角落里；面对社会上的某些不公平现象，常有仇视的看法；面对双向选择的就业政策缺乏自信，不敢很好地展示与推荐自我，不能主动积极地面对就业的竞争。

（四）学习问题

大部分农村家庭的贫困生从小就明白，家里供自己上学很不容易。上大学后，这些贫困生想尽办法，通过好好学习获取奖学金，或者通过其他的兼职渠道等，尽量减轻家庭的负担。因为他们深深明白读书不仅是获取知识的途径，也是他们今后走出贫困的重要手段。因此，他们通常学习目的明确，态度端正，上进心强，对自己要求严格，学习非常刻苦，表现出“人穷志坚”的韧性，通常都能取得优异的成绩。但事实表明，也有一些贫困生不明确学习目的，对自己所学的专业知识不感兴趣，学习不刻苦，成绩较差，怨天尤人，最后出现成绩挂科的现象，有的甚至最后不得不放弃学业。

（五）生活问题

国家为了保障贫困生顺利完成学业，出台了一系列奖、助、贷等补助政策，但由于种种现实原因，并不是所有的贫困生都能顺利通过申请。中国青少年发展基金会的一位官员曾尖锐地指出：如果说高考是进入大学校门不可回避的门槛，那么对于那些贫困家庭而言，大学学费则是另外一道不可逾越的隐性门槛。一些贫困生每年开学的时候只带来一部分的学杂费或者几百元的生活费，而且这些钱还是向亲戚朋友借的。绝大部分贫困生都生活俭朴，计算好如何花每一分钱，当然也有些贫困大学生过分向往富裕的物质生活，经不住各种各样的物质诱惑，有很强的攀比心理。

二、高校贫困生思想政治教育的现状

当前，高校已充分认识到了加强贫困生思想政治教育的重要性和紧迫性，也在采取积极的措施来关注这个特殊群体，并取得了一定的成效。但是，目前在贫困生思想政治教育中存在的一些问题还是比较明显：第一，大家对贫困生落实经济帮扶已经形成了共识，这也是改进高校贫困生思想政治教育的物质基础。因此，要积极拓宽帮扶渠道，为贫困生争取多种形式的经济支持。但目前高校贫困生的数量在逐年增加，相比较而言，为贫困生提供的经济支持显现出一定的问题，比如：资助渠道不宽，仅仅局限在校内，校外的渠道比较少；资助力度不大，为了让更多的贫困学生享受到资助，只能把有限的资助金额拆分给许多学生，不能从根本上解决问题，而且资助的形式相对比较单一。第二，目前高校贫困生思想政治教育工作缺乏稳定的机制保障，经常处于被动的局面，显示不出工作的系统性和长期性。高校贫困生的思想政治教育工作是一项长期、系统的工程，需要辅导员针对不同的贫困生有针对性地进行长期的引导。但是目前学校工作者仍没有对贫困生形成足够的关注，工作往往浮于表面，疲于应付，缺少有意识的引导，缺乏个性化指导。第三，政府和高校对高校贫困生问题的认识存在一些误区。一般都比较重视对贫困生的经济帮扶，认为解决了经济问题就万事大吉了，而往往忽视贫困生的心理问题，缺少人文关怀，不能从根本上改变贫困生的思想政治教育的现状。

三、加强高校贫困生思想政治教育的途径和方法

辅导员是高等学校教师队伍的重要组成部分,是高等学校从事德育工作、开展大学生思想政治教育的骨干力量,是大学生健康成长的指导者和引路人。辅导员要充分发挥桥梁和纽带作用,关注他们的思想、学习、心理和生活状况,把握他们的思想脉搏,通过组织开展有针对性的励志类活动,不断加强引导,发挥他们的积极性和主动性,不断提高他们自我教育、自我管理、自我服务的能力,从而增强贫困生思想政治教育的效果。

(一)积极落实经济帮扶

加强高校贫困生的思想政治工作是大学生思想政治工作的重中之重,但仅仅做好意识形态的思想政治工作,不与解决具体困难相结合是难以取得良好效果的。因此,辅导员要认识到坚持解决思想问题与实际问题相结合的重要性。近些年来为了帮助这部分学生顺利完成学业,政府、教育部门、社会与学校共同努力,投入了大量的人力物力,基本建立起了一套相对完善的经济救助机制,取得了一定的成效。高校对贫困生的资助工作初步形成了以国家和生源地助学贷款为主体,包括助学金奖学金、勤工助学基金、特殊困难补助、临时困难补助和学费减免在内的比较完善的助学体系。辅导员要全面掌握这些政策动向,要把工作做细、做实,把每项政策都宣传到位,让所带的每一个贫困生都能清晰了解享受每项资助政策需要具备的条件以及需要办理的手续;根据不同的贫困个体以及不同的贫困程度,帮助其找到最合适的路径来解决问题,避免有些贫困生因为不能很好地理解国家政策而错失一些机会。

(二)增强理想信念教育

应该说"80后"贫困大学生思想政治状况的主流是积极、健康、向上的。他们同样对祖国有着深厚的感情,积极拥护党的路线、方针、政策。但是在社会贫富差距不断拉大、社会物质欲望不断增强的同时,有些贫困生表现出了一些不容忽视的思想问题:部分贫困生不能正确认识造成自身贫困的原因,产生了对党和社会的怨恨情绪,产生了"仇富"心态;有的贫困生过分沉溺于自己的不幸,看不到光明的未来,缺乏战胜困难的信心;有的甚至埋怨命运的不公,对周围的人或事产生抵触或敌对情绪。辅导员要在日常工作中,有意识地加强对贫困生群体的理想信念教育,通过开展专题讲座报告、面对面地谈心,宣传身边优秀的典型,逐步培养他们正确的政治态度、道德观念和价值取向,使他们健康成长。

(三)加强心理健康教育

与一般学生相比,贫困家庭的学生因为较为艰难的人生经历而容易产生自卑、孤僻、偏激的心理。因此,辅导员对贫困家庭学生的思想教育必须要有针对性,要在平时的接触过程中积极关注其心理状况,通过单独面谈或者侧面了解情况,在充分了解他们的心理状况后及时给予引导和帮助,让他们坦然面对现实。目前,高校相当一部分辅导员都经过了专业心理课程的学习,也具备了一定的心理指导能力,更加了解贫困生的心理。辅导员可以通过开展有针对性的班团活动,了解他们的内心需求,尊重他们的人格,营造充满爱心和尊重的氛围,缩短贫困生和教师以及其他学生间的距离。对存在个性心理问题的学生及时给予关注,在自己不能解决问题的情况下及时转到校心理健康教育中心。

（四）开展社会实践活动

现有的思想观念和途径手段已经不能满足当前教育的需求，辅导员应该根据贫困生的实际情况，积极探索贫困生思想政治教育工作的新方法、新手段，积极创造条件，与校内外相关部门联系组织贫困大学生参加必要的社会实践活动。有些兼职团委工作的辅导员，可以为他们搭建一些平台，组织开展一些社会实践活动，如青年志愿者活动、专业调查、实习活动、社会兼职等，让贫困大学生在社会实践活动中受教育、长才干。贫困生可以通过积极参加社会实践活动，增进对社会的认识，学会奉献，学会在实践中反思自身的不足，提高自己的综合素质，增强适应社会的能力，增强社会责任感，较快地实现"校园人"向"社会人"的转变。

（五）引导参加勤工助学

为了扶持和帮助贫困生顺利完成学业，许多高校相应设立了贫困生勤工助学岗位。辅导员一般比较了解自己所带贫困生的贫困程度，也了解学校勤工助学的岗位设置和政策。对于一些特别困难的学生，辅导员应积极帮助他们联系勤工助学的岗位，使他们用自己的劳动的报酬来解决自身困难，同时也在工作的过程中不断提高自身的能力。针对很多贫困生在学校没有广泛人脉的情况，辅导员要尽可能帮助他们寻求岗位，不但关注校内的岗位，有机会还要积极开辟校外的岗位，给他们提供较多的机会锻炼自己，以暂时解决经济上的困难。

（六）积极体现人文关怀

学生干部和学生党员是学生中的骨干力量，平时在学习、生活上接触这些贫困生的机会较多，对贫困生也比较了解。在日常的学习和生活中，学生干部对贫困生的帮助和关心显得尤为重要，他们通过努力可以成为贫困生的朋友，帮助贫困生解决生活、学习中遇到的各类困难，也能在第一时间把贫困生的状况反馈给教师。高校应建立学校—辅导员—学生干部、学生党员三位一体的人文关怀网络，使广大贫困生在学校里能时刻感受到来自教师和同学的关怀，不但在生活、学习、经济上得到帮助，而且内心感受到温暖，这对贫困生的健康成长有很大的作用。

（七）加强诚实守信教育

"80 后"大学生的诚信问题曾一度成为媒体评论的对象，也曾受到社会舆论的强烈拷问。辅导员要认识到深入开展大学生诚信建设活动的重要性，结合社会主义荣辱观的学习教育活动，引导学生树立"以诚实守信为荣，以见利忘义为耻"的观念和意识。要在建设校园文化和培育大学精神中突出诚信的地位，通过开展各种形式的主题班会、主题团日，以及观看主题教育片、组织专题讲座等活动，使贫困生在日常生活、学习中潜移默化地树立牢固的诚信意识，养成坚定的诚信品格。

（八）加强职业生涯教育

在高等教育大众化的背景下，大学生职业生涯规划和思想政治教育是紧紧捆绑在一起的，以大学生职业生涯规划作为切入点，开展个性化的有针对性的思想政治教育工作，有利于不断增强思想政治教育的针对性和实效性。针对当前严峻的就业形势，加强对贫困大学生的职业生涯规划教育显得尤为重要。进行有效的生涯规划教育，可以让贫困大学生找到奋斗的目标，增强就业竞争力，为以后拥有一个美好的前程做好铺垫。辅导员要引导贫困大学生充分认识自我,客观分析自我,根据自身特点做好职业生涯规划,做好足够的心理准备。要让他们在正确认识自我的情况下进行就业心理调试,培养良好的自我意识,树立科学的“三观”,在遇到就业的挫折时不气馁、不灰心,始终保持乐观的心态,以平和的心理、健康的择业观从容走上社会。

贫困大学生思想教育已经成为辅导员重点关注的问题,辅导员应该把这项工作贯穿于工作的始终,把对贫困大学生的思想教育当成一项长期的系统工作来抓;要在细致的工作中、在点滴的关怀中使贫困大学生保持健康的心态,拥有感恩的心,不断提高自身的综合素质,以优异的成绩回报家庭、回报社会,这对促进校园稳定、社会稳定,构建和谐社会具有积极的意义。

(本文发表于《教育与职业》2010 年第 29 期,作者:江苏大学徐惠红)

建立教育管理科学机制 服务大学生成长成才

教育部2005年新颁布的《普通高校学生管理规定》不仅具有时代性、创新性,而且体现了科学化、法制化、人性化的学生教育管理理念。江苏大学(以下称"学校")以贯彻实施新《规定》为契机,在学生教育管理工作中逐步树立了新理念、建立了新制度、形成了新秩序,学生教育管理工作呈现出欣欣向荣的景象。

一、孜孜以求——学生教育管理理念的创新

理念的创新是教育管理创新的前提。新《规定》强调高等学校应"以人才培养为中心,促进学生德、智、体、美全面发展"。

围绕这一目标,学校的学生教育管理坚持以下原则:(1) 以德育为先。对大学生的理想、信念、道德提出明确的要求。(2) 以育人为目的。努力调动学生内在的积极因素,促进学生形成良好的学习习惯、生活习惯和行为习惯。(3) 以服务为主。为学生的成长成才提供良好的服务,力争让学生满意、家长满意、社会满意。

经过近些年的实践探索和理念提炼,学校已形成了富有特色的学生教育管理理念:以人才培养为根本,以素质教育为主线,以学风建设为重点,不断完善"以修身为基础,以学业为中心,以就业为导向"的培养体系;遵循大学生的成长规律和教育规律,创造尊重、理解、支持、沟通、和谐的人际环境;强化学生的主体意识、成才意识,积极引导大学生勤于学习、善于创造、甘于奉献,努力培养有高度社会责任感、有较强的社会竞争力与创造力、德智体美全面发展的社会主义事业的合格建设者和可靠接班人。

二、稳步推进——学生教育管理机制的创新

通过几年的努力,学校学生工作已经形成了一整套科学的规章制度、完善的校内外联动机制、严密的信息畅通网络。

1."校院二级管理制"。强化学校对学生工作的宏观调控能力,实行学生工作校院二级管理模式,严格检查督促与考核。

2."完善制度、规范程序"。修订完善《江苏大学学生手册》及一系列规章制度,严格按章办事,确保学生各项事务处理及时、公平公正。特别是在学生的评奖评优、学生处理、毕业生就业推荐、省委选调生的选拔、困难学生资助等工作操作中做到了公开、公平、公正。

3."教育管理联动机制"。(1) 建立"学工—教务联席会议制"。及时沟通教与学两方面的信息,合力共创优秀学风。(2)"学工—宣传—保卫—后勤联动机制"。加大校园文化环境建设和周边环境的综合治理,努力创造良好的育人环境。(3)"学工—后勤集

团一学院的公寓管理联动机制”。切实加强学生公寓区的管理与服务,创建安全文明社区。

4. “信息渠道畅通制”。长期坚持处长信箱每日回复制、处长双周接待日制度、每月学生座谈会制度、夜间和节假日值班制度,及时做好学生中热点问题的疏导工作。

三、力求实效——思想政治教育内容的创新

学校一直致力于探索新形势下大学生思想政治教育的内容,力求思想政治教育的内容新颖、富有吸引力、针对性和实效性强。

1. “主题教育”。学校每年确定一个思想政治教育主题。举办过“爱国爱校爱科学、求知求真求创新”(2004 年)、“理想、修身、成才”(2005 年)、“感恩、责任、奉献”(2006 年)、“知荣辱、强素质、促和谐”(2007 年)主题教育活动,有效地帮助学生树立正确的世界观、人生观、价值观和荣辱观。

2. “修身教学”。学校充分认识到优良的道德品质在大学生思想政治教育中的重要位置,于 2002 年明确提出把文明修身作为思想政治教育的基础内容,持续实施了“大学生文明修身工程”、“四文明”创建活动以及《大学生修身要揽》、《大学生活提示》①的教学。

3. “大学生人生发展导航工程”。学校对不同年级的学生思想政治教育进行系统规划。对一年级学生重点进行修身教育、适应大学学习生活教育;对二年级学生重点进行科学的学习方法教育;对三年级学生重点进行创新能力、实践能力的培养;对四年级学生重点进行正确的职业观、就业技巧教育。贯穿 4 个年级的“健康、快乐、成功”心理健康教育与“励志成才”系列教育,倡导健康的生活方式,培养学生积极乐观的生活态度。

4. “大学生自律承诺”。2004 年 10 月,学校开全国高校之先河,与新生签订了“自律承诺书”,新生的家长作为见证人,在自律承诺书上签了名,承诺书内容涉及学生日常的学习、考试、生活、言行举止、人际交往等方面。自律承诺书的形式更符合青年的心理特征,对新形势下的教育管理工作具有积极的借鉴和启示意义。②

5. “三诚信教育”。2004 年起学校持续开展“诚信考试、诚信贷款、诚信就业”3 个方面的教育。组织了“诚信万人签名”、“无人售水”、“无人监考班级”、“还款承诺宣誓大会”等形式多样的诚信教育活动。对还款不良毕业生的曝光,引发了“国家助学贷款路在何方”的大讨论。③ 针对少数学生随意违约、“简历注水”等现象,广泛开展诚信就业教育。

6. “家长课堂”。2004 年起学校为新生家长开设“新生家长课堂”,在寒暑假期间到生源地举办“移动家长课堂”。“家长课堂”上,每位家长还领到了一系列的“教材”,包括《学生成长家长导读》、《大学生修身要揽》、《大学生活提示》、《警钟长鸣——学生违纪典

① 这两本书是江苏大学在学生工作第一线的、具有大学生思想政治教育实践经验与理论水平的同志,在对当前大学生思想道德修养状况进行充分调研的基础上,经过多年的努力编著而成的。这两本书已于 2005 年在校全体学生中进行课堂教学,同学们普遍反映其内容针对性强,贴近实际,贴近生活,使自己受益颇多。

② 《中国教育报》2006 年 3 月 12 日第 3 版对江苏大学“大学生自律承诺”进行了整版报道。

③ 此举在全国高校乃至全社会产生了广泛影响,中央电视台新闻频道《共同关注》栏目、中央电视台财经频道、江苏电视台教育频道、《中国教育报》、《新华日报》及新浪网、新华网等全国各大媒体对此作了深入报道。这是江苏大学为遏制国家助学贷款违约行为、打造大学生诚信形象而推出的一项新举措。

型案例》、《大学生助学导刊》等小册子。这些“教材”都是学校结合多年的学生教育管理实践撰写的，小册子中对家长如何配合学校教育、培养子女提出了一些建议与忠告，受到家长的好评。

四、积极探索——学生教育管理途径方法的创新

随着高等教育改革的不断深入，“命令型教育管理”正逐步转向“服务型教育管理”。学校教育管理牢固确立“育人为本”、为学生全面发展服务的思路，建立了学生教育管理的六大服务体系。

1. “优质就业服务体系”。(1)“就业指导全程化”。建立了全程化的就业指导体系，开设“职业生涯设计”选修课，引导学生早日关注自己的职业问题，真正做到了就业指导在时间上的“前移”。(2)“创新创业基地建设”。2002 年，学校率先成立了大学生创业学校，对大学生开展创新创业的教育、训练和指导，使大学生有创意、能创造、善创业，拓展毕业生就业思路，提高他们的就业竞争力。(3)“就业服务多样化”。不断更新充实就业网和五大信息库，及时通过《就业之窗》、就业信息橱窗、短信平台、电子信箱、就业信息查询室等为毕业生提供服务。(4)“就业基地建设”。依据学科优势与众多知名企业建立了 500 余家就业基地。与地方人事、卫生和教育主管部门合作建立了 50 余家就业工作站。

2. “学生成才提升体系”。通过团校(一年级)、21 世纪人才学院(二年级)、21 世纪人才学院提高班(三、四年级)，制订因材施教的思想政治教育培养方案，培养政治坚定、知识宽厚、能力全面、素质优良的人才。加强学生科研能力的培养，开展科技立项和课外科技活动，培养具有创新精神、创业意识、创新能力的人才。

3. “助困树人服务体系”。(1)“助困温暖工程”。2005 年各类助学贷款、奖助学金共计 2 655.74 万元，2006 年达 2 806.22 万元。① (2)“扶贫励志工程”。在给予家庭经济困难学生经济资助的同时，给予其心灵上的关爱与温暖，开展了“给我一个家”孤儿帮扶、“励志之星”评选等活动引导贫困生健康成长、励志成才。(3)“绿色通道”。即规定家庭经济特别困难的新生，在提交相关证明后可缓交全部或部分学费，入学后可获得相应资助。学校确保每一位特困生能顺利入学，每年约有 500 余名新生通过“绿色通道”顺利入学。

4. “心理健康服务体系”。认真做好学生心理健康状况调查与摸底，建立信息资源库，建立相应的监控机制，使得学生中的心理问题得到早发现、早介入、早干预、早缓解，避免因心理问题引发的重大事故。

5. “学风建设提升体系”。(1)“学习辅导系列活动”。近年来学校，开展了多项学风建设活动，如“学习从‘新’开始”系列活动、“我们相约考研”考研辅导系列活动、毕业生“感恩母校，共享成功”系列活动。(2)“五项制度”。严格执行早操制度、晚自修制度、迟到登记制度、课堂考勤制度和班主任、辅导员听课制度，督促学生养成良好的学习生活习

① 江苏大学被邀请参加教育部2006年第10次记者招待会，介绍国家助学贷款工作的相关做法与经验。2006年12月，学校被江苏省推荐向财政部专题汇报助困工作，受到财政部领导的高度赞扬。江苏教育电视台对江苏扶困助学工作进行了专题报道。

惯。(3)“优良班风创建”。2006年出台了《江苏大学优良班风建设评比指标体系》,该指标体系由思想道德素质培养、学风建设、班级组织建设、宿舍建设和团学活动等5项一级指标及政治学习情况等18项二级指标构成,基准分为150分。(4)“校园文明建设”。学校特别注重加强对学生在校外网吧上网、晚归不归的检查力度,每年相关检查100余次。

6.“安全保障体系”。(1)“安全第一,预防为主”。广泛开展法制教育、安全教育、自救自护教育,培养学生的法制意识,提高学生的安全防范意识和防范能力。(2)“公寓安全管理制度”。加强对学生宿舍安全的检查力度,完善宿舍信息卡制度,完善突发事件的应急预案,加强管理人员处理突发事件能力的培训,努力打造平安、和谐校园。

五、保障到位——学生教育管理队伍建设的创新

一支综合素质高、业务水平精、敬业精神强的学生工作队伍确保了学校学生教育管理工作有序、高效、高水平的运作。

1.“大学生职业生涯教育研究中心”。学校成立了“大学生职业生涯教育研究中心”,激励辅导员从事学生思想政治教育理论研讨与实践探索,鼓励其向专家化、职业化方向发展。

2.“健全的辅导员队伍建设制度”。学校制定了《江苏大学专职辅导员管理条例及考核办法》,完善了辅导员队伍的目标管理、制度管理、监督检查和考核奖惩,实行了辅导员工作月报制、听课制、参与学生干部例会制、听取专业教师反馈意见制。

3.“教授担任班主任制、教授学业咨询制、选聘兼职辅导员制”。学校全面推行教授担任班主任制和教授学业咨询制,从优秀研究生中选聘兼职辅导员。教授、优秀的研究生参与学生的教育管理,有效地帮助了学生,特别是解决了学生关于知识学习的疑问,使广大学生掌握了科学的学习方法。

总之,为适应时代的要求和高等教育内外环境的变化,大学生的教育管理工作必须树立创新的理念,创新教育管理的内容、方式和途径。为此,我们积极探索、大胆创新、孜孜以求,全面推进大学生教育管理工作,源源不断地为社会培养了全面发展的合格建设者和可靠接班人。

(本文为江苏大学报送2008年江苏省高校宣传思想工作会议交流材料)

流程再造理论在高校学生教育管理中的应用研究

一、问题的提出

20 世纪 90 年代末以后,随着高校办学规模的迅速扩大,中国高等教育以前所未有的迅猛势头跨越式发展,完成了从精英教育向大众化教育的转变。高等教育大众化的不断深入和高校"完全"学分制的推广实施对遵循人才培养规律、强化"以人为本"教育理念、实现学生个性化教育与综合素质培养提出了更高的要求,地方高校学生教育管理工作面临着诸多新的课题和挑战,如大学生整体素质水平参差不齐、学生个性特点更加突出、学生教育管理工作推进更加困难等。在这样的背景下,原有的学生教育管理工作体制中那种过分强调意志统一、要求学生绝对服从的模式,极大地制约着学生的主体性和创造性,压抑学生个性的发展,在很大程度上甚至影响着高校人才培养的水平和质量。改革近乎成为一种期待。

自 1990 年美国著名管理学家迈克尔·哈默首次提出企业流程再造的概念以来,一种新型的组织形式——流程型组织和业务流程再造(Business Process Reengineering,简称 BPR)的观念和方法逐渐在各国企业界传播。国外不少大中型企业通过 BPR 的实施,取得了提高效率、效益和顾客满意度的效果。近年来,我国一些教育家也开始运用流程再造理论来审视教育领域的诸多问题,如教育模式创新、学校组织创新、教学管理改革等,他们认为在教育领域也应该进行流程再造。本研究尝试在高校改革的众多内容中选择学生教育管理这个点引入流程再造理论,并结合高等教育的新形势、新要求,对高校学生教育管理流程模式进行优化设计。

二、研究现状

(一) 国外高校学生教育管理流程再造研究现状

国外较早地将流程再造和教育联系在一起的研究主要有:美国学者 David Hargreaves 运用流程再造观点构造了再造后的校园模式①;Caldwell 提出了学校进行流程再造的 8 项因素②。在实践上,国外高校伴随着时代的发展、社会的变化而变革后,显现出具有代表性的高校学生事务管理模式,大致可以归纳为 3 种:内部事务型模式(如美国高校)、外部事务型模式(如德国、法国高校)、混合型模式(如日本高校)。③

---

① Gerstner Louis V. *Reinventing Education: Entrepreneurship in America's Public Schools*. Plume, 1995.

② Hargreaves D. *The Mosaic of Learning: Schools and Teachers for the Next Century*. Demos, 1994.

③ 储祖旺:《高校学生事务管理教程》,科学出版社,2009 年。

（二）国内高校学生教育管理流程再造研究现状

国内关于高校学生教育管理流程再造的研究资料不多，在期刊论文方面，在1999—2011年的中国期刊全文数据库中输入主题“高校学生教育管理”搜索，二次搜索输入主题“流程再造”后，有效文章仅3篇在录。第一篇是桂富强等的《论新时期高校学生工作管理创新》①，第二篇是戴卫明《高校教育流程再造：必要性及其策略》②，第三篇则是陈珠琳等的《国际化背景下的高校学生工作改进策略》③。这3篇文章都结合业务流程再造的理论，对高校学生教育管理进行流程再造的必要性展开分析，同时针对高校学生教育管理流程再造提出一些建设性的意见和建议。

在硕士学位论文中，在2003—2011年的中国优秀硕士学位论文库中输入主题“高校学生教育管理”搜索，二次搜索输入主题“流程再造”后，有5篇论文在录。如王宝泉的《高等学校学生管理信息化研究》④、陈徽的《基于业务流程再造的燕山大学学生管理信息化模式的构建》⑤、谢黎文的《高校经济困难学生资助管理模式研究与信息系统实现》⑥、王伟娇的《高校人力资源教育投资会计研究》⑦和杨伟杰的《基于工作流技术的高校学生工作流程重组与优化研究》⑧。这5篇论文都是对高校教育管理的研究，对本研究有一定的启发作用，但是都没有从全局的高度对整个学生教育管理的体制创新、模式转变、功能转换进行深入细致的分析研究。

由此可见，在将流程再造理论的核心思想与高校学生教育管理改革和创新的大局结合起来研究方面，还有待进一步的跟进。

三、高校学生教育管理流程再造的必要性及可行性

（一）高校学生教育管理流程再造的必要性

1. 从高校学生教育管理的发展历程看

2006年我国高等教育毛入学率达到21%，根据国际上按照高等教育毛入学率把高等教育分为3个阶段，即15%以下为高等教育精英阶段，15%～50%为高等教育大众化阶段，50%以上为高等教育普及化阶段的习惯分法，我国高等教育已进入大众化阶段。而随着我国高等教育大众化进程的推进，学生群体发生变化，学生工作的新领域不断出现，学生工作的功能也处于不断扩张和发展之中。“学生管理”不只在于“管理学生”还在于“服务学生”，高校学生工作模式要求发生变化。至此，具备更多内容、更具育人意识的新名称“高校学生教育管理”走上历史的舞台就成了必然。

---

① 桂富强，等：《论新时期高校学生工作管理创新》，《西南交通大学学报（社会科学版）》，2004年第1期。
② 戴卫明：《高校教育流程再造：必要性及其策略》，《湖南农业大学学报（社会科学版）》，2006年第6期。
③ 陈珠琳，林禄水，等：《国际化背景下的高校学生工作改进策略》，《学校党建与思想教育》，2009年第2期。
④ 王宝泉：《高等学校学生管理信息化研究》，华中科技大学硕士学位论文，2006年。
⑤ 陈徽：《基于业务流程再造的燕山大学学生管理信息化模式的构建》，燕山大学硕士学位论文，2010年。
⑥ 谢黎文：《高校经济困难学生资助管理模式研究与信息系统实现》，西南交通大学硕士学位论文，2006年。
⑦ 王伟娇：《高校人力资源教育投资会计研究》，华东师范大学硕士学位论文，2006年。
⑧ 杨伟杰：《基于工作流技术的高校学生工作流程重组与优化研究》，北京林业大学硕士学位论文，2010年。

2. 从现行高校学生教育管理的弊端看

根据目前国内针对高校学生工作展开研究的大部分资料归纳，高校学生教育管理的总体工作流程设置基本上是统一的“条块结合，以条为主”的科层式职能型流程模式①（如图1所示），再结合学生教育管理的各部门或机构对应管理范畴的功能关系②（如表1所示）来分析，可以看出其存在多头领导报告关系不清、多层传达长距离开展工作、多环节复杂绕弯解决问题等诸多弊端。这些弊端的存在已经成为了在新形势、新要求下高校学生教育管理工作上台阶、事业创水平的严重阻碍。

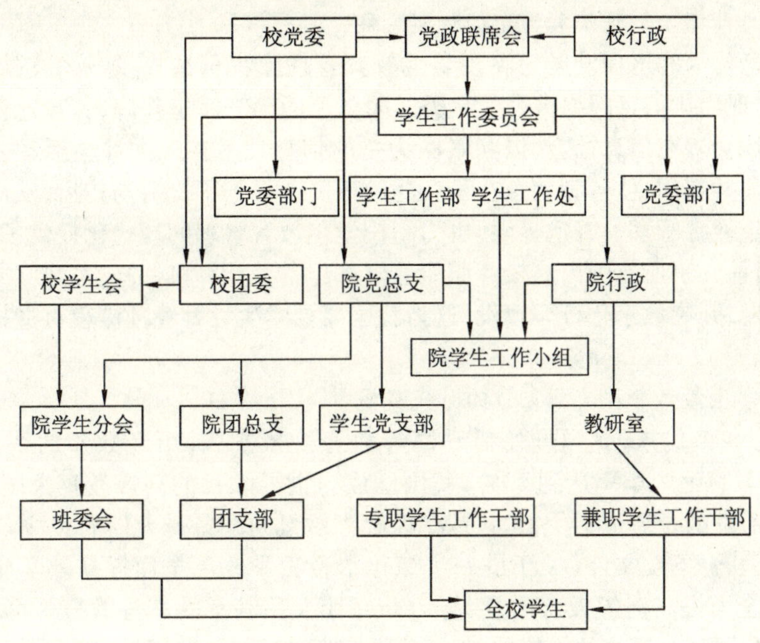

图1　现行高校学生教育管理工作流程

表1　高校学生教育管理与组织机构对应关系表

功　能	组织机构
学生辅导	学生工作处（部）
学生科技创新、社会实践、志愿者活动	校院团委
学生宿舍管理	后勤管理处（后勤集团）、学生工作处（部）
学生奖惩管理	学生工作处（部）、校团委
学生学籍、注册管理	教务处、学生工作处（部）
学习辅导	教务处、学生工作处（部）
学生饮食	后勤集团
学生资助	学生工作处（部）
学生组织和学生活动	校团委
心理辅导	心理咨询中心
学生生涯辅导与就业管理	学生工作处（部）（就业指导中心或就业办公室）
健康服务	校医院、心理咨询中心

① 储祖旺：《高校学生事务管理教程》，科学出版社，2009年，第123页。

② 蔡国春：《中美高校学生事务管理模式比较研究》，中国海洋大学出版社，2007年，第63页。

续表

功 能	组织机构
招生	学生工作处(部)(招生办公室)
学生安全教育与管理	保卫处
学生军训	武装部、学生工作部
学生体育活动	体育部

(二) 高校学生教育管理流程再造的可行性

1. 高校学生教育管理流程再造的现实条件

网络信息技术的迅猛发展为高校学生教育管理流程再造提供技术支持。以 Internet 为标志的现代化信息网络被誉为人类文明史上的第三座里程碑,其高速发展将人类带入了信息社会。在信息社会,以互联网为主的信息技术在人类社会活动之外缔造了一个虚拟的公共空间,使各种信息在最广泛的程度上得到了交流与传播,从而极大地延展了高校学生教育管理的时空界限,也为高校学生教育管理的现代化提供了技术平台。与此同时,目前几乎所有国内高校各职能部门都配备了计算机,并已经建立或正在建立自己的校园网,开展数字化校园建设,这为我国高校学生教育管理流程再造提供了现实的软硬条件。

2. 高校学生教育管理流程再造的时代契机

20 世纪 90 年代末,我国开始启动高等教育规模扩张,历经数年的快速发展,到 2007 年高等教育毛入学率达到 23%,我国已成为世界瞩目的高等教育大国。但是,由规模扩张而引发的矛盾也不少,尤其是高等教育质量问题备受人们的关注。2007 年教育部、财政部联合下发文件《关于进一步深化本科教学改革全面提高教学质量的若干意见》,号召全面提高高等教育质量,努力办好让人民满意的高等教育。可以说,提高质量正成为我国高等教育的主旋律,它无疑为我国高校学生教育管理带来了新的发展机遇。

四、高校学生教育管理流程再造

(一) 高校学生教育管理流程再造的总体目标

根据企业业务流程再造从关注顾客出发、充分利用 IT、实施流程优化、最终实现效益巨大飞跃的要求,高校学生教育管理流程再造的总体目标是:最终实现在指导思想上坚持马克思主义、毛泽东思想、邓小平理论、"三个代表"重要思想和科学发展观,在工作理念上遵循"以人为本",能够积极服务学校的人才培养目标,将教育、管理、服务三者融为一体的,具有多样化、便捷化、专业化特点的高校学生教育管理新模式。

(二) 高校学生教育管理流程再造的基本原则

业务流程再造对企业是极具挑战性的课题,对于高校来讲同样如此。为了进一步减小再造风险,对高校学生教育管理流程再造原则作简要概括。

1. 以学生为本的原则

高校学生教育管理流程再造的目的是实现工作开展从管理职能型向服务流程型的转变,最终能够真正做到以学生为中心,以更精细、更科学、更合理的教育管理,满足学生成长、成才的需要。这一转变是业务流程再造的本质所在。

2. 整体流程最优原则

在传统的分工原则下,人们关注的焦点是单个的工作或任务,而业务流程再造则需要彻底打破传统的劳动分工,实现学生教育管理的流程化。强调流程中每一个环节上的活动尽可能实现最大化增值,对不增值的过程进行判断,设计有效的手段,把资源投入到增值活动中去,达到整体流程全局最优的目标。

3. 机构扁平化原则

高校学生教育管理流程再造的关键之一就是组织机构扁平化变革,改造后的新型组织除了形成报告关系清晰、职责明确的机构构成外,还必须组建成专业化、专家化的流程团队,流程团队的成员必将是一专多能,专注于学生的培养工作,为学生带来所期望的效率,提供满意的工作服务。

4. 工作完整性原则

高校学生教育管理工作复杂繁重,但是均有章可循,实现关键流程工作的完整性,对学生来讲就意味着在某个点上就解决了他的烦恼。减少工作频繁交接、简单重复,不仅节省工作耗时,而且从另一个角度也会给学生以安全感、可依赖感,提高学生对学校教育的满意度。

(三) 高校学生教育管理流程优化设计

高校学生教育管理流程优化在宏观层面涉及两大要点:一是组织机构变革,一是关键流程优化。

1. 组织机构变革

组织机构变革是进一步理顺学生教育管理工作关系的需要,是高校学生教育管理职能由原来的行政命令型转向"窗口式服务"型的需要,这更是实现具体流程优化的前提,也是流程再造工作的关键性步骤。目前在组织结构上,我国大部分高校基本上都采取"条块结合,以条为主"的模式。这种模式能够在一定程度上确保学生教育管理部门整体的执行力,对不确定性事务和学生意外突发事件有一定的处置能力。但是管理内容交错,涉及层次过多,中间环节冗长,使得整个管理水平低下,教育管理效果不佳,而且在整个教育管理过程中突出体现的是职能型行政管理而不是流程型价值增值。所以推进学生教育管理组织机构的扁平化将成为学校学生教育管理改革与创新过程中的重中之重。

学生教育管理组织的扁平化,是根据工作的需要重新组合,形成功能专业化的新机构,实现系统整合和教育资源的重新配置。按照高校人才培养的总体目标,结合高校学生教育管理的基本要求,建议建立由主管学生教育管理的校党委副书记兼副校长领导的多个中心和办公室,直接面向全体学生开展教育、管理和服务活动(如图2所示)。如通过设立德育健康教育中心、生涯规划指导中心、学生素质拓展中心、学生资助中心、住宿管理中心、就业创业指导中心、学生工作办公室,将各部门涉及学生管理的工作,甚至学院中的一部分学生工作整合起来(实际上是要求职能型组织向职能流程型组织进而向流程型组织转变),使学生教育管理更直接、更快捷地面对学生,从而创造有利于培养学生主动意识、参与意识、民主意识的校园管理环境。

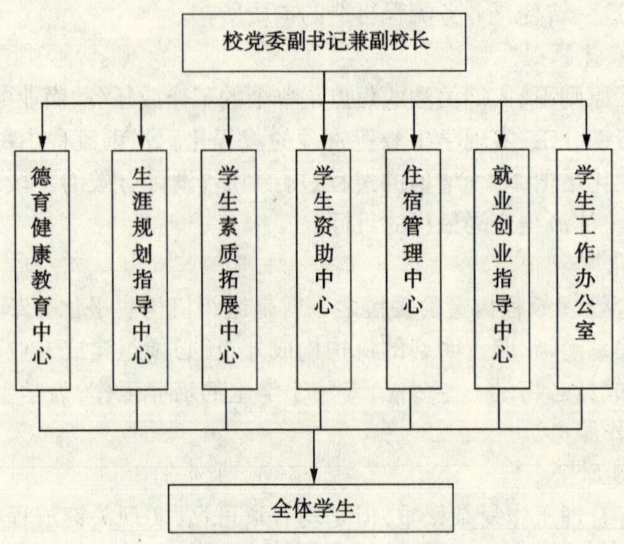

图 2　学生教育管理扁平化工作机构示意图

2. 关键流程优化

目前高校学生教育管理的组织结构模式，并不能体现出我们所提出的流程的真正内涵。事实上，根据高校学生教育管理的总体目标要求，按照学生作为"产品"从入校到毕业的总过程，我们可以找出高校学生教育管理的关键流程，如图 3 所示。

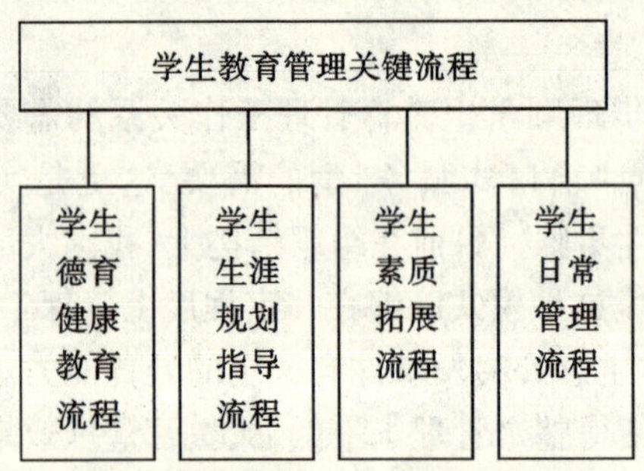

图 3　学生教育管理关键流程示意图

五、结论及展望

（一）结论

本文借鉴管理学科的研究成果，通过对高校学生教育管理内外部环境的分析，对高校学生教育管理模式优化进行了研究，得出以下一些结论：

第一，高校学生教育管理流程再造是提高高校学生教育管理绩效的必然选择。自从 20 世纪 90 年代以来，高校所处的外部环境发生了巨大的变化，高等教育全球化的趋势日益加强。同时，随着信息技术的不断发展，高校学生教育管理出现新的时代特点，这就给传统的基于劳动分工理论的高校学生教育管理工作提出了挑战。在这种情况下，变革是必然的，而利用 BPR 理论再造高校的学生教育管理流程是解决问题的妙方。

第二,高校学生教育管理流程再造必须以现有学生教育管理组织机构设置及其职能分工为基础。由于流程是“为完成某一目标或任务而进行的一系列逻辑相关的活动的有序集合”,要确认流程的具体结构和运行方式,需要从活动和活动之间的关系入手。但是,组织是以部门的分工为基础运作的,突出的是组织的职能而非流程。因此,要分析高校学生教育管理的流程,首先必须分析高校学生教育管理部门的职能分工,寻找出高校学生教育管理的主要活动,从而为高校学生教育管理流程再造打下基础。

第三,开展高校学生教育管理流程再造,给高校学生教育管理部门带来的主要挑战不在于理解和设计流程,而在于实施这些变革。在实施过程中,必须注意以下几个问题:学校高层必须直接领导再造;采取适当策略引导再造;必须获得高校相关职能管理人员的积极支持与参与;组建灵活的再造团队;专业咨询公司参与再造;建立完善的远景规划;再造过程中必须注意 IT 技术的应用。

(二) 未来研究及展望

由于高校学生教育管理流程再造是一个很庞大的研究领域,还有许多的技术问题值得深入研究。在本文的研究中,虽然有了基本的研究思路和初步构建的理论研究框架,但由于作者的知识和能力有限,相对于这个庞大的研究领域来说,一个人所做的工作还是远远不够的。一方面,笔者对所涉及领域的一些问题尚未进行更深入的研究,对于学生教育管理中的许多问题、许多因素还没有涉足和考虑。另一方面,虽然进行了局部考虑,但由于论文研究成果还未在高校学生教育管理中正式投入使用,因此论文的研究成果还需要在学生教育管理实践中进行进一步验证和完善改进。

就本研究来讲,未来还需要对以下几个方面的问题展开研究:第一,高校学生教育管理的核心流程及其流程关键点的量化选择问题;第二,高校学生教育管理流程再造各个阶段的评价指标体系设置问题;第三,高校学生教育管理流程再造方法的信息化实现问题。

(本文为江苏大学硕士研究生论文成果,指导教师:姚冠新,作者:钟小惠)

高校学生教育管理流程再造的必要性及策略

流程,就是工作的做法或工作的结构,它包含了事物进行的始末以及事物发展变化的经过,它是为了完成某一目标而进行的一系列逻辑相关活动的有序集合。[①] 企业流程再造的概念是在20世纪90年代由美国著名管理学家迈克尔·哈默首次提出的,其后再造理论不仅被国内外不少大中型企业运用实施,国外一些高校如麻省理工学院、淑明女子大学、伯克利加州大学等也通过运用流程再造理论改革学校管理,从而获得管理成本降低、管理效益和满意度提高、教学科研等核心工作运转更加流畅的改革效果。[②] 事实上,高校学生教育管理工作也是流程的有序集合,也需要进行流程设计。从流程再造的角度拓展高校学生教育管理的新思路,势必可以取得更好的教育管理实效。

一、高校学生教育管理流程的特点

与企业的生产经营相比,高校学生教育管理所进行的同样是将所需的人、财、物以及信息这4类传统要素按照既定目标,通过一定方式加以结合,转换成满足某一特定需要的另一种组合后进行输出,从而获得自身组织使命的充分完成(见图1)。高校学生教育管理基本活动及流程与企业基本活动及业务流程同样具备整体上的相似性(见图2),其特点表现为:(1) 目标性,即为高校人才培养服务,为学生成长、成才服务;(2) 整体性,即教育管理流程由多个活动组成,不同活动有多个流程;(3) 结构性,即各个流程、子流程均应有自己的结构形式;(4) 动态性,即活动过程动态有序,次第展开;(5) 层次性,即教育管理若干活动都包含着多个可分解的子流程。因此,将企业业务流程再造(BPR)理论和方法引入高等教育领域,进行适应高校特点的大学流程再造(University Process Reengineering,简称UPR)是可行的。

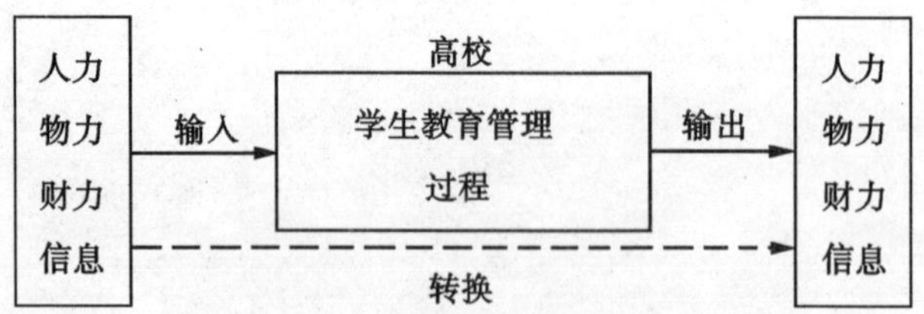

图1 高校学生教育管理要素转换示意图

① 钱梦勇:《以西安交大为对象的高校财务流程再造研究》,天津大学硕士学位论文,2005年。

② 丁烈云:《基于流程再造的高校管理改革探析》,《中国高等教育》,2007年第22期。

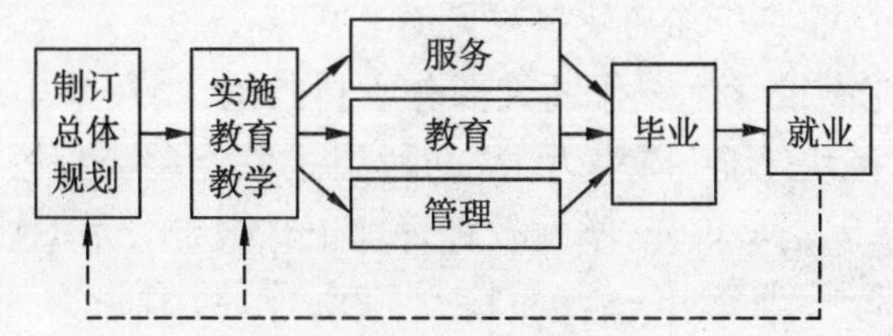

图 2　高校学生教育管理基本活动及流程示意图

二、高校学生教育管理流程再造的必要性

（一）高校学生教育管理新形势提出新要求

根据国内目前的研究，对于高校学生工作或称学生事务管理的产生和发展的历程大致有两种观点，都是四阶段论。这两种观点分别为：一是以蔡国春为代表的，即"新中国成立至'文化大革命'开始的 17 年——学生工作从属于政治工作；'文化大革命'时期——高校学生工作毁损于政治运动；改革开放至中共十四大召开——学生工作体系的重建与拓展；中共十四大召开至今——学生工作的改革与转型"的四阶段论。① 二是以储祖旺为代表的，即"我国高校学生事务管理的萌芽期（1978 年至 20 世纪 80 年代中期）；我国高校学生事务管理的探索期（20 世纪 80 年代末至 90 年代）；我国高校学生事务管理初步建立时期（20 世纪 90 年代末至 21 世纪初）；我国高校学生事务管理的全面发展时期（2006 年至今）"的四阶段论。② 无论是哪种观点，界定时间段上或有区别，但都认定现阶段我国高校学生教育管理已经进入了全面发展时代。而随着我国高等教育大众化进程的深入推进，大学生群体发生了变化，学生工作新的业务领域不断出现，学生工作的功能也处于不断扩张和发展之中，构建一种新型的、强调"顾客"（学生）满意的工作模式成为新时期高校学生工作的新课题。

（二）高校学生教育管理新形势要求有新理念

在我国绝大多数高校中，高校学生教育管理部门或相关管理机构的管理人员为了实现管理目标，往往通过"独断式"的单向活动开展工作，过分地强调管理者的权威，将学生定格为被管理者。在教育管理目标中体现着"以社会为本"的价值取向，或是强调学生的合时代特征性，或是强调学生的社会发展适应性，忽视学生的个性需要。在教育管理过程中体现着重管理、轻教育的"管治"思想，强调控制，强调目标自上而下的统一性，强调通过控制手段使得组织中的个体利益服从整体利益。这种"以社会为本"的价值取向和重管理、轻教育的"管治"思想，在某种程度上已经成为现阶段高校学生教育管理各项工作要求贯彻以人为本教育理念，服务学生成长成才、全面协调、可持续发展的严重滞绊。高校学生教育管理工作不只在于"管理学生"，还在于"教育、引导、服务学生"，第一时间内强调理念的转变也是实施后续各项改革的必然要求。

① 蔡国春：《中美高校学生事务管理模式比较研究》，中国海洋大学出版社，2007 年。

② 储祖旺：《高校学生事务管理教程》，科学出版社，2009 年。

（三）现行高校学生教育管理的执行模式需要变革

根据目前国内研究高校学生工作的大部分资料归纳，高校学生教育管理的执行模式设置基本上是统一的“条块结合，以块为主”的科层式职能型流程模式（见图 3）。① 在实际操作过程中存在诸多问题。首先，学生教育管理正式报告关系不够清晰。例如，我国高校的院系一级学生教育管理工作一方面接受院系领导，另一方面接受校学生工作处（部）、团委、研究生处（部）等职能部门的领导，“婆家”太多。其次，金字塔式的科层制模式流程太长。较长的链条上容易出现沟通上的失真现象；解决问题的信息流、价值流被置于各部门、无控制的分散状态。这种组织结构对学生需要的反应速度慢、组织运行成本偏高。最后，“块”状组织各司其职，流程的整体性要求得不到满足。无论是学院还是职能部门，只需要考虑自己一块的工作，缺乏全面性、系统性，工作开展的力度和效果良莠不齐。如一线的辅导员在“块”状化的工作推进模式下，工作繁杂，几乎“事事沾边”，消耗了大部分的时间和精力。这种现状也不利于辅导员队伍的专家化、专业化、职业化建设。

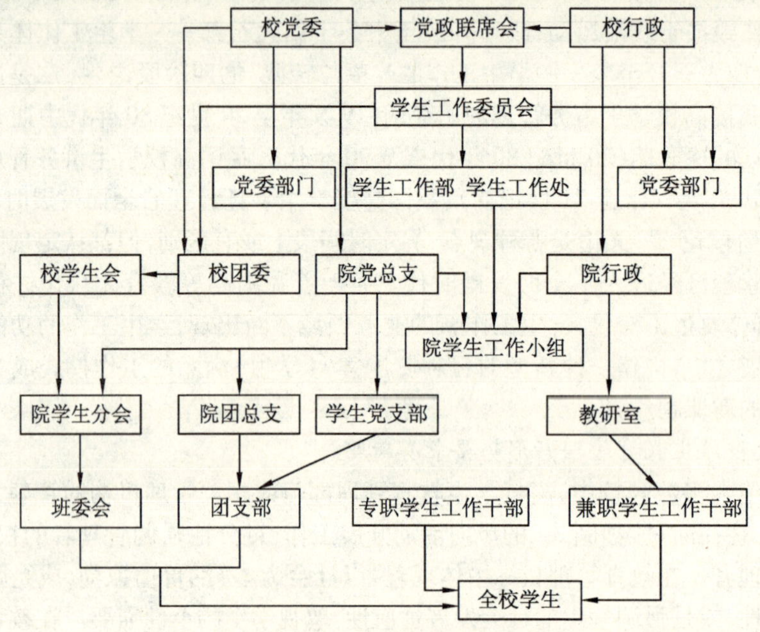

图 3 现行高校学生教育管理工作执行模式

从以上分析中可以看出，在高校学生教育管理改革中尝试实施流程再造工程是很有必要的。这是迎合了我国高校学生教育管理发展的新形势，适应了高校进一步转变育人理念、满足学生多元化成长成才的需要。这也是高校更好地实现为社会培养、提供合格适用人才的有效举措。实际上，清华大学、中国人民大学、中南大学、武汉大学等 10 余所高校已经开始了教育流程再造的步伐，有的学校已取得了初步的成果。②

---

① 储祖旺：《高校学生事务管理教程》，科学出版社，2009 年。

② 戴卫明：《高校教育流程再造：必要性及其策略》，《湖南农业大学学报（社会科学版）》，2006 年第 6 期。

三、高校学生教育管理流程再造的对策

高校学生教育管理流程再造是一项复杂的系统工程，特别是要“以人为本”，以学生个性化发展为导向，对每个学生“因材施教”，恐怕中国绝大多数的高等学校都很难做到。① 因此，在进行流程再造时，应根据自身的实际情况，循序渐进，分步推进。总体说来，应注意在再造理论指导、信息技术支持和组织、制度保障等方面提出相应的再造策略。

（一）深入理论研究，强化再造指导

国外较早地将流程再造和教育联系在一起的研究主要有：美国学者 David Hargreaves 运用流程再造观点构造了再造后的校园模式②；Caldwell 提出了学校进行流程再造的 8 项因素③；Collarbone 提出了教育流程再造是“反思、反思、再反思，在每个阶段不断根据获得的信息反思已完成工作的得失”④。国内高等教育界对 BPR 理论的研究刚起步，时间不长，深入研究不足，没有形成这方面比较成熟的理论，特别是关于高校学生教育管理流程再造的研究资料不多。进入中国知网，在 1999—2011 年的中国期刊全文数据库子库、2003—2011 年的中国优秀硕士学位论文库中输入主题“高校学生教育管理”搜索，二次搜索输入主题“流程再造”仅有 13 篇论文检索在录。这些文章都结合业务流程再造的理论，对高校学生教育管理进行流程再造的重要性、必要性等方面展开分析，同时也针对高校学生教育管理流程再造提出一些建设性的意见和建议。但是这些文章基本都没有从全局的高度对整个学生教育管理的体制创新、模式转变、功能转换等进行深入细致的分析研究，这样的现实对高校学生教育管理流程再造的实践尝试都是不利的。所以，在理论指导上，还要不断加大研究力度，最大限度地做到克服流程再造的盲目性和风险，以较低的成本实现高校学生教育管理流程再造的高效率和高效益。

（二）依靠信息技术手段，建立再造系统平台

根据应用的目标不同，流程再造大体有 11 类 71 种技术可以运用。其中有代表性的技术⑤有基准优化分析法（Benchmarking）、价值链分析法、建模与仿真优化技术、BPR 的软件开发工具、国际化定义法（IDEFO）等。笔者个人认为可以以较少的工作和代价加以利用且易出成效地利用到高校学生教育管理流程再造上的主要是基准优化分析法和价值链分析法。首先，作为一种管理技术，基准优化又可以称为标杆瞄准、标杆管理或者基准管理。曾任美国施乐公司首席执行官的戴维·T·科恩斯将基准优化定义为：“测评产品、服务和实践以应对最严峻的竞争对手或那些被公认为行业领先的公司的持续流程。基准优化是要永无止境地发现和学习，它能确认并评估最好的流程和工作绩效，并将它们与一个企业的现有流程结合在一起，提高其效果、效率和适应性。”开展基准优化活动有 3 个基本程序，简言之，就是认清自己弱点、了解对手优势、找到行动方案。对于一所高校来讲，分析出自身问题所在，拟定好目标，做细调研，最终形成合理化再造方案，应该具有很

---

① 戴卫明：《高校教育流程再造：必要性及其策略》，《湖南农业大学学报（社会科学版）》，2006 年第 6 期。

② Gerstner Louis V. *Reinventing Education: Entrepreneurship in America's Public Schools*. Plume, 1995.

③ Hargreaves D. *The Mosaic of Learning: Schools and Teachers for the Next Century*. Demos, 1994.

④ Davies B West, Burnham J. *Reengineering and Total Quality in Schools*. Pitman, 1997.

⑤ 梅绍祖，James T · C · Teng：《流程再造：理论、方法和技术》，清华大学出版社，2004 年。

强的可操作性。其次，价值链分析法。价值链是美国著名的战略专家迈克尔·波特在其著作《竞争优势》一书中提出来的。价值链分析法，通俗意义上讲，就是通过实现微观上的摈弃、改革与建设，最终获得整体价值的实现及飞跃。这种方法使用到高校中也有很强的建设性，因为虽然国家和社会对高等教育提出的总目标是一致的，但各高校的建设与发展都有各自的特点和优势，高校间学生教育管理的实际情况有所不同，所以在实施流程再造时选择的价值链的技术工具比较容易切合本校校情。再次，学生教育管理作为高校教育管理中的一部分，具有高校内部子流程性质。对于这样的流程在再造过程中使用价值链分析法确定增值或不增值流程应该是比较方便的。学校应充分利用流程再造技术和现代信息系统平台进行教育流程再造，建构起教育流程再造的信息技术支撑体系，有效地提高教育质量。

（三）扁平化机构变革，构建合理流程体系

高校学生教育管理流程再造的目标是通过再造高效、顺畅的流程，达到学生教育管理质量的全面提升，从而优质、高效地服务于高校人才培养。构建扁平化的学生教育管理组织机构，是开展流程再造的基础工作，也是根据实际的需要对系统功能的重新整合、对教育资源的重新配置。按照高校人才培养的总体目标，结合高校学生教育管理的基本要求，建议建立由主管学生教育管理的校党委副书记兼副校长领导的多个中心和办公室，直接面向全体学生开展教育、管理和服务活动。如通过设立德育健康教育中心、生涯规划指导中心、学生素质拓展中心、学业指导中心、学生资助中心、住宿管理中心、就业创业指导中心、学生工作办公室，将各部门涉及学生管理的工作，甚至学院中的一部分学生工作都整合起来（实际上是要求职能型组织向职能流程型组织进而向流程型组织转变），使学生教育管理更直接、更快捷地面对学生，从而创造有利于培养学生主动意识、参与意识、民主意识的校园管理环境。在充分实现组织机构扁平化的基础上，根据高校学生教育管理的总体目标要求，按照学生作为“产品”从入校到毕业的总过程，展开学生教育管理关键流程的分析与判断，找出高校学生教育管理的关键流程，围绕关键流程构建合理的大流程体系。

（四）建起绿色屏障，保障新流程运行

为了进一步保障高校学生教育管理新流程的有效运行，高校还必须构建起一系列良好的绿色屏障。第一，物质保障是基础。新流程的再造及运行，都是基于计算机技术高速发展这样一个平台，所以，要充分满足新流程的再造及良好运行，首先必须完善目前学校的校园网络设备并提高运营技术。第二，制度保障是核心。科学、合理的制度对任何工作的开展都是十分重要的。正如邓小平同志曾说制度问题更带有根本性、全面性、稳定性和长期性。因此，要充分实现高校学生教育管理新流程的现代转变，不能仅停留在思想观念层面，更要向制度层面转化，并通过相应的制度来构建良好运行的屏障。第三，队伍保障是重点。人是事务执行的主体，人的主观能动性的充分发挥往往能够最大限度地导向成功。所以，流程团队的合理规划和建设也是新流程得以高效、有力运行的重要保障之一。与此同时，逐步实现学生教育管理队伍的专业化、专家化、职业化也是学校对辅导员队伍建设提出的要求，而流程团队的形成也正好与这一要求吻合。第四，评价保障是支撑。良好的评价体系会不断促进工作向前推进。高校学生教育管理各个新流程的运行是否成功、是否需要改进、需要在何处改进等，都要通过科学的评价体系进行全面评价后方能显现优劣，所以，建立科学的评价体系实际上是对整个流程不断迈向最优化运行的阶段性判断，也是这项工作取得最终胜利的关键支撑。

（本文发表于《高校教育管理》，作者：江苏大学钟小惠　姚冠新）

实施“学业规划工程” 构建学风建设的长效机制

“学业规划工程”是江苏大学(以下称“学校”)进一步加强和改进大学生学风建设的新举措。近几年来,学校大力实施“学业规划工程”,紧密结合学生个体实际,围绕学生成长成才,充分调动学生学习积极性和主动性,激励学生勤奋学习,帮助学生厘清“为什么学、学什么、如何学”等问题,引导学生从“要我学”的被动走向“我要学”的自觉。此项工程已经成为服务学生全面发展与个性发展、夯实学生专业知识学习、提高学生创新思维能力的有效措施,成为引领学风建设的有效模式。

学校学生工作委员会多次对“学业规划工程”进行研究论证,于2008年在一、二两个年级的本科生中实施此项工程,2010年此项工程已覆盖全部本科学生。目前,“学业规划工程”已经成为全校4万余名本科学生圆满完成学业、提升综合素质、拓展个性发展的重要平台。在此项工程的引领下,全校学风浓郁,英语四六级通过率、考研出国率、就业率等均大幅提高。经过近几年的探索与实践,这一工程受到了学生的广泛赞同,现本科学生的参与率达100%。大部分学生都认为正是“学业规划工程”使他们坚定了发展方向、明确了学习目标、找到了学习方法、收获了丰硕成果,为他们走向社会或继续深造等打下了坚实的基础。

一、明确目标,科学导航学业生涯

“学业规划工程”既不是追求时髦的概念创新,也不是职业规划、人生规划的简单翻版,而是基于对青年学生特点和成长规律的科学认知、基于对学生进行学业规划的客观需要而提出的。

(一)引领学生不断进取

青年学生,特别是“90后”的大学生具有很多优点,他们自信、求知欲强、接受新鲜事物能力强、个性特征明显,但他们身上也存在承受挫折能力弱、反叛意识强、“目标时有时无、动力时强时弱”的情况。相关调查结果显示,很多学生在接受一次老师的教育或者聆听一场励志报告后,往往会产生非常强烈的发奋成才欲望,但这种状态持续的时间一般不是很长。因此,学校改变单纯依靠传统的“活动式”、“运动式”的激励方式,提出了实施系统化、科学化、全程化的“学业规划工程”。通过这项工程对学生持续进行指导、引导和激励,使学生的学习积极性、进取意识在“指导引导—实践—再指导(修正)—实践”的循环过程中得到不断的激发,引领学生奋发进取,从而促进学生的全面发展。

(二)引导学生个性发展

胡锦涛总书记在庆祝清华大学百年校庆大会上的重要讲话中提出希望同学们把全面发展和个性发展紧密结合起来。“学业规划工程”就是遵循“以人为本”、“个性发展”的理念,指导学生规划好自己大学阶段的学习、生活及工作等方方面面。在学业规划的实践中,学生在指导老师的帮助下,根据自己所学专业和个人性格、学科偏好、兴趣、特长等情况初步确定人生理想及职业规划,体现每个学生的"与众不同"。在此基础上,科学制订大学阶段的学业规划,并将目标任务分解至每学年、每学期、每月、每周,通过学生个体的实践对规划进行再调整、再实施,实现符合学生实际的个性发展目标。

二、系统部署,确保规划全面覆盖

"学业规划工程"是一项系统工程,涉及如何使学生确立合理的目标,如何激发学生学习的兴趣,怎样对学生进行个性指导等。学校设计了一整套完善的实施方案,确保每个学生都进行学业规划,确保每个学生都得到科学的指导。

(一)提升兴趣,激发学生成长的内生动力

一是课堂教学。学校将学业规划纳入教学计划,并设定为"必修课程",32 个课时,每学年 8 个课时。主讲教师由从事相关教学与研究的教师和辅导员组成。各个年级的组班方式和教学内容分别为:一年级按专业组班,课程内容为学业规划的一般知识、专业思想教育、专业学习方法指导、大学时间管理等。二、三、四年级分别按照兴趣、目标、技能等在学校教务选课系统中进行选课组班,分别就考研、出国、就业、创业等内容开展政策讲解和方法辅导。二是活动引导。学校充分发挥校园文化的熏陶功能,开展丰富多彩的校园文化活动,帮助学生提高学业规划的实践意识。学校开发了"学业规划多媒体课件"、"学业规划案例库"等公共资源。另外,针对不同年级学生开展相关活动,如在一年级开展"学习从'新'开始"活动、在二年级开展"学业指导教授大讲堂"活动、在三年级开展"考研与你相约"活动、在四年级开展"学术前沿与科研能力训练"活动等。通过课堂教学和活动引导,不断激发学生形成"我要成长成才"的强大动力。

(二)具体规划,指导学生成长的外在抓手

一是学校层面。学校每学期初进行学业规划部署,提出学业规划工作指导意见,对上学期学业规划指导情况进行总结并分析存在的问题,提出整改措施。二是学院层面。各学院具体负责实施,依靠教师力量,结合学院专业特点,开展学业规划系列活动。如:根据专业设置情况制作相关专业的学业规划基础模板;集中开展专业思想教育使学生认识专业发展的现状和前景,提高学习兴趣;拟订同专业、不同类别的学业规划指导意见供指导教师参考;等等。各学院开展督促检查,调阅学生学业规划方案的执行情况,并加强对教师指导方案的研究调整。三是指导教师层面。宣讲学业规划的重要意义、要求、方案制订的思路及具体实施办法。开展个别谈心活动,倾听学生想法,帮助学生分析个人情况,提出书面化指导意见。督促学生按规划要求定期制订、调整内容,认真进行小结,以达到提高的目的。四是学生个体层面。首先,进行自我分析。通过学校、家庭、同学、朋友的评价,并借助相应测试工具,全面、客观地评估自己的性格、爱好、特长、能力及优缺点。其次,进行目标定位并分解目标。目标内容涉及思想政治素质、专业学习、个人素质拓展等方面,确立大学目标(4 年)、中期目标(1 年)、短期目标(1 学期、每月、每周),填写《江苏大学大学生学业规划书》。针对不同阶段的目标,细化分解至每周、每天应完成的任务。再次,进行分步实施和评估调整。学生一般以一个学期为一个周期,进行规划的具体执行

与效果评估。学期初，根据学业规划短期目标，详细制订每周、每天的学习安排和成长计划，并在日常学习生活中对照这一计划去贯彻落实。学期末，学生评估本学期的学业规划执行情况，并接受指导教师的个别指导。同时，拟订下一阶段的目标或对现有目标进行调整。如此往复，顺利完成大学阶段的学习生活。

（三）搭建平台，满足学生成长的个性需求

一是成立菁英学校。菁英学校教学由主干课程（思维方法论、领导行为学、公共关系学等）、主题报告（国际化视野培养、人才强国战略的构想与实施、创新与创业专题等）、社会实践（红色教育、挂职锻炼等）、论坛交流（素质拓展角色模拟、学习心得交流）和毕业设计等五大模块组成，共240学时，学制一年。旨在培养一大批有坚定的理想信念、能引领社会发展、能适应国际竞争的时代精英。现已举办18期，培训学员近2 000人。二是成立卓越学院。卓越学院由8个“卓越工程师培育班（单独招生并编班）”组成。本科阶段采用“3+1”模式，在校学习3年，在企业学习和进行毕业设计1年。在校学习期间，基础课由教学经验丰富、教学效果好、具有高级职称的教师担任，专业基础课和专业课主要聘请工程能力强、科研水平高的教师担任，同时在校内外专职科研机构及企业中聘请兼职教师来校为学生讲授部分专业课，着力提高学生的工程意识、工程素质和工程实践能力。三是开展科研立项。学校从2002年开始开展大学生科研立项，至今已进行10批。近3批的立项申报数量、立项成功数量、结题数量等都有大幅提高。2009年立项申报954项，立项成功421项；2010年立项申报1 112项，资助项目立项471项，一般项目立项255项；2011年立项申报1 093项，资助项目立项479项，一般项目立项220项。2009年、2010年结题率达到50%，发表论文、申请专利等400余项，部分文章被SCI、EI等收录。

三、完善制度，构建工作长效机制

“学业规划工程”的顺利实施和显著成效，得益于学校构建了以大学生素质教育研究中心、学业导师制及《大学生学业规划实施方案》、《本科生学业导师制实施方案》、《关于“大学生素质教育引导中心”建设的实施意见》等系列制度为保障的长效机制。

（一）成立大学生素质教育引导中心

学校于2010年正式成立了大学生素质教育引导中心。该中心为专门从事大学生综合素质培养的教学、研究机构，下设5个研究室，分别为学业就业指导研究室（负责学业规划、职业规划、就业指导、创业教育等课程的教学，指导出国留学工作等）、形势与政策研究室（负责形势与政策课教学，选调生、公务员、村官考试辅导，党课、团课、校史教育等）、心理健康研究室（负责心理健康课程教学、心理咨询师培训）、公共艺术研究室（负责教育部规定的8门艺术限定性选修课程的教学并开设具有地域特色的公共艺术选修课程）、法纪与安全研究室（负责法纪与安全课、军事国防课的教育教学、新生教育等）。教师由具有教师资格的学工线干部和部分相关专业的教师组成。大学生素质教育引导中心有效整合学校大学生素质教育资源，统筹、规范管理大学生素质教育类课程，对提高大学生素质教育的实效性、针对性，有效提升大学生综合素质，全面促进大学生的成长成才起到了积极有效的推动作用。

（二）建立学业导师制度

2010年，学校在前期实践的基础上，正式印发了《本科生学业导师制实施方案》。学校聘任了800多名具有良好的职业道德和较强的工作责任心，熟悉专业培养目标、教学计划、课程设置，拥有较高专业水平、丰富教学经验和较强科研能力的专业教师担任学业导师。学业导师根据学生的学习基础、学科偏好和个性特点，有针对性地指导学生选择专业发展方向、制订中长期学习计划，指导学生社会实践、见习和实习，指导学生制定每学期的修读课程等。学业导师吸纳学生参与自己主持的课题，并指导学生参与科研立项、创新训练、学科竞赛等科技活动。学业导师还及时帮助学习困难的学生分析原因，提出改进措施。学业导师每学期与学生面对面地交流至少8～10次，在专业思想巩固、学习习惯养成、学业规划指导、科研能力培养等方面给予具体化指导。

（三）建立联动考评机制

学校建立学生工作与教学工作联动机制，每月召开“学工—教学”学风建设联席会议，会议由学校学生处和教务处共同组织，各学院分管学工院领导和分管教学院领导参会并通报当月学生工作和教学工作情况，分析学生工作和教学工作热点难点问题，研讨学生教育管理和教学工作的对接措施，加强和改进学风建设。学校将学业规划工程纳入到“四项考核”（即学生个人评奖评优、优良班风评比、学院学生工作考核、专职辅导员考核）之中，并制定相关考核细则，如：未按规定实施学业规划的学生不能获得学业规划相应学分；不能正常开展学业规划的学生不能参加学校组织的各项评奖评优；等等。学校年终工作考核时将学院开展学业规划指导活动情况作为学院工作考评的重要内容之一。同时，学校还提出了“双必要求”，即学业规划作为大学生的“必修课程”、学业指导作为教师职称晋升的“必要条件”。

（本文获2012年江苏省高校学生教育管理创新奖一等奖）

大学新生入学教育效果评价及对策研究

一、问卷调查的设计与实施

（一）设计问卷

笔者想要通过对江苏大学2008级和2009级部分学生的访谈，了解他们对入学教育的认知程度和具体需求。访谈过程中发现：大部分学生了解入学教育的目的是让新生了解学校的规章制度，通过军训锻炼同学们的意志，以便大家更好更快地适应大学生活。其中超过80%的学生认为入学教育的内容过于单调，缺乏针对性，仅限于规章制度的学习、专业介绍、学籍管理等，缺乏对如何适应大学生活和学习的具体指导；认为入学教育的形式过于单一。通过整理访谈内容，结合入学教育工作的实际经验，笔者设计了“入学教育效果评价调查问卷”，从而详细了解学生对入学教育的满意度和他们的实际需求。该调查表包括3个方面的内容：一是被调查者对入学教育目的和意义的认知程度；二是被调查者根据自己的体会对入学教育内容进行评价，包括非常需要、需要、一般、不需要；三是被调查者对入学教育的满意度及其他观点。

（二）对象与方法

选取江苏大学2008级和2009级工科、文科专业的部分学生为调查对象。由于这两个年级学生入学时间相对较短，对入学教育的印象较深，且目前已经接触了专业基础课程的学习，因此他们能结合自身的体会对入学教育的内容和形式提出自己的见解。调查采取不记名方式，共发出问卷400份，收回有效问卷376份，有效率为94%。

二、结果与分析

（一）认知程度

调查结果显示：86%的学生认为，大学新生需要进行入学教育；71%的学生认为，入学教育有助于大学新生实现角色转换；仅有16%的学生认为，入学教育对整个大学生活起到了关键作用；57%的学生认为，在入学教育期间对自己帮助最大的是班主任和辅导员。

参与调查的大部分学生肯定了入学教育的必要性，但对于其目的、意义的认识还停留在表面，出现这种情况与学生教育管理者对入学教育的理解和重视程度是分不开的。当前，许多教育工作者在实践中对入学教育的内涵把握不准以致目标错位。相对于入学教育结果而言，有的高校和教育者更注重教育过程的热烈场面和教育形式的不断翻新，而对“为什么要实施入学教育”、“入学教育要达到的预期结果是什么”等问题缺乏深入的思考和研究。教育者往往从自己的实际和需要出发，凭借经验和习惯行事，并未充分考虑新生的心理期待，没有把“以人为本”的教育理念真正落到实处。入学教育主体单一化也是目前新生入学教育中存在的一个典型问题,学生工作条线的辅导员、班主任是入学教育的主体,高校的教育组织者忽视了校内和校外的其他教育资源,忽略了新生作为一个“社会人”的发展需求。

(二)内容需求

问卷列出了入学教育的8项内容:学校概况、制度宣讲、专业介绍、学业指导、生活指导、心理服务、军事训练、社团活动。需求度前4项由高到低依次排列为:学业指导、社团活动、专业介绍和心理服务。其中83%的学生非常需要学业指导;77%的学生认为,参加社团活动是提高个人能力的一个重要途径;70%的学生认为专业介绍是入学教育阶段非常重要的内容之一,与之相一致的是65%的学生需要清楚了解自己所学专业今后的就业方向;对于心理健康服务,有55%的学生表示需要。学生对于其余4项内容的需求为:43%的学生认为军训对他们个人成长有重要的意义,21%的学生需要对学校概况有所了解,22%的学生需要生活指导,59%的学生认为对学校的规章制度有一般了解就可以了。

调查显示,入学教育的内容与新生的实际需求存在一定差距,有53%的学生认为入学教育的内容缺乏直接和有效的指导作用,75%的学生认为如何掌握学习方法、适应大学学习是他们入学初期急需解决的问题。专业教育对大学生的发展至关重要,它不仅与校院管理者的重视程度有关,而且与专业教师的业务水平和综合素质密切相关。

(三)效果评价

问卷最后要求被调查者提出自己对入学教育整体的满意度,仅有8%的学生对入学教育非常满意,32%的学生表示满意,56%的学生对入学教育不满意,认为入学教育没有达到预期的目的和效果,认为入学教育与自己的期望相差甚远。部分学生在问卷结尾建议栏中提出了自己的观点:有的认为入学教育时间要延长,因为除去军训和事务性的活动,真正用于入学教育的时间太少;有的认为入学教育的形式有待改进,讲座和报告会缺乏吸引力;有的感到入学教育没有起到作用,甚至不清楚哪些活动属于入学教育的内容。缺乏有效的考核评价也是导致入学教育满意度不高的重要原因之一。大多数高校都将入学教育纳入了培养计划,但是往往都是重形式过程而轻结果评价。虽然部分高校实行了入学教育考试制度,但考试内容局限于校规校纪,这显然不能真正反映新生接受入学教育的实际效果。此外,入学教育作为一项工作,对于教育者(学院部门和个人)的实施情况也缺乏必要的监控和考核。

三、改进措施

(一)明确入学教育目标

入学教育目标是指一定时期内实施教育活动所要达到的目标,它从根本上规定了入学教育的方向、内容和方法。它不是指向学生某一方面素质的养成,更不是指向学生全面素质的养成,而是直接指向入学教育对新生实施影响所达到的预期结果。教育阶段的特殊性和教育对象的特殊性决定了入学教育特定的目标,即适应大学生活,实现角色转换,为顺利完成大学教育奠定坚实的基础。这一目标又可以细分为两个层次。第一层次为生存层面的目标:通过入学教育,在较短的时间内消除新生的不适应、不习惯和不熟悉的心理及行为表现,保证新生能够顺利开展大学的生活和学习活动。第二层次为发展层面的目标:通过入学教育,帮助新生在基本适应大学生活和学习的基础上,逐步理解和融入大学,开始对自己今后的大学生活进行初步的规划。

(二)更新入学教育模式

大学新生入学教育是一项系统工程,需要所有教育力量的共同参与。学校要统一指挥,形成以学工和教务部门牵头、各职能部门参与、二级学院具体实施的入学教育组织体系。除了学工人员、系主任、任课教师、机关干部、后勤服务人员、学生骨干共同参加以外,可以邀请学术带头人、杰出校友、社会成功人士以及家长参与到入学教育的过程中,相互配合补充,发挥合力。对于新生来说,适应大学生活需要一个过程,因此入学教育时间的科学设置也是必需的。根据工作实际,笔者认为新生入学教育时间跨度为一个学期为宜,与大学生活和课程学习同步深入进行系列教育。此外,建立完善的考核评价制度是做好入学教育的保障。考核评价应包括两个方面:一是加强对参与入学教育的相关部门、学院、个人的过程监控和指标考核;二是运用定性与定量相结合的方式对新生接受入学教育情况以及效果进行成绩评定。

(三)规范入学教育内容

入学教育内容必须紧密围绕帮助新生"适应大学生活,实现角色转换"这一目标,突出针对性、系统性和规范性的特点。(1)生活向导与心理疏导。新生进入大学首先面临的就是生活方面的困扰。一是部分学生在进入大学前没有独立生活的经验,二是部分家庭经济困难的学生需要经济帮助,此类问题需要尽快解决。熟悉校园及周边环境,了解学生社区的设施划分及管理规定,清楚各类办事机构的功能、位置等,有助于学生产生归属感和安全感。同时应开展各种形式的心理健康教育活动,介绍自我调节的方法和适应大学新生活的有效策略,引导新生建立新型的人际关系和自我定位,及时疏导新生遇到的困惑和难题。(2)学业指导与职业引导。将专业介绍、学籍管理、学业指导和就业方向4个方面有机结合起来,系统化授课将会给大学新生的学习带来实际效果。学业指导是帮助新生形成与大学相适应的思维模式和学习方式的重要途径。新生除了解培养方案、课程设置、学籍学位管理等内容,还应了解如何科学管理时间、利用各种学习资源等。专业思想教育对新生具有重要意义,学科带头人给学生介绍学科体系和本专业所学内容以及专业的发展前景与未来趋势,可使学生获得对所学专业比较全面的认识,提高学生专业学习的信心和兴趣。同时,邀请杰出校友为新生现身说法,让新生真切感受到什么是就业、择业和职业,使学生尽早根据自身特点拟定职业规划,树立正确的就业意识,不断提升综合素质。(3)思想教导与行为督导。学校可以通过校史教育,引导新生理解大学,激发他们的爱校热情。加强修身与成才教育,强化新生的集体主义观念和责任意识,激发学生的内在动力和成才愿望。同时,还要注重加强校纪校规和行为规范的教育与监督,突出课堂、宿舍、食堂、校园、网络5个方面的基础文明建设,引导学生树立良好的行为规范意识。

(本文发表于《教育与职业》2011年第26期,作者:江苏大学姜宇 曲云进)

大学新生入学教育体系理论构建及效果评估

一、本课题提出的背景分析

大学阶段的学习生活是一个人确定世界观、人生观、价值观最关键的时期,也是人生中的黄金时段。庆承松、张勇认为从中学到大学是人生的一次重大转折,大学生入学后的第一年是最关键的转换期,它不仅关系到新生对大学学习、生活和环境等方面的适应,而且影响到他们未来的发展。虽然人们意识到大学入学教育在国外称作新生定向辅导(Orientation Service)是高等教育中不可缺少的一环,国内高校对入学教育也进行了不断的改进和大胆的探索,但遗憾的是,多年的实践表明,高等学校入学教育实施的结果却并不尽如人意。范雪认为引起大学新生入学心理不适的原因有:在基础教育阶段缺少素质教育,生理发展成熟与心理发展相对滞后的矛盾;主观自我与社会自我之间的矛盾;学校因素、家庭因素和理想自我与现实自我之间的矛盾。宋斐指出新生问题根本说来是人在成长过程中心理发展遇到的一种必然,其实质是个体原有认知结构、行为模式不能适应新环境要求而产生的一系列问题。目前,"90 后"已成为大学阶段的主体,他们是具有个性化的一代,大多数是伴随着经济的迅速变革成长起来的,在进入大学后,其适应状况呈现问题化趋势。因此,如何开展入学教育成为高等教育工作者和研究者比较关注的问题,具有重要的现实意义。

二、本课题研究的实践意义以及对学校学生工作的实际应用价值

本课题对学生对入学教育的认知程度、内容需求进行研究,对学生对入学教育的效果和满意度的评价进行研究,提出相关对策和改进措施。其实践意义在于:(1) 通过深入探索并界定大学新生入学教育的内涵,明晰各要素之间的逻辑关系和相互影响,创建新生入学教育的理论体系,有助于改变当前在入学教育研究中存在的实践总结以及低水平重复的现象。(2) 把入学教育作为大学教育系统中一个相对独立的子系统,深入分析各要素内部的层次、规律,明晰入学教育系统与大学德育系统、思想政治教育系统、学生教育管理系统之间的联系与区别,有助于深化高等教育研究。(3) 为高校全面规划、实施入学教育以及评价入学教育效果提供科学依据。

本课题的研究基础是对江苏大学 376 名学生的问卷调查,在了解学生对入学教育的认知程度、内容需求,以及对入学教育的效果和满意度评价的基础之上,提出相关对策和改进措施。其实际应用价值:一是其研究成果有助于每个新生实现教育理念的转变、学习方式的转变,顺利度过大学生活的适应期、大学学习的转变期和人生征程的转换期,对促进学校学生的全面发展和实现学校的根本任务也具有十分重要的现实意义;二是通过对

入学教育体系的构建和效果的评价反馈，提高校内外教育资源的重视和参与，从而改变学工条线“单打独斗”的工作格局，形成职能部门、专业教师、杰出校友以及家长等全员育人的工作格局，进一步增强入学教育的实效性。

三、本课题研究的主要观点

(1) 入学教育是大学教育的起始阶段，入学教育必须坚持以新生为本，摒弃过去实际上的以教育者为本的观念和做法，努力适应和满足大学新生的心理需求和发展要求，为他们顺利完成大学教育奠定坚实的基础。

(2) 入学教育的目标不是指向学生某一方面素质的养成，更不是指向学生全面素质的养成，而是直接指向对新生实施影响所达到的预期结果。入学教育目标的实现将是实现大学教育目标、德育目标、思想政治教育目标和学生管理工作目标的重要前提。

(3) 入学教育内容是入学教育目标的具体化和外化，必须紧紧围绕帮助新生“适应大学生活，实现角色转换”这一目标进行精心选择和合理安排，突出重点，增强针对性、系统性和规范性。入学教育载体是实现入学教育目标的手段和途径，是入学教育内容的外显方式。

四、本课题研究的主要内容

本课题通过对江苏大学376名学生的问卷调查，了解学生对入学教育的认知程度、内容需求，以及对入学教育效果和满意度的评价，从而在相关结论的基础上进一步提出了相关对策和改进措施。其研究的主要内容如下：

(1) 分析当前我国大学入学教育的现状。通过调查，了解高校入学教育的主要做法，了解入学教育的效果，查摆问题，分析原因。

(2) 对大学入学教育内涵进行界定。揭示入学教育的本质特征，明晰入学教育系统与大学德育系统、思想政治教育系统、学生教育管理系统之间的联系与区别。

(3) 构建大学入学教育体系的整体框架。设计调查问卷，从各年级学生的角度出发，了解他们对新生入学教育的期待、观点、建议以及对所接受的入学教育的评价。解决入学教育体系中究竟应包含哪些要素的问题，深入分析各要素之间的逻辑关系和相互作用。

(4) 充分利用非结构性访谈法的弹性和自由度，通过对高校管理者、学生辅导员、班主任、专业教师及各年级学生等进行多方调研，系统了解大家对新生入学教育内容、形式的观点与建议，并对入学教育的效果进行评估反馈。

(5) 研究构建大学入学教育体系以及具体实施入学教育的原则。

(6) 对大学入学教育体系中的几大要素进行具体研究。① 入学教育的目标研究。目标既是工作的方向和动力，也是决定工作内容、步骤和措施的重要因素。目标完成情况是最终衡量此项工作质量和效果的重要依据。入学教育目标就是大学新生入学教育所要达到的预期结果，有着其特定的教育内涵和具体的目标任务，同时还具有层次性。② 入学教育的内容研究。入学教育必须紧紧围绕教育目标，根据大学新生特点，分清主次，突出重点，努力增强入学教育的针对性，保证达到预期的教育目标。③ 入学教育的载体研究。入学教育载体，就是入学教育信息的外显方式，是实现入学教育目标、内容、任务的手段和形式，是联系教育主体与教育客体的桥梁和纽带。因此，我们在明确入学教育目标及其内容的同时，还必须思考通过哪些途径、采用什么手段和形式来充分反映入学教育内容，顺利实现入学教育目标。

（7）改进大学生入学教育的主要措施研究：① 明确入学教育目标。如生存层面的目标、发展层面的目标。② 更新入学教育模式。学校要统一指挥，形成以学工和教务部门牵头、各职能部门参与、二级学院具体实施的入学教育组织体系。除了学工人员、系主任、任课教师、机关干部、后勤服务人员、学生骨干共同参加外，还邀请学术带头人、杰出校友、社会成功人士以及家长参与到入学教育的过程中，相互配合补充，发挥合力。③ 规范入学教育内容。一是加强生活向导与心理疏导；二是加大学业指导与职业引导力度；三是加强学生思想教导与行为督导，引导学生树立良好的行为规范意识，培养学生恪守行为规范的自觉性。

五、本课题研究存在的问题与展望

（一）课题研究中存在的问题

（1）构建既有理论基础又有现实依据的、科学合理有效的大学入学教育体系具有一定的难度。入学教育是大学教育的起始阶段，必须坚持以新生为本，摒弃过去实际上的以教育者为本的观念和做法，努力适应和满足大学新生的心理需求和发展要求，为他们顺利完成大学教育奠定坚实的基础。由于研究的数据来源于对江苏大学376名学生的问卷调查，研究结果可能还存在一定的局限性。（2）从大学入学教育的特殊性以及与大学教育系统及其各子系统的关系出发，考察研究大学入学教育目标的具体内涵。相对于其他各类教育活动而言，入学教育的目标不是指向学生某一方面素质的养成，更不是指向学生全面素质的养成，而是直接指向入学教育对新生实施影响所达到的预期结果。这一目标应该又可以细分为不同层次、不同方面的具体目标。入学教育目标的实现将是实现大学教育目标、德育目标、思想政治教育目标和学生管理工作目标的重要前提。笔者因水平和精力有限，对大学入学教育特殊性的研究可能存在一定的局限性，有待进一步深入。

（二）课题展望

结合目前国内的入学教育研究与实践现状，本课题还需要在以下几方面继续开展研究：（1）结合新生的切实需要和特点，在内容和形式方面有针对性地开展新生教育；（2）对入学教育各要素展开系统性、层次性研究。

（本文为江苏大学大学生思想政治教育专项课题成果，作者：江苏大学姜宇）

情感·激励·导向
——高校奖、助学金的德育机制研究

在我国,党中央、国务院高度重视高校学生资助工作,中央有关部门连续出台多项政策和举措,使越来越多的高校家庭经济困难学生享受到了实惠,感受到了党和政府的温暖。努力做好贫困生资助工作,已成为体现教育公正公平、维护高校和社会稳定的重要举措,是高校学生工作的重要内容。

经过多年的探索和实践,目前我国高等教育已经逐步形成了国家、学校、社会三位一体相对完善的高等学校学生资助体系,主要包括国家奖学金、国家助学金、国家励志奖学金和各高校设置的奖助学金以及社会提供的奖助学金,它在进一步深化我国高等教育体制改革中起到了非常重要的保障作用。教育部发布的2008年全国普通高校家庭经济困难学生资助政策执行情况显示:2008年各类奖学金发放金额为68.59亿元,占当年资助总金额的23.36%,奖励573.16万人;助学金资助金额92.02亿元,占当年资助总金额的31.33%,资助627.56万人。这两项占总资助金额的50%以上。可见,高校奖、助学金已成为高校学生资助的主要类型。

与此同时,随着我国的高等教育逐步进入大众化发展阶段,高校德育问题尤其是高校贫困生的德育问题日益凸显,而我国的高校奖、助学金制度在具体实施过程中,仍然存在着不少问题,并对高校的育人功能产生了一定的冲击和影响①,亟须由解决经济问题转向解决内涵发展问题②。

我国高校奖、助学金制度由人民助学金制度发展而来,应该对大学生起到激励、导向和资助的作用。针对目前我国高校学生资助育人机制的现状,如何充分发挥奖、助学金的德育功能,如何帮助高校学生在得到经济资助的同时,从思想上、心理上走出困境、成长成才,业已成为高校当前面临的一个现实难题,客观上迫切要求高校把对贫困生的经济资助与思想政治教育结合起来,建立健全奖、助学金的德育机制。鉴于目前我国高校资助的任务主体从国家政策完善层面开始下移,转向高校操作层面,高校作为各项资助政策的直接贯彻者,唯有力争发挥现有贫困生资助体系的最大功用,构建奖、助学金的德育机制,充分发挥奖、助学金对大学生的情感、激励和导向功能,才能更好地为各类人才脱颖而出创造良好育人环境。

随着政府和社会对高校学生资助问题的日益重视,各高校和相关部门也在不断地进

① 武慧娟:《现行高校奖助学金制度存在的问题及影响》,《理论观察》,2010年第4期。

② 唐闻捷,郑节霞,王占岳:《资助工作要始终贯穿"不打折、不伤害、不忘记"——高校资助工作的理念探索》,《中国高等医学教育》,2010年第4期。

行探讨，为我国高校资助体系的不断完善提供了非常有价值的理论参考和实践经验。目前，对于大学生资助政策主要有两类基本理念。一类是从社会公平角度阐述资助政策旨在让受助者个人获益的理念；另一类是从培养人才角度阐述通过资助更多大学生完成学业，提高全民素质，最终使国家受益的理念。

陈玥①、吴跃峰②、田筱鸿③、杨安民④、徐亚军⑤、陈艳秋⑥等指出目前贫困生资助制度存在着资助力度不够、资助方法不当、资助体系尚不完善等方面的缺陷，尤其在具体实施中，助困与育人存在脱节。对此，顾宏亮⑦、郭沛⑧、黄少玲⑨、曾庆璋⑩等认为应坚持经济资助与育人相结合，加强贫困生思想政治教育工作，并从心理学、社会学角度去研究怎样对贫困大学生的思想、心理进行援助，不仅要进行经济资助，还要进行思想政治教育和心理辅导，使其摆脱由贫困因素带来的思想、心理问题。

总体而言，从国内研究现状来看，有关高校学生资助问题的研究，侧重于资助政策的国际比较、资助理论和资助体系的分析，对国家已经出台的资助政策的诠释多，而对资助理论创新、体系创新的研究较少，从经济学角度进行经济资助的政策分析的较多，从德育角度对大学生资助管理问题进行分析的较少。研究内容存在着理论研究多、实证分析少，政策体系微观描述多、宏观深入系统研究少等问题。

一、高校奖、助学金德育机制的构建

鉴于此，本研究基于国内外高校资助现状研究，力求把握高校奖、助学金资助政策的发展趋势和管理模式的变迁，结合“人的全面发展”理论和系统理论等相关理论，剖析我国高校奖、助学金德育功能的内在逻辑，在宏观深入系统研究的基础之上，提出高校奖、助学金德育机制，即“情感、激励、导向”，力图将心理层面、精神层面和责任层面有机结合起来，分别作为保障机制、动力机制与强化机制，来提高高校奖、助学金德育工作的针对性与实效性。

人的全面发展主要包括 3 个方面的内容：一是全面满足人的需要，不仅要满足其物质、文化需要，而且要满足其日益增长的政治需要，以及对生存和发展的良好的自然生态环境和社会生态环境的需要；二是全面提高人的素质，包括思想道德素质、科学文化素质、心理素质和生理素质等；三是全面发挥人的才能，包括通过教育、激励和竞争机制，发挥人

---

① 陈玥：《论高校家庭经济困难学生资助育人工作的问题和对策》，《西南农业大学学报（社会科学版）》，2008 年第 6 期。

② 吴跃峰：《高校贫困生资助问题研究》，复旦大学硕士学位论文，2008 年。

③ 田筱鸿：《高校贫困生心理辅导与经济资助互动研究》，《当代教育论坛（学科教育研究）》，2008 年第 3 期。

④ 杨安民：《从贫困大学生的心理看高校资助体系的改革》，《南阳师范学院学报（社会科学版）》，2009 年第 7 期。

⑤ 徐亚军：《高校贫困生资助体系新模式探析》，《北京航空航天大学学报（社会科学版）》，2009 年第 1 期。

⑥ 陈艳秋，白海泉：《高校贫困学生资助体系的完善和创新》，《华北煤炭医学院学报》，2009 年第 1 期。

⑦ 顾宏亮：《高校家庭经济困难学生“后资助”机制的构建研究》，《改革与开发》，2009 年第 6 期。

⑧ 郭沛，张玉华，严冰：《论高校贫困生新资助政策体系的建立与完善》，《石家庄铁道学院学报（社会科学版）》，2009 年第 3 期。

⑨ 黄少玲：《论“助困”与“育人”相结合的高校学生资助体系构建》，《学校党建与思想教育》，2009 年第 23 期。

⑩ 曾庆璋：《建构和谐社会视阈下的高校“资助育人”体系》，《学校党建与思想教育》，2009 年第 5 期。

的积极性、主动性、创造性等。本研究提出“情感、激励、导向”三维立体的高校奖、助学金德育机制内涵，旨在从心理层面、精神层面和责任层面3个维度来满足家庭经济困难学生不同层次的需要，充分发挥高校奖、助学金应有之德育功能，为学生的素质提高、能力锻炼、才能发挥搭建良好平台。

情感育人机制是指在心理层面通过对学生的关怀、帮助，培养学生健全的人格，使他们拥有健康愉悦的身心，在求知过程中体味和追求真善美。情感，是人格发展的诱因，是青年学生追求美好生活的动力。现代心理学的人才理论已经证实了学生智力的发展有赖于非智力因素的优化，而情感就是非智力因素的主要组成部分，也是现代高素质人才不可缺少的重要因素。正是在这个意义上，情感育人机制作为一种有效的方式，从不同的层面发挥了引领教育的重要作用。因此，高校在学生资助工作过程中应大力实施情感育人机制，为大学生提供安全、稳定、充满关怀的环境，增强学生对学校的认同感和归属感。这既是高校学生资助工作的目标，更是大学生自身成长发展的内在需要。在情感所营造的和谐环境里，困难容易克服，矛盾容易化解，教师和学生的精神世界能够得以升华，人与人之间会变得更加平等和坦诚。情感育人机制使大学生“重知重情”，“知”“情”并举，是一种潜移默化的素质教育。

激励育人机制是在精神层面激发大学生的积极性，促使大学生把外部的资助帮扶转化为内在的动力，调动学生的主动性和创造性，从而使其保持良好的心态和上进的欲望，持续不断地朝着目标前进。激励育人机制的有效性取决于学校环境和个性差异。在人力资源理论指导下，通过赏识教育、激励教育、差异教育等理念和方式，使学生树立理性认识贫困、以品学兼优为目标的观念，使贫困生的优势得以充分发挥，劣势得以补足，受助得到尊重。

导向育人机制指的是责任层面上一个开放的育人体系。从伦理学角度对高校学生资助工作进行分析表明：维护高等教育公平不仅是政府责无旁贷的伦理责任，也是受助学生应尽的责任。受助学生也应明确资助工作的社会、历史意义与自身责任，在实现自己的奋斗目标和人生价值的同时努力回馈社会。这要求强化高校奖、助学金的导向育人机制，对高等学校而言，奖、助学金的安排适当向社会迫切需要的专业倾斜，以此促进学科专业结构进一步优化；在名额分配和评定过程不搞平均主义，适度加强政策引导；通过实施奖、助学金捐款政策，引导高校毕业生回馈他人，反哺社会。

情感、激励、导向育人机制是相互联系、相互制约、相辅相成的有机整体，三大机制相互支撑、相互补充，形成三维立体的架构，从不同的侧面满足了不同层次大学生成长成才的需求。其中，情感育人机制满足了高校贫困大学生这一弱势群体的成才需求，是高校奖、助学金德育功能的保障机制；激励育人机制使大学生在被尊重和被赏识的环境中激发动力与潜能，是高校奖、助学金德育功能的动力机制；导向育人机制有助于国家、高校与大学生明确自身的定位，并以责任与使命为目标，是高校奖、助学金德育功能的强化机制。

二、江苏大学奖、助学金德育机制的运行分析

近年来，随着高等教育招生规模的逐年扩大和教育成本分担制度的实行，贫困生问题

日益凸现,江苏大学也面临着全国大多数高校同样面临的问题。截至 2012 年 5 月,江苏大学在校全日制本科生中的家庭经济困难学生共有 6 557 人,占全校本科生比例达 21.47%,其中,家庭经济特别困难的学生 2 232 人、孤儿学生 28 人、残疾学生 15 人、少数民族学生 267 人。

江苏大学学生资助工作以"公开、公平、公正"为基本原则,建立了奖学金、助学金、国家助学贷款、勤工助学、困难补助和学费减免等多元化的奖励和助学体系,并长期坚持"四个结合"的工作理念,形成了一定的工作特色,受到了上级主管部门的高度认可。2011 年 5 月,江苏大学荣获了"江苏省资助工作先进单位"称号。

(一) 江苏大学奖、助学金德育机制存在的问题及其分析

1. 贫困生的认定缺乏科学合理的机制

由于贫困生群体具有隐蔽性特征,贫困生认定工作向来是一个难题。目前,包括江苏大学在内的多数高校对学生家庭经济情况的了解,仅限于学生入学时携带的《家庭经济情况调查表》以及生源地民政部门或街道办事处出具的困难证明,入学后也只是依靠对学生日常生活和日常消费的观察。对于什么样的家庭经济情况可以定为困难以及如何评定困难的等级,标准不一。另外,生源地和高校所在地之间存在地区经济差异,加之一些地方基层单位管理的不严格,许多非贫困生通过不正当渠道也获得了困难证明,造成了贫困生认定的不确切性。而"家庭经济困难"是一个动态的概念,是会随着学生家庭经济状况改变而发生变化的,这也致使高校对贫困生信息掌握不及时、不准确。由于缺乏可靠的、可核实的家庭收入指标和资产数据,学校对贫困生的认定面临窘境,资助政策有时还难以准确地面向真正的贫困生。

2. 各种资助项目之间缺乏优化组合

新资助政策体系的内容包含多个方面,但是多数高校在执行过程中缺乏合理优化。首先,奖学金的设置不合理。长期以来,资助者在心理上形成定式,大部分都倾向于资助表现良好的贫困生。政府、社会团体、企业及个人提供的资金大多用于设置奖学金,明确指出用于奖励和资助品学兼优的贫困生。这类资助往往金额大且名额少,然而大多数贫困生往往处于经济和学习的"双困"状态,导致贫困生在获得奖学金的人数中所占比例不高。因此,奖学金与其资助的初衷并不完全相符。其次,奖学金和补助之间缺乏整合。各类奖学金和补助形式虽多种多样,但缺乏整合,往往会产生不公平的重叠或不应该的缺漏,有时出现一个贫困生同时获得几项资助而其他贫困生却获得很少资助的情况。各资助项目缺乏优化组合,导致资助面较小,资助的公平功能下降。

3. 勤工助学岗位难以满足学生实际需要

勤工助学是学生通过自己的劳动获得生活资助、培养自立自强精神的重要途径。但大多数高校的勤工助学都着重于开拓校内岗位,且由于学校经费投入少等原因,提供的校内助学岗位非常有限,很难满足贫困生的需求。另外,一些岗位需要固定的有一定技术和经验的人员,而学生流动性很大,学校有关部门又不愿意把这些岗位提供给学生。据调查显示,82% 的贫困生希望能参与学校的勤工助学,但 70% 的学生对学校的勤工助学都不是很了解,说明能参与到学校勤工助学中的学生只是极少部分。而校外勤工助学主要取决于社会资源的拓展,由于很多学校和企事业单位的联系较少,因此校外勤工助学的岗位

数量不多,主要是一些家教等岗位;此外,校外勤工助学存在着一定的安全隐患,所以学校一般不支持学生到校外打工,也缺少相应的专门为学生提供校外勤工助学的机构。

4. 精神帮扶与经济资助力度尚不平衡

大多数高校的学生资助工作尚处于起步阶段,工作人员不多,而且在工作规划和工作重点上多偏重日常事务操作,比如助学贷款申请与管理、贫困生档案管理、助学岗位管理等。因此,目前高校关注得更多的是如何增加贫困生的经济资助,而对如何解决贫困生的精神贫困或心理问题关注较少。大部分贫困生来自经济和教育欠发达地区,文化基础相对较差,再加上因经济困难产生的生活和心理方面的压力,严重影响学习,其成绩普遍不理想,在社会交往方面也缺少锻炼。虽然贫困生中不乏乐观外向、富有才华、沉着自信、独立自强的同学,但是在应对困难的过程中,很多同学都存在心理焦虑、心理压力过大等问题,导致抑郁心理的产生,在人际关系上趋于封闭,从而产生各种心理障碍,个别贫困生甚至会对社会持片面极端的观点,从而在为人处世方面出现偏激行为。

(二) 完善江苏大学奖、助学金德育机制的对策

1. 准确界定贫困生的内涵,建立科学的认定体系

我们可以参照现行的教育部给出的有关贫困生认定的指导意见,结合我国各地区的实际情况,针对不同的经济发展水平确定相应的困难线标准。具体操作中,各省教育厅可根据当地居民最低生活保障等标准划分成几个等级指标,通过定量、定性的办法得出基本值进行比较,以此来划分学生的经济困难等级。

同时,建立畅通可信的家庭经济困难学生信息档案和数据库,形成一个生源地高中、政府和高校相互配合的贫困生认定体系,给认定工作提供一个科学规范的平台。由生源地高中对申请资助的学生的生源地,家庭人口的年龄、职业、收入来源和经济状况,家庭困难情况,以前受资助情况进行登记,并由生源地政府的专门部门对此进行认真调查、审核后建立档案和数据库。高校通过生源地高中、政府和高校管理部门共享的网络获取本校学生的档案和数据,对这些资料进行认真的分析研究,区分不同困难程度,据此开展贫困生的资助工作。这样就形成了一个生源地高中、政府和高校相互配合的科学合理的贫困生认定体系。

2. 优化整合各种资助资源,提升资助整体效益

首先,要区别奖学金与助学金的不同对象和功能。要求奖学金面向贫困生,这就把贫困生和优秀生混淆起来,把奖学和助学视为一体,不但高校无法把握、难以操作,而且“奖学”的激励作用难以发挥。同时,把奖学金混同助学金,对其他非贫困生而言是一定程度上的不公正,等于剥夺了优秀生获奖的权利。高校应通过设立助学金来资助贫困生,适当降低对受助学生学习成绩的要求。

其次,要优化各种资助资源,综合使用各种资助方式。学费减免作为一种特殊资助形式,可以使那些品学兼优的贫困生首先感受到党和政府的阳光雨露;助学贷款应被看做学生资助的主渠道,高校应大力宣传相关政策,认真指导贫困生申请办理助学贷款;勤工助学是学生资助的重要组成部分,学校应拿出更多的资金和岗位投入到勤工助学中去,使贫困生通过力所能及的劳动去获取报酬,实现自我经济解困和实践锻炼的“双丰收”;临时困难补助是学生资助的底线,主要用来解决贫困生的燃眉之急;奖学金和助学金应作为激

励贫困生努力学习、奖励其优秀表现的重要手段。

3. 拓展勤工助学岗位，培养和增强贫困生综合能力

一是要充分利用校内资源，挖掘校内勤工助学岗位，建立勤工助学基地，积极推进学生兼任"助教、助研、助管"工作，使勤工助学与助研学习相结合。要从学生学费收入中安排一定比例的勤工助学专项经费，给学校勤工助学管理部门专项使用，为参加助学的学生提供工作报酬。学校还可以利用与校外的广泛联系，帮助学生寻找需要临时用工的单位，帮助学生联系科学研究的转化推广，帮助联系家教及其他临时工作，使每一个真正需资助的学生都能有一份助学工作。这样既能缓解学校岗位有限的困难，也能让学生有接触了解社会的机会。

二是要提升勤工助学工作的层次。对低年级学生可以以劳务性、服务性、事务性工作为主，主要培养他们的自立能力、社会意识和劳动观念；而对高年级学生应主要提供专业性、技术性、管理性等工作，侧重社会适应能力和专业知识应用能力的培养。勤工助学不但有助于贫困生摆脱经济困境，而且可以全面提高贫困生的综合素质，为贫困生日后就业提供更多的实践机会和工作经验。

4. 发挥助学育人功能，促进学生健康成长

首先，要充分考虑本校的实际，制定切实可行的资助制度，同时要在具体措施和方法手段上充分体现人文关怀。要从保障弱者的权利开始，充分考虑贫困生的感受，考虑到他们本来就有一颗较为脆弱的心灵，更要从制度上引导鼓励贫困生通过自己的努力来获得资助，适应从单一的福利性资助向有偿借贷和鼓励性资助相结合的转变，放弃"等、靠、要"的惰性思想，树立自立自强的精神。

其次，应通过"奖、贷、助、补、减"等助学渠道，发挥其育人功能。如通过奖学金和助学金的发放，增强贫困生的自信心，激励贫困生成才；通过助学贷款的申请，加强对贫困生的诚信教育，增强贫困生的责任心和社会责任感；通过让贫困生参与勤工助学，培养贫困生艰苦奋斗、自立自强的精神。应加强对受助贫困生的教育和引导，努力将解决贫困生思想问题与解决贫困生实际问题相结合。如通过加强班级、宿舍的整体建设，努力营造团结友爱、相互关心、互相帮助的良好氛围，使贫困生消除经济困难可能带来的精神上的消极影响。也要注意对贫困生进行专项心理咨询和团体心理辅导，帮助他们正确自我调适心理状态，提高心理素质，增强承受挫折、适应环境的能力。

高校学生资助工作是一项长期而艰巨的社会性系统工程，对我国高等教育事业的全面、协调、可持续发展有着重要影响，它需要政府、社会、高校、企业、学生等多个角色的参与和共同努力才能很好地完成。因此，国家、社会、高校都应该充分认识到学生资助工作的重要性和必要性，从实际出发，深入研究和解决学生资助工作现存的问题和难题，合理配置和优化使用各种资助资源，努力构建更为科学、合理、规范的学生资助政策体系，促进学生资助工作的科学发展。

（本文为江苏大学大学生思想政治教育专项课题成果，作者：江苏大学周以林）

大学生创业能力提升的模式研究

培养大学生的创业素质和提高大学生创业能力是造就新时代国家社会发展所需要的创新创业型人才的需要。《国家中长期教育改革和发展规划纲要(2010—2020 年)》提出的“加强就业创业教育和就业指导服务”将大学生的创业教育上升到更高的层面。而大学生创业群体的最大特殊性在于其创业过程受学校教育的影响较深。学校对大学生创业过程的影响主要通过创业教育和创业政策来实现。

一、大学生创业能力提升的制约因素

(一) 高校教育理念的相对落后,制约了大学生创业能力的提升

一是高校定位不准,办学特色不明显。高校人才培养模式单一,专业配置与课程设置与市场需求脱节。二是高校缺乏规范、清晰的就业指导体系。没有系统、针对性的就业指导,给大学生就业带来了困难。① 三是高校管理者存在认知偏差。许多高校管理者忽视了对学生主观能动性和创造性的培养,认为大学生在校期间把专业知识学好,将来能找到薪酬待遇好的工作就行了,无需对其开展创业教育。四是社会对创业教育的重要性认识不足。计划经济时代大学生“统包统分”的就业思想至今仍根深蒂固地影响着人们,大部分家长希望子女大学毕业后能找份稳定工作,而认为创业是没出息的表现。

(二) 校内创业资源的整合不够,限制了大学生创业能力的提升

一是缺乏统一规划的创业教育。目前高校对创业教育没有系统规划,没有系统的创业教育大纲,很少有专业或专职教师对大学生进行系统的创业指导。二是校园创业氛围不够浓郁。一方面,在校创业学生的人数少,团队少,成功的案例也较少,缺乏典型的示范作用,同时缺乏统一的项目运作;另一方面,创业讲座、创业学术交流很少,专门的创业协会、社团少,创业活动的组织开展也就无从谈起,更不用说形成有特色的创业文化了。三是创业实践不足。创业更需要具备实践知识和经验,而这些在教科书中是难以获得的。

(三) 自身素质的提升不够,抑制了大学生创业的积极性

一是缺乏市场和社会经验。一方面,大学生市场经验不足。他们大多采用智力换取创业资本的方式来吸引风险投资家投资,进而开展自己的创业之路。但是在这个过程中,大学生往往不能准确分析市场和市场的未来发展方向。另一方面,大学生社会经验不足,缺乏职业经历,缺乏人际关系和商业网络,使得创业的风险加大。二是缺乏健全的心理品质。创业的过程充满了艰辛和风险,对缺乏社会经验的大学生来说是一种严峻残酷的考验。目前大学生往往抗风险和抗压能力较低,自卑、缺乏自信心、急躁、不冷静,严重影响

① 张魁中:《外在客观因素对大学生自主创业的影响与对策》,《学理论》,2011 年第 8 期。

创业能力的发展。三是综合素质不高。目前大学生普遍眼高手低,好高骛远,其独立人格还没有完全形成,缺乏对社会和个人的责任感。其中捕捉机遇能力、抗挫能力、人际交往沟通能力和艰苦创业能力有待提高。四是受传统思想束缚较深。有创业冲动和想法的大学生多,而真正实践创业的大学生却很少。受传统思想的影响,大学生家庭和大学生自身把政府部门、大型国有和外资企业作为择业的首选目标。

二、提升大学生创业能力的教育模式

国内的创业教育虽然如火如荼地进行,但主要以"活动式"、"运动式"的创业教育的第二课堂为主,即使有少数高校将创业教育课程纳入第一课堂范畴,也是基于对国外相关教材、课程、教学方式的照搬照抄,很少将第一课堂与第二课堂予以有机衔接、整体规划。我们认为,创业教育应该从立体化的创业氛围营造、"模块化、菜单式"的课程体系设置和"项目化、团队化"创业技能培训3个方面展开。

(一)营造立体化的创业氛围

在发挥传统媒体作用的同时,应有效发挥网络和新媒体在大学生创业教育中的辐射作用,建立大学生创业教育网站,拓展创业教育的网络阵地,利用博客、微博、手机报等时尚元素传递创业精神,弘扬创业文化。全面开展创业实践活动,营造出"全员关心创新创业、全程促进创新创业、全方位服务创新创业"的良好环境和浓郁氛围。

(二)构建"模块化、菜单式"的课程体系

创业能力的内容从创业知识结构优化、创业潜能激发、创业技巧训练3个方面,针对在校大学生的成长规律和实际需求,从培养创新精神、增强创业意识、打造创业人才等方面着手,分模块为广大拥有创业梦想的学生提供良好平台。同时根据创业大学生未来创业类型在每个模块内选定具体的提升要素,"菜单式"地提升大学生创业能力,助推创业成功。

(三)加强"项目化、团队化"创业技能培训

高校将创业教育列入科研管理体系,下拨专项科研经费支持师生申报创业科研项目,形成师生互动、共同参与的良好格局。对于形成团队有志于创业的,学校应在校内设立大学生创业孵化基地,为每个创业团队免费提供电脑、办公桌椅等基础办公设施,为优秀的创业团队提供创业启动资金,并为每个团队一对一配备指导老师,为其提供各种创新创业指导与咨询,助推团队进入社会创业成功。

三、提升大学生创业能力的对策

(一)转变观念,将创业教育融入课程教学体系

(1)凝练创业教育理念。高校积极推动创业教育与创新教育、就业教育、实践教育、素质教育的融合,依托学科优势,把创业教育贯穿到人才培养的全过程,融入创新人才培养模式改革。在加强学生实践能力培养方面,以社会需求为导向,以教育回归实践为原则,采取校企结合的形式,切实将实践能力的培养渗透到学生专业实习、毕业设计等环节。

(2)完善课程教学体系。创业教学活动的设置应该突出知识、技能和素质拓展,不断增加和创设与时代和社会发展相适应的知识体系,建立使学生能尽早尽快认识和把握未

来发展的新的知识体系；立足学生发展，综合开发一切教学资源和社会资源，为学生创设实践情境，以使学生发展个性、锻炼能力、积累经验、拓展素质，从而探索和建立开放、多元和动态的创业教育的课程教学体系和实践教学体系。①

（3）丰富教育教学内容。学校要注重4个结合。一是创业教育教学与学生素质拓展以及社会实践活动相结合。一方面，在教育教学工作中融入素质拓展和社会实践项目，另一方面，在学生素质拓展和社会实践活动的设计中加大创新创业教育元素的比重。二是创业教育与学校科技服务以及科研横向协作相结合。学校要在创业教育教学过程中引导学生参与到教师的横向课题和学校与外界的其他科技服务项目中去，利用项目作为强化创业教育教学的载体。三是创业教育教学与专业课程教学相结合。通过教学体制改革使创业教育的内容和理念有效融入课程教学。四是创业教育教学与学生就业和实习相结合。将第一课堂与第二课堂融合渗透，将就业与创业融合渗透，真正实现以创业促进优质就业。通过占领课程教学主渠道，开展系统教育教学，切实帮助学生建立科学的创业观。

（4）拓展优质教学平台。学校要积极创办创新创业学校，针对在校大学生的成长规律和实际需求，从培养创新精神、增强创业意识、打造创业人才等方面着手，为广大拥有创业梦想的学生提供一个良好的平台，在全校大学生中培养一大批有坚定的创业信念、掌握创业技能、能适应时代发展的创新创业精英。学校还应开办创新创业名人讲坛，定期邀请国内外知名创业成功人士和创业教育专家学者来校讲学。为加强网络服务学生主阵地的建设，学校建立大学生创业教育网站，并与国家大学生创业网、省级教育行政部门创业教育网站对接，重点发布国家、省以及地方和学校的创业政策、创业活动信息以及创业典型事迹，有效发挥网络和新媒体在大学生创业教育教学工作中的辐射作用。

（5）充实教学专家队伍。创业教育离不开高素质的师资队伍。学校必须注重提升辅导员队伍的职业化、专业化、专家化水平。在此基础上，学校还要遴选教师组建就业创业教研室，负责学校创业教育的研究和系统课程教学。此外，学校还应从校外聘请著名企业成功人士、杰出校友、创业成功人士、风险投资家等作为客座教授或者创业实践导师，担任学生创业教育咨询师，向学生传授创业实践经验，指导学生创业，并逐渐实现创业教育师资队伍构成要素的多元化。

（二）整合校内资源，助推大学生创业能力提升

（1）完善创业研究机构。学校应建立创业研究机构，负责统筹规划学校大学生创业课程的设置、创业师资队伍的选聘、创业师资队伍的培训、创业教育课程教育计划的制订等系统的创业教育工作。

（2）推进创业的项目化运作。学校应将创业教育列入科研管理体系，面向大学生科研立项，大力支持创新创业项目；应下拨专项科研经费支持学校师生申报大学生创业科研项目，形成师生互动、共同参与的良好格局。

（3）加强创业教育学术交流。学校应积极组织学生参加就业创业知识竞赛、大学生创业计划竞赛、大学生创业调查；应鼓励师生踊跃向大学生创业网站投稿，促进创业教育经验的交流互动以及创业教育成果的互动和转化。

---

① 任源钢：《我国大学生创业教育研究》，重庆师范大学硕士学位论文，2010年。

(4) 营造创业文化氛围。为有效发挥网络和新媒体在大学生创业教育中的辐射作用,学校应建立大学生创业教育网站,拓展创业教育的网络阵地,利用校内电视台、报纸、广播等媒介宣传创业,联系校外媒体帮助宣传推广学校创业教育的成功经验,发挥创业教育示范校的辐射带动作用,从而形成立体式广覆盖的创业宣传网络体系,为大学生们了解创业、参与创业创造机会并提供平台。通过营造创业型校园文化氛围,构建"教育机制、教学课程、培训平台、实践基地"四位一体的创业教育模式,积极引导大学生善于创新、敢于创造、勇于创业。

(5) 大力扶持创业社团建设。学校应把创新创业社团建设作为激发大学生创新创业意识的重要路径之一。做到百花齐放、百家争鸣,引导学生创建创新创业社团、激发创新创业兴趣、学习创新创业知识、从事创新创业活动。学生社团的蓬勃发展,不仅可极大地丰富学生创新创业方面的文化生活,也可成为学校创业教育深入推进的有力助手。

(6) 全面开展创业实践活动。一是设立校内创新创业实训基地。学校将整体的创业教育理念、思路、内容融入到实践中去,要求创新创业实训教师开展相关工作研究。二是设立校内模拟创业基地,结合创业教育课程建设,一方面致力于提升大学生创新创业的素质与能力,提前让大学生感受创业的过程,另一方面通过模拟创业来保障创业项目正式实行市场化运作的成功率。三是发展校内创业孵化基地。在学校为创业团队提供创业场地,免费提供电脑、办公桌椅等基础办公设施,为优秀的创业团队提供创业启动资金,并为每个团队一对一配备指导老师,为其提供各种创新创业指导与咨询。同时,学校要注重将校内外孵化基地科学对接,使这二者良性互动,促进学生创业项目的可持续发展,让学生在丰富多彩的创新创业实践中汲取创业知识、提升创业素质。

(三) 强化学生自身素质,促其自我提升创业能力

(1) 客观评价自身,提高心理素质。要帮助、引导大学生在创业前做足准备,分析自身条件,充分考虑外在因素,做好创业策划;分析自己是否适合创业,适合什么行业,创业计划是否客观、可行。创业不是对每个人来说都适合的,但是乐观、自信是每个大学生都需要的精神信念。

(2) 培养自主学习能力,提高文化素质。创业需要具备一定的知识储备,如职业技能、专业知识、经营管理知识和综合知识等。自主学习是创业的关键,是企业长期保持竞争优势的源泉。有志于创业的大学生,在自身具备足以创业的技术的基础上,有必要对技术进行不断改进和完善,以期在市场竞争中具有相应的技术优势;有必要认真学习相关创业知识,积极调整心态为创业做好充足的心理与知识准备,在自己创业前可通过模拟创业或实习为创业积累相应的经验。① 自主学习在某种程度上体现了大学生的价值观和理想追求,培养大学生自主学习的能力也是弥补学校传统应试教育的缺陷和不足,同时也是大学生创业过程中必不可缺的内容。

(3) 积极参加实践活动,提升创业素质。实践出真知,各种创业能力的培养更是离不开实践这个环节。能力形成的基础是知识、经验与技能,特别是经验与技能都要在实践的

---

① 王文山,潘长海,王红英:《基于SWOT分析的大学生创业对策研究》,《黑龙江教育(高教研究与评估)》,2009年第9期。

基础上才能获得,所以创业能力是与创业实践活动紧密联系在一起的。创业实践活动的形式有很多种,如创业竞赛、企业或工厂的实习活动、学校组织的科研创新项目等。大学生应积极参加各种创业实践活动,以提高创业素质。

(本文发表于《江苏高教》2012 年第 3 期,作者:江苏大学姚冠新　杨道建　李洪波　陈文娟　顾晴)

大学生“村官”创业能力结构模型的构建及评价体系的研究

大学生“村官”计划是党中央作出的重大决策，对于加强基层组织建设、增强农村发展活力、促进青年成长成才、培养干部后备力量、培养社会主义接班人、建设社会主义新农村具有重要的现实意义和长远的战略意义。如何让大学生“村官”更好地融入农村，在农村成就一番事业，已经成为全社会关注的焦点，其中推动大学生“村官”创业计划是一条重要的途径。因此，构建大学生“村官”创业能力结构模型，研究其评价体系，具有十分重要的现实意义。

一、大学生“村官”创业能力结构模型的构建

（一）大学生“村官”创业能力结构模型的构成要素

根据大学生“村官”创业的现状和特点，一个完整的创业能力结构模型通常应包括创业意识、个性、必备知识、创业能力以及创业经验经历。其中大学生“村官”创业应具备的创业意识包括创业需要（动机）和创业兴趣；应具备的个性要素包括身体素质、品德素质、心理素质、责任意识、市场意识、竞争意识和创新意识；应具备的知识包括管理知识、经济知识、财务管理知识、交往礼仪知识、环境知识和创业项目相关专业知识（其中大学生“村官”创业者必须熟练掌握的环境知识包括：国家的有关法律、法规、政策；有关行业的规定、行业标准以及国家、国际标准；相关的环保知识；市场信息；同行业的国内外发展动态及变化趋势；等等）；应具备的创业能力包括前瞻或预测能力、领导决策能力、经营管理能力、交往协调能力、开拓创新能力、语言表达能力和学习能力。

（二）构建大学生“村官”创业能力结构模型

目前，比较著名的能力结构模型（competence model）——冰山模型，是哈佛大学教授麦克里兰（McClelland）提出的。所谓“冰山模型”，就是将人员个体素质的不同表现形式划分为表面的“冰山以上部分”和深藏的“冰山以下部分”。其中，“冰山以上部分”包括基本知识、基本技能，是外在表现，是容易了解与测量的部分，相对而言也比较容易通过培训来改变和发展。而“冰山以下部分”包括社会角色、自我形象、特质和动机，是人内在的、难以测量的部分，它们不太容易受外界的影响而改变，但却对人员的行为与表现起着关键性的作用。

根据本文对大学生“村官”创业能力结构模型构成要素的分析，可构建如图 1 所示的结构模型。其中创业意识和个性（包括创业需要（动机）、创业兴趣、身体素质、品德素质、心理素质、责任意识、市场意识、竞争意识和创新意识）属于人内在的，是“冰山以下部分”，但却在大学生“村官”创业过程中起着关键性作用。而必备知识和创业能力（包括管理知识、经济知识、财务管理知识、交往礼仪知识、环境知识、创业项目相关专业知识、前瞻或预测能力、领导决策能力、经营管理能力、交往协调能力、开拓创新能力、语言表达能力

和学习能力）则属于外在表现，是“冰山以上部分”，容易通过培训来改变和发展，但也是创业过程中必须具备的。

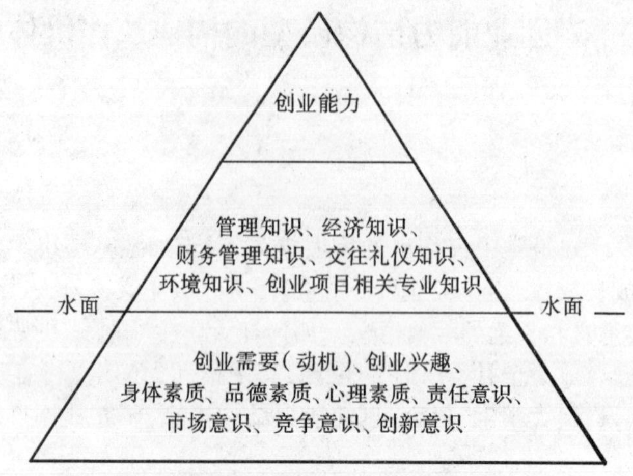

图1　大学生“村官”创业能力结构模型

二、大学生“村官”创业能力评价体系的研究

（一）AHP（层次分析法）简介

AHP即“层次分析法”，是把复杂系统的问题所包含的各种因素划分为相互联系的有序层次，使问题条理化，并根据定性的判断对同一层次元素间的相对重要性给出定量的描述，再利用数学方法确定每一层次元素的相对重要性权值，最后根据各个指标的数值及其权值，对所研究的问题作出综合评价。原理是将整个指标体系加以分层（以三层为例），其中：底层节点是影响结果的具体指标，称为“子指标层”；第二层为“指标类层”，它将若干相关的指标组织为一个类（或称为子系统）以反映在某个更大范畴的表现；顶层为“目标层”，它只有一个节点，表示最终评价的结果。整个指标体系自顶向下每一层的指标所考察的范围逐渐缩小，指标也逐渐细化。在实际操作时，采用一定的评价方法就可以通过底层的各个细化指标计算得出顶层指标的评价值——我们想要的最终评价结果。具体分布如图2所示。

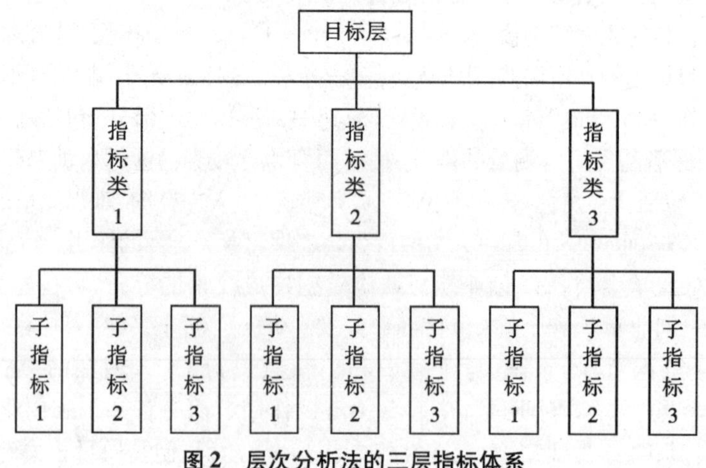

图2　层次分析法的三层指标体系

（二）基于 AHP 的大学生“村官”创业能力的评价

1. 确定指标体系

为了发挥 AHP 评价法的优点，避免其因主观判断的失误造成的误差，根据文中提出的大学生“村官”创业能力结构模型的基本构成，将大学生“村官”创业能力分为创业意识、个性、必备知识和创业能力 4 个方面，其中创业意识下设 2 个指标，个性下设 7 个指标，必备知识下设 6 个指标，创业能力下设 7 个指标。

对于大学生“村官”创业能力的评价采用 AHP 方法，设计三层指标体系（见图 3），其中指标顶层的指标号以字母 A 开头，第二层以 B 开头，底层指标以 C 开头表示。

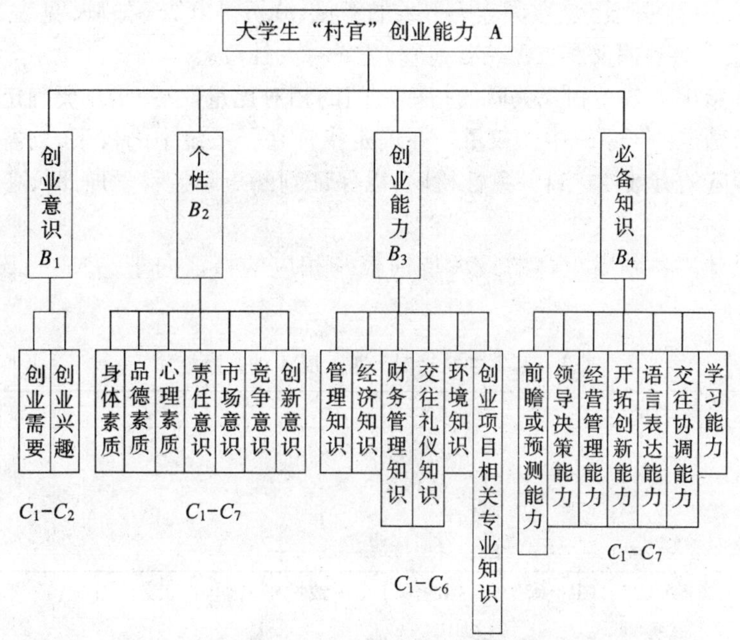

图 3　大学生“村官”创业能力的三层指标体系

2. 构造判断矩阵

利用人们对每一层各元素的相对重要性的判断，将其用数值表示出来，写成矩阵形式，称为判断矩阵。

构建模型，确定指标体系后，上下两层要素标间的隶属关系就被确定了，对同一层次要素，以上一级的要素为准则进行两两比较，其比较结果以 1—9 标度法表示（见表 1）。其中 1 表示同等重要，3 表示稍微重要，5 表示明显重要，7 表示强烈重要，9 表示极端重要，每两者之间的中间级别用 2，4，6，8 表示。

表 1　创业能力矩阵判断标度表

标　度（a_{ij}）	定　义
1	i 因素与 j 因素同等重要
3	i 因素比 j 因素略微重要
5	i 因素比 j 因素重要一些

续表

标　度(a_{ij})	定　义
7	i 因素比 j 因素重要得多
9	i 因素比 j 因素重要得多得多
2,4,6,8	以上判断之间的中间状态对应的标度值
倒数	若 j 因素与 i 因素比较,得到判断值为 $a_{ij}=1/a_{ij}$

笔者通过对淮阴工学院近几年毕业的大学生"村官"及其直管领导进行采访,并请他们对评价指标进行两两比较,取其较为一致的意见,分析得出如下矩阵(见表2—表6)。

3. 计算最大特征根及相应的特征向量,完成一致性检验

判断矩阵给出了各个相互关联的指标之间的相对比重,下一步是要确定每个指标在其所在矩阵所确定的子系统中的权重。在确定指标在子系统中的权重时,需要通过数学方法对判断矩阵的有效性进行一致性检验,以保证判断矩阵能科学地评价各个指标的相对重要性。

根据公式计算各判断矩阵的最大特征根及相应的特征向量,完成一致性检验(见表2—表6)。

表2　第2层 B 相对于第1层 A 的判断矩阵

A—B	B_1	B_2	B_3	B_4	特征向量 W
B_1	1	2	3	3	0.455
B_2	1/2	1	2	2	0.263
B_3	1/3	1/2	1	1	0.141
B_4	1/3	1/2	1	1	0.141

$l_{max}=4.01$　CI=0.035　CR=0.039　CR<0.1　一致性检验通过

表3　第3层 C 相对于第2层 B_1 的判断矩阵

B_1—C	C_{11}	C_{12}	特征向量 W
C_{11}	1	2	0.667
C_{12}	1/2	1	0.333

表4　第3层 C 相对于第2层 B_2 的判断矩阵

B_2—C	C_{21}	C_{22}	C_{23}	C_{24}	C_{25}	C_{26}	C_{27}	特征向量 W
C_{21}	1	3	2	4	3	5	6	0.339
C_{22}	1/3	1	1/2	2	1	3	4	0.136
C_{23}	1/2	2	1	2	2	4	5	0.210
C_{24}	1/4	1/2	1/2	1	1/2	2	3	0.088
C_{25}	1/3	1	1/2	2	1	3	4	0.136
C_{26}	1/5	1/3	1/4	1/2	1/3	1	2	0.054
C_{27}	1/6	1/4	1/5	1/3	1/4	1/2	1	0.036

$l_{max}=7.033$　CI=0.022　CR=0.017　CR<0.1　一致性检验通过

表 5　第 3 层 C 相对于第 2 层 B_3 的判断矩阵

B_3—C	C_{31}	C_{32}	C_{33}	C_{34}	C_{35}	C_{36}	特征向量 W
C_{31}	1	1/2	2	4	5	8	0.266
C_{32}	2	1	3	5	6	9	0.395
C_{33}	1/2	1/3	1	2	4	7	0.165
C_{34}	1/4	1/5	1/2	1	2	5	0.091
C_{35}	1/5	1/6	1/4	1/2	1	4	0.059
C_{36}	1/8	1/9	1/7	1/5	1/4	1	0.026

$l_{max}=6.223$　$CI=0.045$　$CR=0.036$　$CR<0.1$　一致性检验通过

表 6　第 3 层 C 相对于第 2 层 B_4 的判断矩阵

B_4—C	C_{41}	C_{42}	C_{43}	C_{44}	C_{45}	C_{46}	C_{47}	特征向量 W
C_{41}	1	2	3	4	6	3	7	0.339
C_{42}	1/2	1	2	3	5	2	6	0.223
C_{43}	1/3	1/2	1	2	4	1	5	0.139
C_{44}	1/4	1/3	1/2	1	3	1/2	4	0.088
C_{45}	1/6	1/5	1/4	1/3	1	1/4	2	0.042
C_{46}	1/3	1/2	1	2	4	1	5	0.139
C_{47}	1/7	1/6	1/5	1/4	1/2	1/5	1	0.030

$l_{max}=7.173$　$CI=0.029$　$CR=0.022$　$CR<0.1$　一致性检验通过

4. 得出第三层相对于第一层的权重，即各子指标相对于总目标的相对权重（见表 7）

表 7　各子指标相对于总目标的相对权重

指　标	子指标	子指标相对于总目标的相对权重
创业意识	创业需要（动机）	0.303
	创业兴趣	0.152
个　性	身体素质	0.089
	品德素质	0.036
	心理素质	0.055
	责任意识	0.023
	市场意识	0.036
	竞争意识	0.014
	创新意识	0.009
必备知识	管理知识	0.038
	经济知识	0.056
	财务管理知识	0.023
	交往礼仪知识	0.013
	环境知识	0.008
	创业项目相关专业知识	0.004

续表

指　标	子指标	子指标相对于总目标的相对权重
创业能力	前瞻或预测能力	0.048
	领导决策能力	0.031
	经营管理能力	0.020
	交往协调能力	0.012
	开拓创新能力	0.006
	语言表达能力	0.020
	学习能力	0.004

（三）结论

通过大学生“村官”创业能力结构模型的建立与分析，可以科学便捷地对大学生“村官”的创业能力进行评价。与其他纯定性方法相比，AHP法和调查法相结合，定性分析与定量分析相结合，所作出的权重计算和评价也更为科学与客观。以上结果具有一定的实际应用价值，可直接套用结果评价出大学生“村官”的创业能力大小。同时，基于该结果，相关管理机构可以有效地实施大学生“村官”创业培训需求分析和创业培训课程的设计。另外，还可以分析村官创业现状，提出提升创业能力的途径和方法，从而有效地提高大学生“村官”的创业能力。

（本文为江苏大学硕士研究生论文成果，指导教师：姚冠新，作者：李江红）

第四篇　队伍建设的专家化

构建"四项机制"　深入探索辅导员队伍建设的有效途径

江苏大学(以下称"学校")党委从培养中国特色社会主义事业合格建设者和可靠接班人这一根本任务出发,历来高度重视辅导员队伍建设。中央16号文件下发后,学校党委先后两次召开全校学生工作会议,制定下发了《关于进一步加强辅导员队伍建设的意见》、《江苏大学辅导员工作条例》和《江苏大学辅导员岗位聘任办法》等文件,以专业化、职业化、专家化为目标,系统规划辅导员队伍建设,着力在构建"选配聘用、教育培养、考核评价、职业发展"4项机制上下工夫,打造了一支政治素质好、战斗力强、热爱学生工作、乐于奉献的辅导员队伍。

一、构建"选配聘用"机制,优化辅导员队伍结构

辅导员选配聘用工作是保证辅导员队伍建设起始水准和后续发展潜力的重要基础。我们通过严格专职辅导员准入制度和建立兼职辅导员制度,使辅导员队伍的年龄、学历、能力等结构不断优化。

一是严格专职辅导员准入制度。学校每年12月至次年2月面向"211工程"及以上高校应届毕业研究生公开招聘、选拔辅导员,要求应聘者除应为中共党员或预备党员外,还应具有与学生工作相适应的专业知识、职业素养和职业能力。在具体选聘工作中,由分管校领导、纪委、人事处、学生处、研究生工作部等部门负责人组成的选聘小组,严格按照选拔要求组织笔试、面试,通过面试者还须进行心理素质测试和体检,最后脱颖而出的优秀毕业研究生与学校签订实习协议。为确保选好人才,学校规定3个月实习考核合格后,才能正式聘任为学生辅导员。近5年,学校共引进了53名应届硕士毕业生充实辅导员队伍,目前全校共有145名专职辅导员。

二是建立兼职辅导员制度。学校从2010年开始,实行优秀专业教师及党政管理干部兼任辅导员制度,鼓励专业课教师和管理人员参与育人工作,努力形成全员育人的良好氛围。目前,学校首批选聘了76名兼职辅导员,其中专业教师占70%以上。这批兼职辅导员的上岗,使辅导员的结构更加合理,促进了学生思想政治教育与专业教育的有机结合。与此同时,为增强思政教育工作针对性,弥补辅导员工作的"短板",学校选派了一大批思想素质高、业务水平强、具有副高以上职称的教师担任大学生的学业导师,由他们在思想上充当学生的领航员,在学习上充当学生的辅导员,在生活上充当学生的指导员。

二、构建"教育培养"机制,提升辅导员工作能力

近几年来,学校党委把加强对辅导员的教育培养作为加强辅导员队伍建设的重要举措,逐步建立起一套多渠道、多形式、多层次的辅导员教育培养机制,为提升辅导员工作能

力提供了坚强保障。

一是搭建辅导员进修培训平台。教育部、江苏省教育厅为学校辅导员培训创造了很多的有利条件和机会,学校受益匪浅。在做好校级岗前培训的基础上,新任辅导员必须参加省教育厅组织的江苏省高校新任辅导员培训班,取得结业证书以后,方可从事辅导员工作。学校还有计划地选拔优秀辅导员攻读博士学位、挂职锻炼或到国外高校学习考察。近5年来,学校选派参加国外、国家、省级培训的辅导员达60余人次,为辅导员开阔视野、增进交流、提高素质搭建了有效平台。

二是搭建辅导员素质拓展平台。首先,定期举办辅导员工作培训班,邀请校内外专家学者开设专题讲座,帮助辅导员了解当前学生工作的特点和规律,掌握新形势下学生工作的方法。其次,学校设立专项培养培训基金,支持辅导员参加国家心理咨询师和就业职业指导师的培训与认证考试(辅导员获得资格证书后,其培训考试费用由学校承担),目前学校已有51名辅导员具备“心理咨询师”资格、29名辅导员具备“职业指导师”资格。再次,学校定期举办“辅导员工作沙龙”,为辅导员搭建交流工作、沟通思想、相互学习、研究探索的平台,已经举办的15期辅导员工作沙龙,主题涉及学生思想教育、学生公寓管理、学生心理咨询、就业指导、辅导员自身素质提高等方面,在解决辅导员工作中的实际问题、提升辅导员工作的科学化水平等方面发挥了积极的作用。

三是搭建辅导员专业研究平台。2010年,学校成立了大学生素质教育中心,专门从事大学生综合素质培养的教学、研究和咨询工作。中心下设学业就业指导、形势与政策、心理健康、公共艺术、法纪与安全等5个研究室,所有专职辅导员按各自条件兼任各教研室教师,开展相关教学和研究工作。另外,学校还设立了每年10万元的大学生思想政治教育专项科研基金,用以资助辅导员开展课题研究,鼓励辅导员承担国家、省级和校级课题立项。

三、构建“考核评价”机制,激发辅导员队伍活力

切实可行的考核评价机制是加强辅导员队伍专业化、职业化建设的重要保障。近年来,学校根据辅导员自身特点,建立了以工作实绩为主要内容、以学生满意度为主要指标、科学性和可操作性较强的考核评价体系,有效地发挥了考核评价的激励和导向功能。

一是科学设计指标体系。学校成立了辅导员工作考核领导小组,统一组织辅导员年度考核。每年4月,在总结上一年度考核经验基础上,根据定性与定量结合、德尔菲法、层次分析法等方法,确定考核体系与指标,并予以公布。11月中旬开始,面向全校辅导员进行考核。考核流程为辅导员撰写年度工作总结并公布、划卡评议、综合评议确定考核结果。

二是规范考评关键环节。划卡评议是辅导员考核最关键的环节,分为学生评议、学院评议和部门评议3个部分。学校要求所有本科生、研究生都要参与划卡评议,学生评议分与学生参评率挂钩折算,由于学校宣传到位、组织得当,学生参评积极性较高,每年参评率均在97%以上。学院评议分由学院评议结果与学院学生工作考核结果加权得出。部门评议分由学工部、研工部、校团委、心理健康中心科级及以上干部划卡评议得出。辅导员考核结果按照“总评分=学生评议分×50%+学院评议分×40%+部门评议分×10%”的

公式算出，结合关键事件考核，最终确定辅导员的考核等级。

三是注重考评结果运用。学校把辅导员年度考评工作作为教职工年度考核工作的组成部分，将考评结果作为衡量辅导员能力、评价辅导员工作绩效的重要依据，加大考评结果在职务聘任、津贴发放、各类评比中的使用力度。学校根据年度考评确定辅导员评优结果：对于考评结果排序前10名的辅导员授予“江苏大学十佳辅导员”荣誉称号，对于排在第11—20名的辅导员授予“江苏大学优秀辅导员”荣誉称号，使辅导员感受到学校对其工作的重视和肯定，从而增强辅导员爱岗敬业的热情和干事创业的信心。辅导员专项津贴也与辅导员年度考评结果挂钩，考核为“优秀”、“合格”的正常发放，考核为“基本合格”的发放一半，考核为“不合格”的停发。

四、构建“职业发展”机制，增强辅导员发展后劲

辅导员自身的发展需求是加强专业化、职业化建设的内在要求，如果不对辅导员的发展进行系统合理的设计，辅导员就不能在本职岗位上成就事业、实现自身价值，这样势必会造成辅导员队伍的不稳定。为此，学校对辅导员进一步明确了行政职级和专业技术职务聘任制双重身份管理。

一是建立职级聘任制。根据工作年限、工作实绩、岗位职责、考核结果、获奖情况等条件，学校设置了由低到高1—4级辅导员岗位，分别对应科员、副科级、正科级、副处级的实职岗位，为辅导员提供了发展的空间。

二是实施专业技术职务聘任制。学校专门设立了“学生思想政治教育”专业技术职务序列，成立专门的专业技术职务评审委员会，充分考虑辅导员的工作特点，坚持工作实绩、科研能力和研究成果相结合的方针，单划指标、单定标准，按照助教、讲师、副教授、教授等职级评聘辅导员的专业技术职务。目前，学校已有21名辅导员具有副高以上职称。

三是健全辅导员“出口”机制。学校从2009年开始，所有党政管理部门不再新进应届毕业生，所需人员缺口，根据工作需要和个人意愿，从辅导员岗位中补充。学校还坚持把辅导员作为党政后备干部培养和选拔的重要来源，积极把优秀辅导员推荐到校内管理干部岗位。

实践表明，我们通过构建“四项机制”，把握住了“高进、严管、精育、优出”4个关键环节，使辅导员工作有条件、干事有平台、发展有空间、待遇有保障，有力地促进了辅导员队伍建设。通过辅导员队伍整体素质的不断提升，有效带动了大学生思想政治教育的整体推进和学生的健康成长，学校学生工作呈现出蓬勃发展、更加富有成效的生动局面。

（本文为江苏大学报送2011年江苏省高校宣传思想工作会议交流材料）

健全制度　科学定位　注重选聘
加强培养　合理激励

江苏大学有着一支综合素质高、业务水平精、敬业精神强的辅导员队伍。广大专职辅导员热爱学生事业，关心学生，乐于奉献，绝大多数同志能够做到全身心投入工作，经常深入学生群体之中，将学生思想政治工作做细做实，确保了学校学生工作有序、高效、高水平的运作。目前，学校共有辅导员 151 人（其中正式编制的专职人员 106 人，人事代理 8 人，兼职人员 37 人），辅导员生师比为 196：1。

现将近年来学校专职辅导员队伍建设的情况总结如下：

一、高度重视，健全制度

专职辅导员队伍的建设能否得到加强，关键在领导。学校各级领导思想统一、高度重视，把建设一支精干高效的辅导员队伍作为一项重要的任务来抓。校院两级领导认真学习研讨中央和省委文件，切实贯彻全国、全省高校辅导员队伍建设工作会议精神，根据《普通高等学校辅导员队伍建设规定》、《江苏省教育厅关于加强高校辅导员队伍建设的意见》，进一步完善了学校辅导员队伍的目标管理体系、制度保障体系、监督检查体系和考核奖惩体系，制定了《江苏大学专职辅导员管理条例及考核办法》，出台了《关于加强学生工作队伍建设的意见》，从制度上规范队伍建设，理顺关系，强化职能，明确了任职条件、岗位职责、工作内容、考核标准等。

学校根据学生工作的特点，实行辅导员工作月报制、听课制、参与学生干部例会制、听取专业教师反馈意见制，编印了《江苏大学辅导员工作手册》，要求每位辅导员每月上报当月主要完成的工作内容、参加班（委）会及学生干部会议情况、深入学生宿舍情况、与学生交流谈心情况、所带学生当前主要思想动态及关注的热点问题、下个月主要工作思路及对学生教育管理的建议等。

二、科学定位，职责分明

科学定位辅导员的角色是更好地发挥其思想政治教育职能、提高辅导员工作实效性的关键。辅导员既是大学思想政治教育的教师，又是学生的教育管理者，更是大学生健康成长的指导者和引路人。学校改变过去辅导员角色定位不太清晰、承担工作庞杂等状况，把辅导员定位为教育者、管理者和服务者，其工作涵盖学生的思想政治教育、日常管理及服务工作，工作重心是对大学生进行思想政治教育。学校在学生社区、心理健康教育、职业发展教育、形势政策教育等方面配备学生社区辅导员、心理健康咨询员、生涯设计指导老师、形势政策课教师等“职业化”的辅导员，引导辅导员向专家化方向发展。

三、注重选聘，优化结构

在辅导员队伍的建设上，学校坚持政治强、业务精、纪律严、作风正的标准，把德才兼备、乐于奉献、潜心教书育人、热爱大学生思想政治教育事业的人员选聘到辅导员队伍中来。每年由人事处公开招聘，学生处会同相关部门进行笔试、面试考核。选聘渠道主要有两个：一是面向全国重点高校择优引进思想政治教育及相关专业的应届硕士毕业生；二是从本校优秀本科毕业生中选聘，其从事两年的辅导员工作后再免试读研。2005 年引进 8 名应届硕士毕业生，录用本校 17 名免试推研生，2006 年引进 20 名应届硕士毕业生，这些人员的引进提升了辅导员队伍的层次，优化了队伍的结构，并使辅导员的质与量得到了保证。2006 年下半年起在学校研究生中择优选聘了 37 名兼职辅导员。2007 年拟引进 17 名应届硕士毕业生充实到辅导员队伍中。现在，学校辅导员队伍中党员占 99%，男女比例为 67∶33，35 岁以下的占 88.7%，拥有硕士及以上学位的占 81%，拥有中级及以上职称的占 24%，正科及以上的占 29.8%。

在班主任队伍建设上，学校重新修订了《江苏大学班主任工作条例》，班主任主要由各学院任课教师担任，部分学院试点推行教授担任班主任。广大班主任都能切实指导好学生的学习和生活，用自己的学识魅力和人格魅力影响教育学生。

另外，学校关工委还组织部分退休老教授深入学生班级，为学生答疑解惑，受到广大学生的欢迎。

四、严格要求，加强培养

辅导员队伍整体的优良素质并不是一朝一夕就能形成的，它是一个长期积累经验、培养锻炼的过程。学校一直坚持选拔、使用、管理、培养、提高相结合的原则，采取得力措施，加强对辅导员的教育与培养，努力为其创造良好的政策环境、工作环境和生活环境。在政治上爱护他们、工作上支持他们、生活上关心他们，使他们工作有条件、干事有平台、发展有空间，最大限度地调动他们的积极性、发挥他们的创造性。

学校坚持培养与使用相结合，改变过去“重使用、轻培养”的观念，通过岗前培训、专题培训、定期培训、工作经验交流等形式，加强对辅导员的教育培训，鼓励辅导员向职业化、专家化方向发展。学校在实践中采取“重视使用、加强培养”的方法：一是大胆给辅导员压担子，鼓励他们在自己的工作岗位上创造性地开展工作。二是不断加强培养培训。每年从学校的实际出发，制订培养规划，有计划、有步骤地安排辅导员参加各种培训，努力提高他们的政治理论素养和政策水平。党委学工部每年组织专职辅导员培训班 10 余次，邀请学生教育管理的专家学者开设专题讲座，帮助辅导员了解当前学生工作的特点和规律，掌握新形势下学生工作的基本方法。每学期组织 5 次左右的工作经验交流活动，加强辅导员之间的交流；多次组织辅导员参加国内各类学生教育管理培训、研讨；自编自印相关专题学习资料；等等。

2006 年学校专门成立了“大学生职业生涯教育研究中心”，多次邀请相关专家对辅导员进行大学生职业生涯规划设计等方面知识的培训，鼓励广大辅导员研究大学生的职业生涯规划，研究大学生的思想政治教育。学校同相关培训中心联系，组织部分辅导员参加“心理咨询师”、“职业生涯规划师”的培训，切实提高辅导员的理论水平和工作能力。

五、合理激励，保障有效

根据中央、省委文件精神及全国、全省高校辅导员队伍工作会议精神，学校下发了相关配套文件，使得辅导员队伍建设有了具体政策保障。设立每月200元的辅导员专项津贴（按12个月发放），虽然200元并不多，但体现了校党政领导对这支队伍的关心和支持。

创造条件，促进发展。学校确立了社会实践机制，每年都组织辅导员参加社会实践，增强了辅导员接触社会、了解国情的机会；大力提倡辅导员从事学生思想政治教育理论研讨，拨出专款设立专项基金5万元；加大对辅导员队伍建设的投入，设立队伍建设专项经费4万元，增强辅导员工作积极性、主动性和创造性，提高专职辅导员的工作能力和业务水平。辅导员从教师系列评定学生思想政治教育讲师、副教授、教授职称，学校要求所有青年教师晋升职称都必须有担任班主任的经历，有辅导员经历的优先考虑。辅导员工作满一定年限后可以聘任科级及以上职务，并享受相应待遇。为优化队伍结构，学校辅导员的流动主要有两个方面：一方面，把政治素质好、业务能力强、有发展潜力的辅导员输送到相关部门作为后备干部培养；另一方面，把专业素质优秀的辅导员输送到相关专业教师岗位。

近年来，学校特别注重对辅导员、班主任的考核力度，使他们更加明确自己的权利和义务以及所肩负的责任。通过考核评比，每年表彰一批优秀辅导员和优秀班主任。2006年评选出首届“十佳班主任”。评选结束后，集中宣传他们的典型事迹，在全校范围内形成了“学先进、赶先进”的良好氛围。

六、建　　议

总体看来，专职辅导员队伍建设也存在着一些问题，我们希望省相关部门能制定切实有效的措施加强对辅导员的培养培训，切实关心辅导员队伍的发展，并对各高校辅导员队伍建设进行指导、督促和检查。

建设一支高素质的专职辅导员队伍是加强大学生思想政治教育的重要保证，学校将高度重视这支队伍的建设，努力把这支队伍培养成为高层次、高素质、用得上、靠得住的大学生思想政治教育的中坚力量。

（本文为江苏大学报送2006年江苏省高校宣传思想工作会议交流材料）

大学生党建引入导师制研究

导师制起源于14世纪的英国牛津大学，由温切斯特主教威廉·威克姆首创，是牛津大学教育制度的标志性成果之一，也是世界多国成熟的经验和模式。现代导师制是在高校教育和管理中，导师与学生之间形成相对固定的一对一、一对多的指导与被指导关系，使两者形成持续的互动，以充分发挥导师资源优势并激发学生潜能，提高教育教学效果的一种教育与培养模式。笔者借鉴现代导师制，在大学生党建工作中设置党员导师，探讨高校学生党建工作的新思路，以提高大学生党建工作的科学性。

一、大学生党建工作的主要问题

（一）部分教师存有观念误区

部分专业教师认为，学生思想工作只是思想政治教育工作者的任务，学生党建工作更是少数专职人员的工作。同时，专职党建工作者在培养学生党员和开展组织活动时，也较少邀请专业教师参与，忽略了他们对学生党建工作的意见和建议。究其原因，主要是部分教师没有深刻理解大学生党建工作的"育人"意义，忽视了"党建"、"教书"和"育人"三者的内在统一性，从而使高校学生党建工作少有其他教师的参与和支持，忽略了他们在大学生党员教育中的积极作用。

（二）大学生党员培养模式化、程序化

在大学生党员发展上，大都按照固定组织程序，机械地完成各环节的"规定动作"。这种传统党建工作方法，与新时期大学生党建工作的要求和目标不相适应。究其原因，主要是学生党员整体数量较大，学生党建工作繁杂，工作量大。而目前高校大学生党支部书记大多由从事学生工作的辅导员或班主任担任。他们一般都身兼数职，由于时间不足和人手不够，学生党支部对大学生党员的培养和教育就容易变得越来越程序化和简单化。

（三）大学生党员教育机制不活

当前，在高校大学生党建工作中，组织活动内容单一或流于形式，难以达到党建工作实效，主要原因是机制不活，尤其是缺乏长效教育机制。部分大学生在入党之前积极进步，但是在发展为党员之后，就逐渐出现松散退步的现象。另外，学生党支部对学生党员的教育，大都局限于定期或不定期的文件学习或偶尔的红色参观等活动，既单一又缺乏长效性。

（四）大学生党性教育忽视个体差异性

新时期的大学生党员生活在科技高度发达、信息十分丰富的社会环境中，他们富有活力、思想活跃、敢于梦想和追求，在人生观和价值观等方面存在明显的多元性，在党性认知和党性修养上也存在较大个体差异性。这就决定他们的进步和成长需要个性化的、"套餐式"的指导和教育。而在传统的大学生党员培养和教育工作中，虽然也有培养联系人的谈

话和指导，但更多是依靠党组织统一“批量式”和“集中式”的方法，这样就忽视了当代大学生千差万别的个性特点和个性需求，有悖于因材施教理念，不利于他们的党性修养和全面发展。

二、大学生党建导师制的重要意义

首先，是大学生党建工作科学化的需要。面对新时期党建工作的诸多新问题，传统的党建工作方法难以适应。引入党建导师制，选择一批德才兼备的优秀党员教师担任学生党员的“党建导师”，将专业导师制的工作模式和方法引入到高校学生党建工作中来，可以充分利用教师党员的优势，填补传统党建工作的空白，改变传统党建工作固有模式，使之更具时代性和科学性，更能有效解决实际问题。

其次，是大学生党建工作专业化的需要。目前，高校学生党支部书记一般由辅导员或优秀学生党员担任。党建工作的队伍建设往往缺乏专业性。导师制模式下，可精心挑选和规范培养一批在科研、管理、教学等方面都优秀的党员教师，对学生党建的教师队伍进行强有力的补充。他们不仅具有较高的思想政治理论水平和专业技术水平，还具有较高的学术威信和较大的个人魅力，容易对大学生产生感召力和影响力，利于实现党建和育人的有机统一。

再次，是大学生党建工作可持续化的需要。引入党建导师制模式，充分发挥教师党员的先进性作用，充分发挥专业教师的专业优势，将单纯的学生党建工作和学生综合素质的培养有机统一起来。广大党建导师可以利用自己的专业特长和广博学识，帮助学生党员培养专业学习的浓厚兴趣，引导学生走进专业课堂、专业实验室、专业实践实习基地等，指导学生开展社会实践、参与教师科研项目等活动。这样可以很好地改变支部活动形式单一、支部生活空洞乏味、支部工作与专业学习脱钩等不良现象，真正增强支部活动的参与性，提高学生党支部的活力。

三、大学生党建导师制的实施方法

党建导师制是借鉴专业导师带教的方法，选拔一批政治素质好、党性观念强、业务水平高的教师党员担任党建导师，与一名或几名优秀中青年教师和学生“结对子”，对他们进行传、帮、带。根据每个学生的价值倾向、道德品质、个性心理、专业学习等实施个性化引导，把学生健全人格的培养与党员的先进性教育有机结合起来，既能从源头上把好大学生群体党员发展培养的关口，更能在党员后期教育、管理上落实长效机制。

（一）选拔和组建党建导师人才库

党建导师的选拔可采用个人自荐、组织推荐和组织考察等方式进行。在二级学院党委的统一领导下，由党委会讨论确定党建导师的选拔标准，确保公开透明，并在全院进行宣传。导师应具有坚定正确的政治方向和较高的党性修养。他们应该作风正派，品德高尚，工作责任心强，在专业领域上有较高的学术水平和学术威望，是大学生公认和敬重的楷模。他们能够胜任“一岗双职”，是“政治导师 + 专业导师 + 人格导师”的有机融合。他们可能是中青年专家或教授，也可能是各级领导干部。各学院组建相对固定的导师库，并定期更新，最终名单由党委下发任命文件并颁发聘用证书。

（二）系统培训党建导师的指导方法

党建导师打破将党建工作从大学生专业学习和全面发展中孤立开来的传统，以大学生党建工作为平台和抓手，围绕“党建”，但不局限于“党建”，全程参与大学生成长过程。以思想引导、学业辅导、就业指导、心理疏导、生活指导“五导”为核心内容，在教师和学生、党员和群众间建立起一种相对固定的、延续性的导学关系，全方面促进和引领学生党员发展，并根据“五导”确定党建导师的具体工作内容。

（1）思想引导是核心内容。采取谈心沟通制和专题学习制，导师对学生党员和入党积极分子进行培养与教育，传授党的基本知识，注重党性意识培养，指导学生树立远大理想，培养正确的世界观、人生观和价值观。增强学生的自律意识，促进学生良好思想品德和健全人格的形成。

（2）学业辅导是关键内容。导师定期开展专业讲座和个别辅导，向学生展示专业领域的发展现状和前景，激发其学习兴趣，促使其端正学习态度，并充分发挥专业教师的学术优势，有针对性地传授学习方法，提高其学习能力，帮助其顺利完成专业培养计划，为升学或就业奠定基础，更为人生的长期发展做好准备。

（3）就业指导是重要内容。采取就业培训和模拟实践，帮助大学生树立正确的就业观，实现顺利和高质量就业。具体包括：指导他们进行职业生涯规划，提供专业领域的最新就业行情和信息，进行与就业相关的礼仪和面试培训或竞赛，等等。

（4）心理疏导是必备内容。建立专业的心理疏导机制，请专业心理辅导师定期对学生党员进行心理辅导和干预，同时培养导师的心理疏导能力，关心学生心理发展，保障学生的积极心理状态。建立畅通的信息反馈渠道，如“党建导师工作室”、“关爱谈心屋”等，及时发现学生各种不良心理现象，并给予关心和疏导，确保他们拥有积极自信、蓬勃向上的健康心理。

（5）生活指导是辅助内容。导师主动融入学生生活，积极参与学生活动，掌握学生生活中的新事物、新动向，引导和帮助学生适应大学生活。培养学生积极的生活态度，引导其建立明确的生活目标，帮助其协调与解决经济上和人际关系上的具体困难等，尤其注重学生良好生活习惯的养成和人际交往及沟通能力的培养。

（三）全面建立党建导师制的保障机制

主要是配套的考核及激励机制。考核对象可分为导师党员、被结对的学生党员或入党积极分子，考核周期为每学期一次。分自我评定、结对者评定、学院党委评定3个部分。导师党员的考核项目为平时带教记录、活动出勤记录、自评及互评等，包括党建导师的政治思想表现，指导学生参与党团活动情况、学习成绩、技能及外语类通过率，参加各种学习竞赛和科技活动的获奖及论文发表情况，参加社会实践、产学合作实习情况等。具体可根据每个院系情况不同进行项目细分。考核分优秀、合格和不合格3个等级。对优秀党建导师，学院党委要予以表彰，在晋升职称、评先评优等方面可予以优先考虑；对不合格的，取消当年导师资格，取消当年评先评优资格。同时在被结对学生中评选出优秀学生党员、优秀预备党员和优秀入党积极分子，逐步实现示范激励和共同进步。

（本文发表于《学校党建与思想教育》2012年第3期，作者：江苏大学黄新建　姚冠新）

基于胜任力的高校辅导员360度评价研究

——以江苏大学为例

一、研究的目的和意义

评价高校辅导员的胜任力最重要的价值在于促进高校辅导员个体能力发展,而不是评价本身,因此应通过评价将有效信息反馈给被评辅导员,从而实现“人校双赢”。一方面,帮助高校辅导员正视自我,充分把握自己的角色定位,认识到自己在胜任工作上的优势和不足,有针对性地进行潜能开发,有效地实现素质提升,提高学生工作的绩效;另一方面,也为学校的学生管理工作服务,营造一种积极向上的氛围,得到高校辅导员的理解与支持,使学生管理工作真正朝着对学校、学生有利的方向发展。

在评价绩效时,高校辅导员工作绩效数据很难收集完整,或者只强调工作目标,而不管高校辅导员是如何取得绩效的。胜任力评价模型的前提就是找到区分优秀辅导员与普通辅导员的标准,以它为基础确立评价指标。经过科学论证的评价体系,能够反映高校辅导员的真实表现。胜任力评价体系可以让工作表现好的高校辅导员及时得到反馈,能够提高高校辅导员的工作积极性;可以通过培训或其他方式帮助工作绩效不够理想的高校辅导员改善工作绩效,实现高校对辅导员的工作要求。

高校学生管理的战略绩效指标根据高校发展战略目标、学生教育管理目标层层分解,经过院系目标细化,最终落实到辅导员个人身上。高校学生管理战略绩效指标的获取过程,就是将学生教育管理目标转化为高校辅导员个人工作目标的过程。通过这一过程,高校辅导员工作目标把个人和学生管理部门的目标与整个学校组织发展战略联系起来,对辅导员个人和整个学生管理工作获得持续发展具有重要意义。高校辅导员的学生管理工作目标覆盖、反映和支撑整个学生管理部门的工作绩效指标,而学生管理部门工作绩效指标又来自对学校总体战略指标的分解。通过确定辅导员的岗位目标来分配辅导员的职责任务,对辅导员的能力也有相应的要求,即为完成工作目标,需要具备什么样的能力素质,需要具备什么样的行为表现,这些都是由辅导员胜任力模型来界定的。因此要定期对高校辅导员进行考核,采用一定的评价手段,确定辅导员是否达到预定的学生工作目标要求,分析辅导员个人能力存在差距的原因。

360度评价能够实现客观化、系统化的要求,辅导员考核体现了过程控制,提高了辅导员对于考核工作的参与积极性,有助于提高辅导员的工作效率,也能从整体上提高辅导员队伍的工作水平。同时,360度评价的结果能为高校辅导员的职业生涯设计提供依据,告诉高校辅导员是否适合相应工作岗位,如果想取得更大的成就、不断实现自我发展,需要怎样规划自己。360 度评价有利于实现辅导员全员参与学生管理,会增强高校辅导员的归属感和自信心,进而增强学生工作系统凝聚力,促进学生工作的变革与发展。

二、高校辅导员的胜任力及 360 度评价内涵研究

山西大学的杨继平等把辅导员的胜任力定义为:能够做好大学生辅导员工作所具备的人格结构、行为结构、能力结构和知识结构。① 华北电力大学的郝英杰将高校辅导员的胜任力定义为:与高校学生管理工作绩效相关的,能够促进学生管理工作全面进展的,并使学生得以健康发展的辅导员所具有的知识、技能以及其他个性特征的组合。② 重庆大学王建国等将高校辅导员的胜任力定义为:高校辅导员所具有的内在的、稳定的、可被衡量的特性,包括知识、技能、价值观、态度、自我形象、特质和动机,这些特性与学生思想政治工作绩效密切相关,能够促进高校人才培养目标的实现和大学生思想及心理的健康发展。③ 通过对胜任力内涵的文献研究,结合高校辅导员的工作实际特点,我们认为高校辅导员的胜任力内涵为:与辅导员岗位紧密联系,高校辅导员在完成某一个工作岗位的职责时所体现的内在稳定的个人特征和完成高绩效工作的能力。

庞鑫培认为基于 360 度反馈评价的高校辅导员队伍发展绩效评价在于通过获得和使用全面而真实的反馈信息,促进与鼓励高校辅导员不断改进与提高工作能力、服务水平和工作绩效,从而实现管理科学化和高效化的目的。④ 毛杰提出 360 度反馈评价是一种多角度评价、强调沟通互动和反馈引导机制的考核手段,就是由与辅导员工作关系密切的上级、同事、学生和家长等人以及辅导员本人担任考评者,对辅导员进行全方位的评价,再通过反馈程序,向被评价者提供多源评价意见反馈,以帮助被评价者提高能力水平和工作绩效。⑤ 李燕冰等提出对辅导员绩效进行 360 度评估是对辅导员绩效考核工作实行上级、同级、学生和自己多角度评估,考评结果与个人业绩奖励收入直接挂钩。通过建立合理的考核制度,形成有效的监督制约机制。⑥ 陈奎庆等认为辅导员 360 度评价是学校多级别的、了解和熟悉辅导员工作的人员(如主管部门相关人员、辅导员同行、学生),以及与其经常联系的外部人员对辅导员工作业绩、工作能力和特定工作行为、技巧等提供客观、真实的反馈信息,进行科学的定性和定量考核,其中领导专家、辅导员同行和学生评价可根据实际情况设置不同的权重折合总分。⑦ 综上所述,我们认为高校辅导员 360 度评价就是通过收集以被评价辅导员为中心的,与其有密切工作关系的学生工作职能部门(上级)、学生(服务对象)、同事及本人等不同层面的人员的评价信息,来全方位地评价辅导员工作行为与表现的过程。

---

① 杨继平,顾倩:《大学辅导员胜任力的初步研究》,《山西大学学报》,2004 年第 6 期。

② 郝英杰:《高校辅导员胜任力建模研究》,《国家教育行政学院学报》,2007 年第 6 期。

③ 王建国,等:《高校辅导员胜任力研究综述》,《西南农业大学学报(社会科学版)》,2008 年第 5 期。

④ 庞鑫培:《基于 360 度反馈评价的高校辅导员发展机制研究》,《浙江工业大学学报(社会科学版)》,2008 年第 2 期。

⑤ 毛杰:《浅谈 360 度反馈评价在高校辅导员考评体系中的应用》,《中国科教创新导刊》,2008 年第 33 期。

⑥ 李燕冰,等:《辅导员工作绩效科学化管理的意义及实施对策》,《产业与科技论坛》,2008 年第 8 期。

⑦ 陈奎庆,等:《辅导员工作效果视角下的考核体系研究》,《福建论坛(社科教育版)》,2009 年第 4 期。

三、高校辅导员胜任力分析

以高校辅导员为研究对象，采取工作分析法，经过准备、工作分析实施、形成结果等阶段，分析辅导员的胜任力，确定辅导员胜任力模型。

（一）本科生评价辅导员胜任力模型（见表1）

表1　本科生评价辅导员胜任力模型

一级指标	二级指标	内涵解释
思想政治教育	思政教育	动之以情，晓之以理，方式得当，注重实效
	道德教育	理论引导，实践锻炼，培养学生文明行为习惯
	法纪教育	宣传到位，剖析透彻，提高学生安全防范与遵纪守法意识
	身心教育	情况清楚，点面结合，引导学生树立科学健康的生活观和成才观
学生事务管理	文明宿舍建设	经常深入学生宿舍，注重学生养成教育
	扶贫帮困工作	熟知学生困难情况，帮扶工作落实到位
	安全稳定工作	日常管理方法得当，防范措施到位，突发情况处理及时
	评奖评优工作	公开、公平、公正地做好各类评奖评优工作
学业规划指导	指导科学规划	正确指导学生科学规划学业
	监督规划落实	整体引导、个别提醒，督促学生执行、调整计划
	学习方法指导	形式多样，启发引导，使学生适应大学课程学习
	专业思想教育	加强学风建设，提高学生对本专业的认识及学习兴趣
工作队伍建设	班主任分工协作	班主任工作到位、效果明显
	班干部作用发挥	发挥班干部在日常管理中的助手作用
	党员作用发挥	发挥党员、入党积极分子的模范带头和引导作用
	其他队伍建设	经常与寝室长等基层学生干部沟通工作
个人职业素养	德	政治素质、党性原则、全局观念等
	能	理论水平、业务水平、组织能力等
	勤	敬业态度、勤政务实、工作深入等
	绩	工作负荷、完成质量、办事效率等

（二）职能部门评价辅导员胜任力模型（见表2）

表2　职能部门评价辅导员胜任力模型

指标序号	指　标
1	政策水平
2	敬业精神

续表

指标序号	指　　标
3	规范管理
4	工作配合
5	办事效率
6	公道正派
7	开拓进取
8	工作深入
9	工作实绩
10	廉洁自律

（三）学院（同事及自我）评价辅导员胜任力模型（见表3）

表3　学院（同事及自我）评价辅导员胜任力模型

指标序号	指　　标
1	思想道德修养
2	敬业精神
3	沟通能力
4	工作配合
5	办事效率
6	公道正派
7	创新能力
8	职业忠诚感
9	工作实绩
10	个人魅力

四、高校辅导员360度评价模型及构建

采取360度评价模型同多因素综合评价法相结合的方式来对辅导员进行评价。

（一）确定评价目标集，即被评价辅导员的集合

$$X = \{x_1, x_2, x_3, \cdots, x_n\}$$

（二）确定评价指标集

$$Y = \{y_1, y_2, y_3, \cdots, y_n\}$$

（三）确定评价指标在评价中的权重

$$Z = \{z_1, z_2, z_3, \cdots, z_n\}, \sum_{j=1}^{n} Z_j = 1$$

其中 $z_1, z_2, z_3, \cdots, z_n$ 分别代表评价指标集中各元素在整个评价系统中的权重。

（四）评价的评价集与量化集

评价集：　　　　　　　$P=\{p_1,p_2,p_3,\cdots,p_M\}$

量化集：　　　　　　　$Q=\{q_1,q_2,q_3,\cdots,q_M\}$

其中$0\leqslant q_l\leqslant 100(l=1,2,\cdots M)$。

量化集是评价集P的一个一一对应的函数集。这里首次将定性的(非纯定量的)转换为定量的。比如$Q=\{100,80,70,60\}$,对应$P=\{$优,良,中,差$\}$。而且Q中各元素可根据具体的情况进行适当的调整,但要把握评价集P中的元素与其对等。即:优(100)>良(80)>中(70)>差(60)。

（五）360度评价

评价者集合:$A=\{a_1,a_2,a_3,\cdots,a_N\}$

不同评价者的权重集:$W=\{w_1,w_2,w_3,\cdots,w_N\}$,其中$\sum_{k=1}^{n}W_k=1$,本模型中采用AHP法来设定权重。

（六）设计评价调查表

该评价调查表是出现在评价者面前的唯一书面材料,而且将作为绩效评价的唯一依据。它的设计通常可用表的样式。但整个表的完整性还有赖于目标集X,指标集Y,评价集P。

针对评价目标x_i,评价指标y_j,评价调查表R_{ij}如表4所示:

表4　评价调查表

评价者	P_1	P_2	P_3	P_4
A_1	r_{11}	r_{12}	r_{13}	r_{14}
A_2	r_{21}	r_{22}	r_{23}	r_{24}
A_3	r_{31}	r_{32}	r_{33}	r_{34}

（注:r_{kl}为评价者A_k作出P_l评价的人数占评价者A_k总人数的百分比,且$\sum_l r_{kl}=1$。）

（七）模型

通过评价调查表的汇总,针对评价目标x_i计算其综合评价分数。其评价指标y_j,评价者A,对评价集P的评价矩阵如下

$$\boldsymbol{R}_{ij}=\begin{pmatrix} r_{11}^{ij} & r_{12}^{ij} & \cdots & r_{1M}^{ij} \\ r_{21}^{ij} & r_{22}^{ij} & \cdots & r_{2M}^{ij} \\ \vdots & \vdots & \vdots & \cdots \\ r_{NM}^{ij} & r_{NM}^{ij} & r_{NM}^{ij} & r_{NM}^{ij} \end{pmatrix}$$

x_i在评价指标y_j的各评价集上对评价者进行加权后的结果为:$\boldsymbol{B}_{ij}=\boldsymbol{W}\times\boldsymbol{R}_{ij}$

x_i的综合评价矩阵为:

$$\boldsymbol{C}=\boldsymbol{Z}\cdot\begin{pmatrix} \boldsymbol{B}_{i1} \\ \vdots \\ \boldsymbol{B}_{im} \end{pmatrix}$$

x_i 的综合评价分为：$\boldsymbol{L}_i=\boldsymbol{C}\cdot\boldsymbol{Q}^{\mathrm{T}}$

综合以上推导，$\boldsymbol{L}_i=\boldsymbol{Z}\cdot\begin{pmatrix}\boldsymbol{WR}_{i1}\\ \vdots\\ \boldsymbol{WR}_{im}\end{pmatrix}\cdot Q^{\mathrm{T}}$

由于不同的评价对象涉及的评价指标和权重有可能不同，同一个被评价对象的评价结果可由 $\boldsymbol{L}_i(i\geqslant 1)$ 乘以权重 W_i 相加得到。

$$\boldsymbol{L}=\sum_{i=1}^{n}\boldsymbol{L}_i\boldsymbol{W}_i$$

最后得到的结果为百分制的分数，可以按照分数的高低对被评价辅导员进行排序。

五、江苏大学辅导员360度评价的实施

评价者为学生的评价指标体系中，一级指标共分为5类，即思想政治教育、学生事务管理、学业规划指导、工作队伍建设、个人职业素养。按照层次分析法，将评价指标分层排列出指标体系，并标上相应的字母。由党委学工部牵头组织党委学工部、党委研工部、团委、心理健康教育中心等相关职能部门以及部分学院的相关专家、领导等对学生用表评价指标权重进行征求意见，得出权重为：$W_{p1}=0.15$，$W_{p2}=0.25$，$W_{p3}=0.25$，$W_{p4}=0.15$，$W_{p5}=0.20$。

评价者为职能部门的评价指标体系中一级指标共分为10类。职能部门用表评价指标：V_1：政策水平；V_2：敬业精神；V_3：规范管理；V_4：工作配合；V_5：办事效率；V_6：公道正派；V_7：开拓进取；V_8：工作深入；V_9：工作实绩；V_{10}：廉洁自律。得出权重为：$W_{v1}=0.1$，$W_{v2}=0.1$，$W_{v3}=0.1$，$W_{v4}=0.1$，$W_{v5}=0.1$，$W_{v6}=0.1$，$W_{v7}=0.1$，$W_{v8}=0.1$，$W_{v9}=0.1$，$W_{v10}=0.1$。

评价者为学院（同事及自我）的评价指标体系中一级指标共分为10类。学院（同事及自我）用表评价指标：V_1：思想道德修养；V_2：敬业精神；V_3：沟通能力；V_4：工作配合；V_5：办事效率；V_6：公道正派；V_7：创新能力；V_8：职业忠诚感；V_9：工作实绩；V_{10}：个人魅力。学院（同事及自我）指标权重确定方法与职能部门指标权重的确定方法相同。同理得：$W_{v1}=0.1$，$W_{v2}=0.1$，$W_{v3}=0.1$，$W_{v4}=0.1$，$W_{v5}=0.1$，$W_{v6}=0.1$，$W_{v7}=0.1$，$W_{v8}=0.1$，$W_{v9}=0.1$，$W_{v10}=0.1$。

360度评价的评价者指标权重的确定。360度评价的评价者包括：上级——职能部门相关人员；同事及本人——学院辅导员（含本学院党委副书记）；服务对象——学生。得出权重为：$W_{k1}=0.2$，$W_{k2}=0.4$，$W_{k3}=0.4$。

六、江苏大学大学辅导员考核实例分析及建议

辅导员360度考核操作分析。将360度考核评价方法引入到辅导员绩效考核中是一种全新的理念。如果不能正确地理解360度考核评价方法的内涵、特点及操作流程等，不能正确地应用360度评价方法，那么在实施考核评价时就可能达不到理想目标，甚至会出现一些问题。辅导员360度考核操作中存在的问题有学生参与评价的意识淡薄、辅导员缺乏充分的理解和主体意识、考核评价操作易出现偏差等。建议努力提高学生评价的有

效性,树立辅导员考核评价的主体意识,加强360度评价的规范化操作。

提升高校辅导员胜任力分析。影响高校辅导员胜任力的因素有以下几方面:工作职责不清、工作繁杂;认同度低、缺乏职业自豪感;职业评价不合理、难以做到全面客观评价。建议提高辅导员个人修养,增强辅导员人格魅力,加强辅导员职业生涯规划,加强辅导员队伍职业化、专家化建设,以提升辅导员的胜任力。

七、研究成果

本文首先对选题的依据、研究的目的和意义进行了描述,对高校辅导员考核评价方法研究及胜任力及360度评价理论在高校辅导员评价领域的研究现状进行了简要的回顾和评述,对胜任力及360度评价理论进行了系统介绍,奠定了研究的理论基础。

本文利用工作分析法对辅导员的胜任力进行了分析,历经3个阶段、11个步骤。第一阶段准备阶段,分为"确定工作分析的目的、确定工作分析涉及的辅导员岗位范围、确定工作分析所需辅导员信息、选择收集辅导员信息的方法"4个步骤;第二阶段工作分析实施阶段,分为"与辅导员进行沟通,制订辅导员信息收集、分析计划,分析辅导员信息,分析收集的工作信息"4个步骤;第三阶段形成结果阶段,分为"形成胜任力分析报告、构建辅导员胜任力初步模型、确定辅导员胜任力模型"3个步骤。

本文对高校辅导员360度评价模型及方法进行了重点研究,详细论述了360度评价对象的特点和实施360度评价的原则,利用层次分析法提出了辅导员360度评价模型方法和步骤的理论基础,构建了高校辅导员360度评价模型。介绍了江苏大学辅导员360度评价的实施,利用maple工具,确定相关指标权重,并对辅导员测评个例进行了计算。鉴于360度评价反馈的重要性,重点对辅导员360度评价进行了论述。最后对江苏大学大学辅导员考核实例进行了分析,并提出了相应的对策。

通过对基于胜任力的江苏大学辅导员360度评价的研究,可以得出以下结论:

(1)在构建辅导员360度模型前,把研究辅导员的胜任力作为构建模型的重要基础。利用工作分析法,得出了评价者为本科学生、职能部门、学院(同事及自我)3个胜任力模型。

(2)得出学生指标权重为:$W_{p1}=0.15$,$W_{p2}=0.25$,$W_{p3}=0.25$,$W_{p4}=0.15$,$W_{p5}=0.20$;职能部门指标权重为:$W_{v1}=0.1$,$W_{v2}=0.1$,$W_{v3}=0.1$,$W_{v4}=0.1$,$W_{v5}=0.1$,$W_{v6}=0.1$,$W_{v7}=0.1$,$W_{v8}=0.1$,$W_{v9}=0.1$,$W_{v10}=0.1$;学院(同事及自我)指标权重为:$W_{v1}=0.1$,$W_{v2}=0.1$,$W_{v3}=0.1$,$W_{v4}=0.1$,$W_{v5}=0.1$,$W_{v6}=0.1$,$W_{v7}=0.1$,$W_{v8}=0.1$,$W_{v9}=0.1$,$W_{v10}=0.1$;评价者权重为:$W_{k1}=0.2$,$W_{k2}=0.4$,$W_{k3}=0.4$。

(3)对评价结果反馈的内容、方式、方法进行了总结。

(4)提出高校开展辅导员360度评价应该努力提高学生评价的有效性、树立辅导员考核评价的主体意识、加强360度评价的规范化操作,努力提高评价的有效性。同时高校也要提高辅导员个人修养,增强辅导员人格魅力,加强辅导员职业生涯规划,加强辅导员队伍职业化、专业化建设等,实现高校辅导员胜任力的提升。

(本文为江苏大学硕士研究生论文成果,指导教师:姚冠新,作者:赵兴联)

基于胜任力的高校辅导员360度绩效评价

近年来，大学生教育管理的新变化使高校辅导员工作面临着新形势、新挑战，党和国家对高校辅导员队伍建设也给予了高度重视。教育部在《普通高等学校辅导员队伍建设规定》中明确指出："高等学校要制定辅导员工作考核的具体办法，健全辅导员队伍的考核体系。"加强高校辅导员队伍的绩效评价工作，是保证辅导员队伍健康成长的重要举措。

胜任力和360度评价研究成果已经广泛应用于人力资源管理实践，作为人员选拔、培养、考核以及薪酬制定的有效工具，并产生了广泛的效应。目前已经有部分学者开始研究高校辅导员胜任力，但专门系统地研究基于胜任力的高校辅导员360度评价还很少，因此利用胜任力和360度评价理论研究高校辅导员绩效评价具有重要的理论和实践意义。

一、胜任力、360度评价理论简介

（一）胜任力理论简介

20世纪70年代，哈佛大学教授麦克利兰（McClelland）首次提出胜任力的概念。随即胜任力的理论研究和应用相继风靡美国、英国、加拿大等西方国家，胜利力成为20世纪80年代一个前沿的管理理念，许多世界著名的公司（如IBM等）都建立了自己的胜任特征体系。许多研究者对胜任力的概念进行了不同的表述。笔者比较认同Spencer于1993年提出的胜任力概念，即胜任力是指"能将某一工作（或组织、文化）中表现优异者与表现平平者区分开来的个人的潜在的、深层次特征，它可以是动机、特质、自我形象、态度或价值观、某领域的知识、认知或技能——任何可以被可靠测量或计数的，并且能显著区分优秀绩效和一般绩效的个体特征"。

（二）360度评价理论简介

20世纪80年代，全球化竞争所带来的压力和企业经营环境的变化，促使人们一直在不断尝试用新的方法来进行管理、评估绩效和提供反馈。位于美国加州格林斯博罗（Greensboro）的培训机构——创造性领导者中心进行了将反馈用于促进管理者的发展并促进企业目标实现的研究。20世纪90年代以来，360度反馈开始受到青睐，相关学术研究也成为人力资源管理和组织行为学的一大热点。360度反馈又称全方位绩效考评，即由考评主体——被考评者的上级、下级、同事，被考评者本人和相关客户，分别对考评客体——被考评者进行考核与评价，从而扬长避短，避免上级单方考评的主观武断性，增强绩效考评的信度和效度，并激发相关利益群体的参与意识和团队合作精神，达到改进绩效的目的。

二、高校辅导员绩效评价存在的几个误区

（一）盲目追求客观公正，难以做到全面评价

首先，目前高校对辅导员的绩效评价主要局限在可以量化的几个所谓“硬性指标”（如英语四六级通过率等）上。这种绩效评价中表面上看起来具有客观公正性，但唯“硬性指标”的评价容易引起辅导员唯指标而指标的工作态度和方式，最终将背离绩效评价的初衷。其次，组建评审委员会集体评优也被看做公正评价的方式。个人现场答辩、专家集体打分是高校普遍采用的评选优秀辅导员的办法，因为是专家集体打分，排除了个人主观臆断的嫌疑，因而备受推崇。但是这种评价只局限于辅导员的现场表现，而忽略了许多更能反映辅导员真实面貌的因素。

（二）为用人而用人，轻视评价激励

高校不重视辅导员绩效评价，忽视通过绩效评价引导辅导员职业规划和职业成长，只是一味地为用人而用人，不关心辅导员辛勤劳动应有的回报，这势必会对辅导员造成消极影响。辅导员实际工作过程中存在工作定位不准、职业评价不高、待遇偏低、晋升渠道狭窄等问题，这导致辅导员没有持久的工作荣誉感和自豪感。通常情况下辅导员工作一年热情高涨，两年满怀理想，三年心灰意冷，四年寻找出路，无法形成稳定、高效的辅导员队伍。相关研究结果认为“从担任辅导员的时间长短来看，时间越短，胜任力水平就越高，时间长的胜任力水平并不高”，这一点在现实中也得到部分验证。

（三）重结果轻过程，评价违背育人规律

辅导员肩负着做好德育工作、开展大学生思想政治教育、做大学生健康成长的指导者和引路人的重任。辅导员的工作是一个育人过程，有其内在规律性。育人具有内隐的特征，结果性绩效评价并不能有效反映辅导员的育人过程。目前大多数高校采用结果性评价的方式对辅导员进行绩效评价，但如果继续用结果性评价的思维反思育人过程，将带来难以逾越的障碍，因此必须跳出结果性评价的思维惯性，尊重辅导员育人过程的内在规律，从而寻找反映育人过程的有效评价工具或方法。

（四）评价指标笼统，不能有效反映绩效优劣

评价指标的科学合理直接关系着甄别的信度和效度。有的高校结合干部考核标准，从德、能、勤、绩几个方面对辅导员进行评价，但和辅导员的实际工作情况存在一定的差距；有的高校结合辅导员工作情况罗列出数量众多的评价指标，但对评价指标能否有效甄别辅导员的优劣却没有深入论证。同时对许多高校的调查表明，考核结果只是作为奖惩的依据，甚至是为了考核而考核，在考核体系中缺乏绩效改善和绩效提升这些重要的管理流程。没有认识到绩效考核的核心目的是通过考核发现工作中的不足，提高辅导员的工作效率，开发辅导员的潜力，实现辅导员的职业发展，从而不断改善高校的管理现状。虽然辅导员评价都会有从高到低的分差，许多高校也以此为依据将辅导员划分成了三六九等，但这种评价能否有效反映辅导员工作绩效的优劣却值得商榷。

三、胜任力及360度反馈理论应用于高校辅导员评价的构想

（一）评价要兼顾辅导员个人发展

360度评价要既能体现高校及其院系的战略目标，又能体现辅导员个人的发展目标，使辅导员能力的提高与高校的发展同时得到实现。高校的每一个方面甚至每一个人都会或多或少、或显性或隐性地对高校战略发展造成一定的影响。辅导员队伍在高校的发展中日趋重要，当然对高校战略发展的影响也日益增强。辅导员360度评价要突出实现高校战略发展的权重，在辅导员的胜任能力和高校战略发展之间建立明确的传输路径。同时辅导员个人发展和高校战略发展应该是相辅相成的，360度评价要在辅导员个人发展和高校战略发展之间建立起有机的联系。

（二）评价既要重结果也要重过程

结果性指标具有明显的客观公正的特征，易操作，也具有较强的说服力。但是辅导员的工作过程更是一个育人的过程，育人过程具有其特有的内在规律性。用结果性指标来评价辅导员育人工作，并不能真实反映辅导员的真实育人情况。也就是说结果性评价并不能反映辅导员的全面工作状况。过程评价应该作为360度评价的重要组成部分，在评价结果中应占有相当的比重。

（三）评价是促进高校辅导员胜任力不断提升的过程

360度评价结果首先要能真实反映辅导员的各项胜任力水平，在辅导员中形成不同的胜任力标杆。对不同的标杆追加相应的标签，对辅导员的行为和心理形成强烈的激励，促使辅导员扬长补短，不断围绕胜任力水平改善自己的行为，提高工作质量。其次，360度评价过程就是彰显和弘扬辅导员胜任力特征的过程，辅导员为了争取比较好的评价结果，必然努力提升自己相应的胜任力水平。再次，360度评价结果的反馈其实就是一个如何促进辅导员围绕胜任力特征提高工作水平的过程。评价结果的反馈要讲究一定的策略，不仅仅将结果简单地告知辅导员，还要结合评价结果中肯地指出辅导员在胜任力方面的优势和劣势及其产生的根源，帮助辅导员客观地对待胜任力水平，增强改善胜任力的信心，明确自身未来努力的方向。

（四）评价要同辅导员人力资源开发与管理有机结合起来

360度评价如果仅仅偏重于评价，它的价值可能仅仅是一种普通的绩效评价工具，并不能体现胜任力绩效评价的真正意义，不能充分发挥胜任力绩效评价的优势。目前胜任力及360度评价理论已被广泛应用到人力资源管理实践中，在人力资源管理中显现出特有的优势。辅导员360度评价要同辅导员的人力资源开发与管理有机结合起来，作为辅导员人力资源开发与管理的有效工具。

（本文发表于《高校教育管理》2010年第6期，作者：江苏大学赵兴联　姚冠新）

高校辅导员绩效评估的实践探索

辅导员考核是辅导员队伍建设的关键性环节。教育部令第24号《普通高等学校辅导员队伍建设规定》中明确提出:“各高等学校要制定辅导员工作考核的具体办法,健全辅导员队伍的考核体系。”这就要求高校必须结合新形势下辅导员工作的特点制定出科学合理的考核办法。

一、辅导员的绩效评估

从管理学角度看,绩效评估是人力资源管理的一项核心和基础性工作,是针对企业中每个员工所承担的工作,运用各种科学的方法,对员工的工作行为、工作效果及其对企业的贡献或价值进行考核和评价。①

我们认为,辅导员绩效评估是对辅导员在一定时期内开展大学生思想政治教育、管理和服务等工作过程的评价,对辅导员工作的效果与不足的考量,对辅导员自身职业素质、工作能力等方面的系统描述,它是一个多建构和多角度测量的系统工程。

当前,对辅导员绩效评估的研究探索刚起步,主要有以下3种方案:一是以360度评估方法为出发点,对辅导员工作进行分析并构建辅导员绩效指标考核体系。通过对以下7大关键指标的观测考量完成,分别为职业素质、思想政治教育、学生组织建设、生涯指导、学生事务管理、维护校园稳定、特色与创新工作。② 二是结合高校教师绩效评估体系以及辅导员的工作,将辅导员绩效评估体系分为10个方面,包括政策水平、敬业精神、规范管理、工作配合、办事效率、公道正派、开拓进取、工作深入、工作实绩、廉洁自律等指标,另外设立一个特色和创新工作指标。三是借鉴现行党政干部考核的方法进行。主要通过德(政治素质、党性原则、全局观念等)、能(理论水平、业务水平、组织能力等)、勤(敬业态度、勤政务实、办事效率等)、绩(工作负荷、工作效果等)、廉(廉洁自律、办事公平等)5项进行评估。

调查发现,第二、三种评估方案普遍运用于高校辅导员考核中。第一种方案是近几年随着辅导员队伍建设的不断深入而提出的,也是一种比较新颖、很多高校正在尝试的方案。但由于不同层次和类别的高校在发展思路、学校特色、人才培养、管理水平等方面的差异,不同高校对辅导员的目标要求不同,对辅导员绩效评估时所建立的指标体系模型也有所不同。

---

① 孙宗虎,李艳:《绩效目标与考核实务手册》,人民邮电出版社,2007年,第1页。

② 陈奎庆,袁志华,闫海波,等:《辅导员工作效果视角下的考核体系研究》,《福建论坛(社科教育版)》,2009年第4期。

二、辅导员绩效评估的实践操作——以江苏大学为例

（一）制定评估指标体系

绩效评估是通过绩效指标来体现的。指标就是考核因子或评估项目，指具体从哪些方面对考核内容进行衡量或评价，它要解决的是我们需要评价“什么”的问题。① 辅导员绩效评估指标就是将辅导员的职业素质、工作绩效、能力和态度等用科学方式结合工作特性划分成的若干项目与标准。

江苏大学制定辅导员绩效评估指标体系遵循了以下几个原则：一是目标一致原则。指标与学校人才培养目标和学生工作目标一致，只有当辅导员努力的方向与学校战略目标一致时，辅导员工作的整体绩效才能更好地促进学校事业的发展。二是突出重点原则。指标不一定要面面俱到，应通过抓住关键指标将辅导员的行为引向组织的目标方向，指标太少可能无法反映职位的关键绩效水平，指标太多只能增加管理的难度和无序，无法起到引导作用。三是素质和业绩并重原则。过于重“素质”，会使人过分重视个人行为，不讲实效，不利于团队整体的发展。过于重“业绩”，又易于唤起人的侥幸心理，令人走捷径、急功近利。一套好的考核指标，必须在业绩和素质之间安排好恰当的比例。四是适时调整原则。指标植根于辅导员工作之中，在不同战略目标、不同发展阶段、不同层次特色的高校，辅导员绩效评估的手段、结果运用各不相同，必须随着学校的发展和学校学生工作的规划适时作出相应调整。

江苏大学以360度评估理论为基础，经过几年的实践探索设定了如下辅导员绩效评估的指标体系。

1. 学生评估辅导员绩效的指标体系（见表1）

学生评估辅导员绩效的指标体系分为5个一级指标、20个二级指标。

表1　学生评估辅导员绩效的指标体系

一级指标	二级指标	内容说明
思想政治教育	重视程度	重视思想教育，经常与学生进行思想交流
	教育内容	加强思想引导，强化道德教育、法纪教育和身心健康教育
	教育形式	形式灵活多样，贴近实际、贴近生活、贴近大学生
	教育效果	注重教育效果，提高学生思想水平，改善学生文明行为习惯
学生事务管理	安全稳定工作	重视安全教育，防范措施到位，突发事件处理得当
	扶贫帮困工作	熟知学生困难情况，帮扶工作及时到位，帮扶活动公开公正
	评奖评优工作	信息公开透明，操作公平公正
	日常教育管理	关心服务学生，经常深入宿舍，注重方法，管理规范
学业规划指导	学习目标引领	指导学生制订明确的学习目标
	学习方法引导	引导学生掌握科学的学习方法
	学业跟踪指导	结合学生学业开展跟踪式指导
	指导成效评价	对学生学业规划的指导卓有成效，令学生满意

① 裴宏森：《绩效考核实务》，机械工业出版社，2008年，第85页。

续表

一级指标	二级指标	内容说明
学生骨干培养	班级干部队伍	选拔民主、公正，使用充分、合理，重视指导、培养
	学生党员队伍	发展党员程序规范，注重发挥党员的模范带头和引领作用
	院级学生干部	熟悉各类学生干部情况，能经常与之交流和提供有效指导
	总体作用发挥	注重培养使用，能充分发挥学生干部和学生骨干作用
个人职业素养	思想道德	你的辅导员的思想道德水平如何？
	工作能力	你的辅导员的工作能力如何？
	敬业态度	你的辅导员的敬业精神和服务意识如何？
	工作实绩	你的辅导员的办事效率和工作成效如何？

2. 学校学生工作部门、辅导员所在学院评估辅导员绩效的指标体系

学校学生工作部门、辅导员所在学院评估辅导员绩效的指标体系只设10个一级指标，分别为：政策水平、敬业精神、规范管理、工作配合、办事效率、公道正派、开拓进取、工作深入、工作实绩、廉洁自律。

（二）设定评估指标权重

辅导员绩效评估指标体系计分权重及标准：

1. 学生评估辅导员绩效的指标体系计分权重及标准

一级指标权重：思想政治教育（15%）、学生事务管理（25%）、学业规划指导（25%）、学生骨干培养（15%）、个人职业素养（20%）。每个二级指标计分为5个等级，分别为A（优秀）计95分、B（良好）计85分、C（中）计75分、D（一般）计65分、E（差）计55分。

2. 学校学生工作部门、辅导员所在学院评估辅导员绩效的指标体系计分权重及标准

设10项指标，权重各为10%。每个指标计分为5个等级，分别为A（优秀）计95分、B（良好）计85分、C（中）计75分、D（一般）计65分、E（差）计55分。

（三）绩效评估结果得出及运用

辅导员绩效评估总得分由学生评议分、学院评议分、部门评议分3个部分加权得出。辅导员所带每一位学生、学校学生工作部门、辅导员所在学院均通过填涂答题卡（上文所提指标体系印制成标准答题卡）的形式进行评估。评估主体填涂完毕后由电子阅读器对答题卡进行阅读评分。总评分＝学生评议分×50%＋学院评议分×40%＋部门评议分×10%。江苏大学辅导员绩效评估中一个鲜明的特点就是，由于采用先进的答题卡形式，全校所有学生都参与对自己辅导员的评估，并且学生评议分占总评分的50%，这大大提高了辅导员绩效评估的覆盖面和可信度。

另外，在评估指标体系外，增设关键性事件考评。关键性事件考评包括两个部分：一是有下列情况之一者，当年考核不得评为“优秀”。如在学生评奖、评优、资助、发展党员等教育管理工作中，存在一定的失误（非故意），学生反映较大的；工作遭到投诉，查证属实的；学生中发生重大事件，辅导员未能及时发现并报告的。二是有下列情况之一者，当年考核为“不合格”。如在学生评奖、评优、资助、发展党员等教育管理工作中，存在徇私

舞弊或违反相关规定的；工作遭到投诉，情况严重或给学校造成不良影响，经查证后确属辅导员个人责任的；学生中发生重大事件，事先可以采取措施避免但没有采取相应措施的；学生中突发重大事件，辅导员未能及时发现、报告并造成严重后果的。

学校辅导员考核工作领导小组主要依据辅导员绩效评估总评分，并结合关键性事件考评，对辅导员进行综合评议，审定每位辅导员的考核结果，最终确定辅导员的考核等级（分为优秀、良好、合格、不合格4个等级）。对于排名在全校第1—10名的授予“江苏大学十佳辅导员”荣誉称号，并推荐至全国、全省参加评比表彰，第11—20名的授予“江苏大学优秀辅导员”荣誉称号。

江苏大学辅导员绩效评估实行以来，广大师生员工对评估给予了充分肯定。学校每年都根据评估情况选树先进典型，进行针对性的培养培训等。辅导员绩效评估有效地推进了辅导员队伍的职业化、专家化建设，提高了大学生思想政治教育的科学化水平。

三、辅导员绩效评估的思考与改进

江苏大学辅导员绩效评估基于360度评估理论，比较科学合理，能够使辅导员更加明确自身的工作职责，创新工作方法和手段；能够优化辅导员的整体素质，使辅导员成长为学生教育、管理和服务的专门人才，推进辅导员队伍的职业化和专家化进程；同时，也有助于全面考量辅导员的素质、能力和工作效果等，为其晋升、评优、奖罚提供依据。但我们认为还应在以下方面进行完善和改进。

（一）进一步完善评估的指标

绩效指标是组织宏观战略目标决策经过层层分解产生的具可操作性的具体目标，是宏观战略目标决策执行效果的监测指针。它将组织战略转化为内部过程和活动，使考核体系不仅成为激励约束手段，更成为战略实施工具。探索一整套客观、公正、操作性强、符合高校自身战略发展需要的辅导员绩效评估指标体系是辅导员队伍建设的核心组成部分。江苏大学辅导员绩效评估指标体系中，学校学生工作部门、辅导员所在学院评估指标体系只有10项，相关指标还比较宽泛，不能完全反映辅导员工作的特定性质。我们认为，辅导员绩效评估的指标应是学校整体发展战略目标中大学生思想政治教育工作目标层层分解到辅导员个体身上的具体体现。

在设计辅导员绩效评估指标过程中，要根据管理学的原理和方法确定。如二八定律，基本原理是“重要的少数与琐碎的多数”，就是说在特定的群体中，重要的因子只占少数，而不重要的因子则占多数，因此，只要控制具有重要性的少数因子即可控制掌握全局。二八定律告诉我们通过对辅导员工作内容最重要方面的分析和衡量，就可以抓住辅导员绩效评估的核心。如关键行为法（简称KPI），把关键行为作为绩效评估指标的内容，可以比较科学、合理地考评出辅导员工作的效果。如胜任力理论，认为个体只有具备某些关键的能力素质特征，才能在具体工作岗位上作出相应的绩效行为，才会取得优秀的绩效。另外，还可通过德尔菲法、经验确定法等确定指标。当指标体系确定后，要全面征求意见并向全体辅导员公布，这样有助于吸收各方意见，提高各方面特别是辅导员对各项指标的认识，充分发挥评估指标的导向作用。

（二）科学赋予指标权重系数

辅导员绩效评估指标的权重赋值尤其重要。考核的权重关系到考核行为的导向，对某一指标的过分看重或忽视，会直接对考核产生不良的影响。当前许多高校开展的辅导员绩效评估中，考核指标的权重系数往往是根据主观的判断赋予，不够科学。以江苏大学为例，学生评估指标体系中思想政治教育（15%）、学生事务管理（25%）、学业规划指导（25%）、学生骨干培养（15%）、个人职业素养（20%）权重系数以及校学生工作部门、辅导员所在学院评估指标体系中10项指标权重各为10%显然有些粗略，需进一步论证确定其权重系数。

指标权重的系数赋予可以用层次分析法（简称AHP）来确定。层次分析法是按照过程将复杂决策问题的各种因素加以分解，形成层次化的分析模型，通过因素间的两两相对比较、一致性判断，确定各决策因素的重要性和权重或相对优劣的排序值，从而为多目标决策过程提供决策支持。层次分析法对各指标之间相对重要程度的分析更具逻辑性，刻画得更细，再加上数学处理，其可信度比较高。

为保证辅导员绩效评估的科学性，我们认为应通过4个步骤（即建立递阶层次结构模型、构造各层次中的所有判断矩阵、层次单排序及一致性检验、层次总排序及一致性检验），让学生工作专家、学生工作经验丰富的辅导员、学生骨干、学生家长和社会代表等对判断矩阵进行两两相比，得出较为合理一致的数据，最后通过层次分析软件，得出各层次指标的权重。

（三）完善评估的主体及流程等，加强评估结果的反馈和应用

当前辅导员绩效评估的主体主要是上级主管部门（校院党委学生工作部门），以主管部门制定的指标、评估程序、结果运用为主。我们认为辅导员绩效评估的主体应该是多层次的，如上级主管部门的评估、辅导员之间的同级评估、辅导员工作对象即学生的评估、辅导员的自我评估、任课教师的评估和社会（学生家长、用人单位等）的评估等，而且应针对不同的评估主体，制定不同的指标体系。

评估的流程也直接影响辅导员工作成效和评估结果的准确性。实际操作中，辅导员考核比较重视年终评估，如年终时填写各类评估表、调阅相关资料、开展相关民主测评等，往往忽视实时、动态的跟踪过程评估。从考核的安排看，平时不考，年底一次性实施，容易导致“突击”应付考核的现象发生，无法发挥评估流程的控制反馈作用。

调查发现，很多高校辅导员年度考核后，没有充分发挥考核结果的反馈促进作用。辅导员绩效评估结果应具有标尺功能和导向功能，即辅导员能拿结果当“标尺”和“镜子”，“量”出差距，“照”出不足。辅导员绩效评估的指标和流程应能引导辅导员向一个积极的、良性的、最优化方向发展，使辅导员更能针对性地开展学生的教育、管理和服务工作，最终取得更好的成绩。另外，辅导员绩效评估的结果应用应具有连续性，评估的目的是对辅导员的复杂工作及其工作成绩作出一个客观公正科学的评价，从而激励辅导员更好地改进工作。

绩效评估作为一种比较先进的管理思想和管理方法，把它引进到辅导员的管理中，对辅导员队伍的建设有着积极的推动作用。任何管理都需要一整套科学的体系、合理的流程支撑，辅导员绩效评估也不例外，要经过实践探索，不断完善改进，逐步解决实际评估中的难点，最终形成科学、合理的评估体系。

（本文发表于《高校教育管理》，作者：江苏大学施进华　姚冠新）

高校辅导员危机干预模拟训练机制研究

本课题为江苏大学大学生思想政治教育专项课题，从立项至结题共历时1年。课题组从提高辅导员现实应对危机能力的角度出发，在理论视野内，通过文献研究与调查研究的方法，探讨了高校辅导员中开展危机干预模拟训练的必要性与可行性；在实践视野内，通过实验观察与实践研究，验证了危机干预模拟训练的现实可操作性，对训练过程及效果进行评估；通过理论与实践相结合，初步形成了一套对提升高校辅导员危机干预能力有效的模拟训练方案。

本课题的研究进一步推进了辅导员队伍的职业化、专家化建设，丰富了"辅导员参与心理危机干预"研究的内涵，帮助辅导员通过危机的现实模拟、现场干预的专家指导，从思想上提高对各类危机的认知，从行动上提升实际操作能力，进一步促进学校学生工作稳定有序的开展，促进和谐校园的建设。

一、课题的一般情况

辅导员作为高校学生工作的主要承担者和学生最亲密的朋友，是心理危机防护网中不可或缺的一环。危机事件的发生带有突发性和偶然性，辅导员在日常工作中接触机会不多，缺乏实践经验，如果只有当灾害来临时才让辅导员开始知识积累和经验准备，可能会造成事件的拖延处理，甚至使事件的不良后果加重，这样高校付出的代价就太大了。本课题基于现今辅导员在高校危机干预中作用的不可替代性与实际干预能力不足的矛盾开展研究，以使辅导员在各种模拟现实的演练中，提升在危机预警与识别、紧急危机处理和危机后管理过程中的理论水平与实战能力，使危机得到早期发现、及时防范、有效干预，力求"危机"化"生机"，对维护校园的和谐与稳定具有很强的现实意义。

本课题研究的基本思路是从理论研究入手，然后通过实践检验，再次对相关理论进行修正和完善，最终将成果加以推广。整个研究历时1年，共分为4个阶段：

1. 前期准备阶段(2010年7月—2010年9月)：通过文献研究以及和心理专家的深度访谈、心理辅导员的小组座谈、辅导员的个别会谈等方式，了解大学生危机的主要类型、特点与危害程度，对辅导员参与模拟训练进行必要性的研究，并初步拟定模拟训练方案。

2. 实施阶段与中期鉴定(2010年10月—2010年12月)：在实施阶段，主要完成以下几项工作：课题组成员通过文献研究在理论上对方案的各执行环节进行理论论证；约请心理专家对方案进行专家论证；课题组成员进行小范围的实验，对方案加以实践论证，对方案的现实可行性进行论证；在心理辅导员中开展模拟危机事件干预的训练，对方案进行实践性研究。在此阶段完成课题的中期鉴定。

3. 总结阶段(2011年1月—2011年3月)：通过在实践中对心理辅导员的认知和行

为进行观察,心理专家对训练过程的流畅性和实效性进行评估,模拟训练当事人的训练感受对方案的效果进行评估,并将研究成果加以汇总整理,撰写研究论文。

4. 鉴定、结题阶段(2011年4月—2011年6月):对模拟训练方案进行完善与汇总,总结课题研究得失,确定下一步研究方向,撰写结题报告。

二、课题的研究成果

本课题的基本观点是:(1) 辅导员在高校危机干预过程中处于承上启下的位置,有其独特的优势与不可替代性,加强辅导员危机干预的实战能力非常必要。(2) 在前期调研及心理专家的督导下,危机干预模拟训练是增加辅导员感官认识、提高认知、强化能力的有效手段。(3) 辅导员危机干预模拟训练的机制在经过充分的理论研究和实践论证后,可推广至班主任、心理委员,乃至高校教师与学生干部群体。

国内高校关于"辅导员参与心理危机干预"的研究,无论是在理论上还是在实践上都取得了良好的成效,但有关辅导员"危机干预模拟训练"的研究与实践相对滞后。本课题就是从理论上全方位认真研究新形势下大学生心理危机的特点和干预最佳方案,探究在高校辅导员中开设危机干预模拟训练的必要性与可行性,填补相关理论的空白,丰富"辅导员参与心理危机干预"研究的内涵。在实践中积极探索并尝试拟定辅导员危机干预模拟训练的方案,并通过实践研究与评估,考察模拟训练方案的实效性,努力使课题研究成果得到进一步的推广。

课题组历时1年,初步形成了一套《高校辅导员危机干预方案》,并在核心期刊《中国报业》学术版发表学术论文1篇;通过案例研讨及危机模拟训练,使参与的辅导员在思想上进一步强化了危机意识,并尝试着更妥善地处理现实中遇到的危机事件,取得了不错的效果。

三、课题的评价意见

综观国内外相关研究,普遍认为学校危机对学校成员的影响是重大的。我国的学校危机干预起步比较晚,发展相对滞后,因此很多研究集中在对国外危机干预、社会危机干预的一些成功经验与做法进行借鉴和"校园化"。现阶段对高校危机干预的主体——大学生自身的特点、心理发展阶段、成长特征研究比较透彻,高校危机干预的模式由于各地区各高校内部机构设置的不同而存在多种架构,但是有几点共性:(1) 都呼吁社会的支持和理解,强调政府的指导;(2) 都要求有专业队伍即心理专家的介入;(3) 都在努力摸索最佳与最高效的应急反应机制;(4) 都强调辅导员在高校危机干预中的作用;(5) 都赞成高校危机干预以预防为主,但紧急状态下的有效干预是危机处理的重点。

目前,对高校辅导员危机干预方面的研究多集中在:(1) 辅导员危机干预作用的不可替代性;(2) 辅导员危机干预工作的内容;(3) 辅导员危机干预的救助方式。这些研究成立的前提就是"高校辅导员必须具备了相应的危机干预能力,能有效地执行干预预案",但对于如何使这个前提成立,却没有详细的论述、研究或探讨。

考察我国的相关研究,发现对提升辅导员危机干预实战能力的研究与辅导员在高校危机干预中的重要性相比明显不足,大部分研究仅停留在强调辅导员要增强危机干预意识、全面把握学生动态、丰富心理学相关理论知识上，没有发现有高校全面开展辅导员危机模拟训练的案例。

目前，一些高校虽然注重对辅导员开展心理学知识方面的教育，也对心理辅导员开展了一些督导，但是多为危机预防阶段的工作，当学校真正出现紧急危机事件时，我们无法肯定辅导员是否真正能够“临阵不慌”，发挥工作实效，及时、恰当地处理危机。

所以本课题的研究具有理论上与实践上的开创性，有很好的应用推广价值。参与训练的辅导员反馈：通过借鉴他人的经验和结合自身的体验，在危机来临时能够比较理性地看待；针对不同的情况，知道该从哪里入手。进一步明确了自己在危机干预中的职责与工作范围后，相信与之前相比能更好地看待与处置危机事件了。参与督导的心理专家也对本课题的研究给予了认可，认为危机干预应该是全校上下共同关注的工作。在有很好理论与实践基础的辅导员中率先开展模拟训练机制的探索，有利于将科研成果推广至其他教师、心理社团、心理委员，形成全方位的校园心理危机防护网，更好地促进和谐校园的建设。

四、结　　语

本课题已经取得了一些可喜的成果，在此基础上，下一步还将进行以下工作：对高校辅导员危机干预模拟训练机制的系统性、连贯性方面进行考察；对制订的高校辅导员危机干预模拟训练方案进行进一步的细化，针对不同的学生群体、不同时期制订有针对性的模拟训练方案；在研究成果的推广方面，还要对推广的方式、群体的接受能力进行深入的探索。

（本文为江苏大学大学生思想政治教育专项课题成果，作者：江苏大学陆菁）

附录:实践成果
(江苏大学出台的相关文件)

关于进一步加强和改进大学生思想政治教育工作的意见

为深入贯彻全国加强和改进大学生思想政治教育工作座谈会精神,认真总结《中共中央、国务院关于进一步加强和改进大学生思想政治教育的意见》(中发〔2004〕16号)颁布实施5年来我校大学生思想政治教育工作经验,进一步加强和改进大学生思想政治教育工作,结合我校实际,现提出如下实施意见。

一、提高认识,转变观念,进一步明确新形势下大学生思想政治教育的任务

《中共中央、国务院关于进一步加强和改进大学生思想政治教育的意见》下发后,我校在认真学习领会中央和江苏省相关文件的基础上,于2005年7月召开了江苏大学首次学生工作会议,认真贯彻落实中央决策部署,紧紧围绕立德树人这一根本任务,抓住关键环节,采取有效措施,创新工作方法,完善体制机制,努力增强我校大学生思想政治教育工作的针对性和实效性。5年来,我校大学生思想政治状况发生了可喜变化,主流积极健康向上,大学生思想政治教育工作取得了显著成绩,呈现良好发展态势。

当今世界正处在大发展大变革大调整时期,大学生思想政治教育工作面临着新的形势和挑战。"90后"大学生已经成为大学生的主体,他们的世界观、人生观、价值观以及学习和生活方式具有自身特点;世界多极化、经济全球化对大学生的思想状况造成了日益深刻的影响;手机、互联网等新媒体的兴起也对大学生思想政治教育工作提出了更高的要求。大学生中家庭经济困难学生、学习困难学生、存在心理困惑学生和就业困难学生增加,也对大学生思想政治教育工作提出了挑战。应清醒认识到当前我校的大学生思想政治教育工作存在的薄弱环节,进一步增强责任感、紧迫感和使命感,保持清醒头脑,采取切实有效措施,推动大学生思想政治教育工作不断取得新进展、新成效。

当前和今后一个时期,进一步加强和改进大学生思想政治教育工作的指导思想是:高举中国特色社会主义伟大旗帜,以邓小平理论和"三个代表"重要思想为指导,深入贯彻落实科学发展观,全面贯彻党的教育方针,牢固树立育人为本、德育为先的理念,解放思想、实事求是、与时俱进,贴近实际、贴近生活、贴近大学生,遵循大学生成长规律和思想政治教育规律,更加深入扎实地贯彻落实好《中共中央、国务院关于进一步加强和改进大学生思想政治教育的意见》提出的各项任务。

加强和改进大学生思想政治教育工作的主要任务是:坚持以理想信念教育为核心,以爱国主义教育为重点,以思想道德建设为基础,以大学生全面发展为目标,着力创新方式方法,着力提高队伍素质,着力健全长效机制,着力优化育人环境,不断提高大学生思想政

治教育工作科学化水平，努力培养德智体美全面发展的中国特色社会主义事业合格建设者和可靠接班人。

二、求真务实，开拓创新，进一步推进我校大学生思想政治教育工作各项措施

（一）充分发挥思想政治理论教育课的主渠道作用

认真贯彻《中共中央宣传部、教育部关于进一步加强和改进高等学校思想政治理论课的意见》精神，切实加强和改进我校思想政治理论课和哲学社会科学学科与课程建设，深入推进社会主义核心价值体系学习教育，有效引导大学生树立正确的理想信念，不断改进思想政治理论课教育教学，更好地发挥大学生思想政治教育课的主渠道作用。

加强马克思主义理论和思想政治教育课程建设，把社会主义核心价值体系的学习融入到大学生思想政治教育工作的全过程。加强教材建设和学科建设，努力提高思想政治理论教育的教学质量和效果。尊重学生的主体地位，不断改进形势政策课、《大学生思想政治教育学习纲要》学习实践活动和主题教育活动等教育形式，将理论学习与实践教育相结合，努力提高教育效果。高度重视和发挥文化素质教育课程、讲座、论坛的育人功能，充分利用校内外资源，努力推进我校大学生民族精神、科学与人文精神教育。

成立江苏大学素质教育中心。在整合我校现有思想政治理论教育资源基础上，成立素质教育中心，下设 5 个研究室：学业与就业指导研究室、形势与政策研究室、心理健康研究室、公共艺术研究室和法纪与安全研究室。中心挂靠学生工作处，主任由学工处副处长兼任，师资力量主要由部分专业教师和辅导员兼任，实行专兼结合。各研究室要积极开展教学和科研活动，努力提升教学效果，服务学生成才，推进大学生思想政治教育队伍建设，更扎实、更有效地推进我校大学生思想政治教育工作。

（二）努力拓展大学生思想政治教育途径

在重视课堂教育、畅通主渠道的同时，进一步创新方式方法和途径，不断增强大学生思想政治教育的针对性、实效性和亲和力、感染力，培养具有创新精神、创新能力和国际视野的人才。

加强大学生社会实践及基地建设。强化管理机制，将社会实践纳入教学总规划和教学大纲，并与专业学习、服务社会、勤工助学、就业创业有机结合起来；建立基地拓展机制，各学院要根据学科专业优势和学院定位，建立一批相对稳定的社会实践基地，并将社会实践基地建设与爱国主义教育基地、教学实习基地、产学研合作基地、就业创业基地建设有机地结合起来，不断丰富基地建设内涵。

主动占领网络思想政治教育阵地，积极开展生动活泼的网络思想政治教育活动，牢牢把握网络思想政治教育的主动权。要充分利用校院网站、网络平台、即时交流工具等手段加强与大学生的沟通和交流，及时了解大学生的思想状况，对大学生进行教育和引导。同时开展理论研究，不断总结实践经验，创新工作方式，促进大学生思想政治教育工作。

开展多层次、宽领域的大学生国际交流与合作，提升国际化办学水平，培养学生国际视野和创新能力。加强“菁英学校”人才培养工作，努力提升人才培养质量。深入推进大学生学业规划，完善大学生科技创新体系，继续抓好以“挑战杯”为龙头的学生科技活动。

加强学生社区建设,推进医疗、警务、电视、心理访谈进社区,做实思想政治教育进社区工作。

(三) 大力推进学生党团和学生组织建设

注重发挥学生党团组织和其他学生组织在开展思想政治教育方面的特有优势、桥梁纽带作用和自我教育功能,巩固思想政治教育的主阵地。

在大学生中深入开展创先争优活动和党建“三个一”活动。高度重视入党积极分子的教育培养工作,积极将优秀大学生吸纳到党的队伍中来。积极推进将大学生党支部建在班上的工作,充分发挥学生党支部的战斗堡垒作用和学生党员的先锋模范作用。建立教职工党支部和学生党支部的共建制度,充分发挥教职工党员带动学生党员积极进步的作用。

加强党建带团建工作,推进共青团思想、制度和队伍建设,充分调动各学院团委工作的积极性、主动性和创造性,大力加强基层团组织建设,使团的活动逐步深入到各基层团支部,增强团组织的活力和凝聚力。加强学生会、研究生会和学生社团的建设与管理,充分发挥学生组织在大学生自我教育、自我管理、自我服务中的作用。在场所经费、设施条件、阵地建设、指导老师聘用等方面提供保障。加强对学生社团的管理与考评,积极扶持理论学习型社团、大力发展学术科研型社团、努力倡导公益服务型社团、正确引导兴趣爱好型社团。

加强班集体建设。以集体主义教育和思想文化建设为核心,以学风班风建设为重点,开展丰富多彩的班级活动,团结、组织、教育学生。积极开展优良班风建设活动、先进班集体等评选活动,及时总结推广学生班集体建设的新鲜经验,抓好典型示范教育,通过评优表彰等活动,增强班级凝聚力和集体荣誉感。

(四) 不断完善学生健康成长保障体系

加强和改善大学生管理服务工作,将解决思想问题和解决实际问题、教育和服务学生结合起来,努力在解决实际问题过程中提高思想政治教育效果。

加强大学生心理健康与发展教育,强化正面引导和教育。逐步提高辅导员队伍中具有心理咨询师资格人员的比例,开展心理健康宣传教育活动,完善大学生心理档案制度、心理咨询制度,抓好大学生心理委员队伍和有关社团建设,深化朋辈心理咨询互助工作,进一步完善心理行为问题预警和干预机制。加强心理健康教育教学与科研,切实提高大学生心理健康水平与发展能力。

加强对家庭经济困难学生的资助工作,牢固树立资助与思想政治教育、资助与励志、资助与素质拓展、资助与就业相结合的工作理念,进一步拓宽学生资助渠道,确保各类社会奖助学金的设立与正常发放、国家助学贷款及生源地助学贷款的应贷尽贷。加强勤工助学管理,稳定、完善校内岗位,积极拓展校外岗位。加强对家庭经济困难学生的励志教育和诚信教育,确保各项资助工作公平合理、健康发展。

加强服务和管理,方便学生学习、生活。努力改善办学条件,加强学生教室、宿舍、食堂、浴室和活动中心等软硬件建设,加强学生工作综合管理系统的研发和利用,不断改进学生管理方式,提高服务水平。完善学生素质拓展体系,提升服务水平,完善学生考研、留学、公务员、就业培训等工作机制,促进学生综合素质的提高。加强学生就业创业指导工作，形成全校共同关注、支持学生就业创业的氛围；加强辅导员队伍中就业指导师的培养，充分发挥就业指导研究室的作用，引导学生树立正确的就业创业理念，提升就业创新能力；帮助有特殊困难学生就业，为他们提供各方面的服务和支持。

（五）进一步加强思想政治教育工作队伍建设

坚持德才兼备和专兼结合的原则，按照“政治强、业务精、纪律严、作风正”的要求，完善政策措施，优化队伍结构，切实提高大学生思想政治教育工作者的育人能力。

加强辅导员队伍建设，健全、规范辅导员选聘机制。合理配备辅导员，不断优化队伍结构，在各学院行政办公室设立专职学生工作副主任，实行辅导员队伍职级制岗位聘任，保证辅导员队伍双线晋升渠道畅通，继续实行专项津贴制度。加强学习，注重培养，抓好辅导员的培训和教育。有计划地选拔安排辅导员进修、培训和攻读博士学位，条件成熟时选派挂职锻炼和到国外、境外考察。强化管理，加强工作考核和评优，完善、规范辅导员淘汰机制，对于不能胜任工作的辅导员应及时清退，保证辅导员队伍相对稳定和科学发展。加强研究，努力提升辅导员队伍科学化水平，充分利用大学生思想政治教育专项科研基金，每年资助一批辅导员开展研究，积极探索大学生思想政治教育工作的新思路、新方法，为促进学生成长成才提供更好的服务。

加强思想政治理论课和哲学社会科学课教师队伍建设，加强人才引进和培养，建设好学科带头人和教学骨干队伍，加强教师培训和进修，有计划地安排教师攻读博士学位，完善社会实践和社会考察制度，提高教学水平和效果。

实施班级学业导师制，选拔优秀教师担任班级学业导师，负责学生学业规划，引导学术创新；在明确学业导师职责基础上，落实学业导师待遇，加强对学业导师的工作考核。

坚持不懈地开展师德建设工程。加强教书育人、管理育人、服务育人工作，用教师职业道德规范来教育引导、规范约束教师的职业行为，坚持教书育人、为人师表，坚持学术研究无禁区、课堂讲授有纪律。完善师德监督评价机制，坚持“学生评教”和“同行议教”活动。进一步完善师德建设的激励机制，树立教书育人的先进典型，形成榜样与示范效应。

（六）进一步优化学校综合育人环境

积极创造条件，大力营造健康、高雅的校园文化环境和文明、安全的校园周边社会环境，强化环境育人功能，进一步营造有利于大学生健康成长的良好氛围。

进一步加强校园育人环境建设和依法治校。大力推进积极向上和文明健康的校园文化建设，使校园文化建设与学校的发展定位、学科建设和办学特色结合起来，与学校的文化传统和人文精神结合起来，与校园人文环境和自然环境建设结合起来。进一步完善校园文化活动设施，积极创造条件扩大学生活动场所，开展健康向上的校园文化活动。加强和改进机关作风建设，以良好的机关作风影响和带动良好校风的形成。加强制度建设，强化法治理念，打造依法治校的体制平台；加强学生法制教育，培养学生懂法、守法、依法维权意识。进一步加强校园综合治理，努力营造符合现代法制精神的育人环境。充分利用学校的报纸、广播、电视、网络等宣传载体，营造良好的文化、舆论氛围。

营造良好的社会环境。与地方相关部门紧密合作，加强对校园周边的文化、娱乐、商业经营活动的监督。加强与学生、家庭、社会沟通，争取家庭和社会对学生成长的支持，形成学校、家庭、社会合力开展大学生思想政治教育工作的氛围,通过社会媒体,及时宣传我校思想政治教育工作的先进典型和优秀大学生的事迹。

三、加强领导,完善机制,不断提高大学生思想政治教育工作的科学化水平

加强和改进大学生思想政治教育工作,关键在组织领导。进一步完善校学生工作委员会的职能,定期召开工作会议,听取学生思想政治教育工作的汇报,研究部署全校学生的思想政治教育工作。每年定期组织开展大学生思想状况调查,经常分析大学生思想状况和思想政治教育工作状况。各学院学生工作领导小组负责本学院的学生思想政治工作,院党组织主要负责人为第一责任人。各学院应经常分析学生思想状况和思想政治教育工作状况,学院党政联席会议要定期研究学院学生思想政治教育工作,邀请各系、专业负责人参加会议,切实把思想政治教育融入教学、管理、服务工作的各个环节。

不断完善大学生思想政治教育的保障机制。进一步健全与法律法规相协调、与学校改革发展相衔接、与学生成长成才需要相适应的教育管理制度体系。优化校、院两级学生工作体系,提升工作效率。确保经费投入,合理确定投入科目,保证各项工作顺利开展。充分整合校内资源,规范管理,为学生开展活动提供必要的场所与设备。各学院也要积极筹措专项资金,改善思想政治教育工作的条件。

加强考评,提升学生思想政治教育工作考核的规范化和科学化水平。在学校党政的领导下,进一步加强对各学院学生思想政治教育工作的考核,将学生工作纳入学院工作考评体系,摆在更加突出的位置,加强督促检查,扎实加以推进。

遵循学生成长规律,不断提高大学生思想政治教育工作科学化水平。树立大学生思想政治教育是科学的理念,以科学精神开展大学生思想政治教育工作,坚持以学生为本,坚持德育为先,促进学生全面发展。不断提高思想政治教育工作队伍的知识水平,培养科学的工作作风,提升工作能力。坚持科学的工作方法,创新工作模式,做到工作开展人性化、教育行为规范化、服务学生全面化。

进一步加强和改进大学生思想政治教育工作,必须切实转变观念,大力弘扬求真务实、真抓实干的作风,鼓实劲、出实招、办实事、求实效。各部门、各单位要结合工作实际,在坚持教育、管理、服务相结合、相统一的原则指导下,自觉教书育人、管理育人、服务育人,自觉把学生思想政治教育融入教学、管理、服务工作的各个环节,切实做到全员育人、全过程育人、全方位育人,努力将我校大学生思想政治教育工作提高到一个新的水平。

关于进一步提高思想政治理论课教学实效的实施意见

为深入贯彻《中共中央、国务院关于进一步加强和改进大学生思想政治教育的意见》(中发〔2004〕16号)精神,主动适应新时期大学生思想政治教育的新形势和新任务,切实增强我校思想政治理论课教学的针对性和实效性,根据《〈中共中央宣传部、教育部关于进一步加强和改进高等学校思想政治理论课的意见〉实施方案》(教社政〔2005〕9号)、《中共中央宣传部、教育部关于进一步加强高等学校思想政治理论课教师队伍建设的意见》(教社科〔2008〕5号)以及《江苏大学关于创建本科教学质量名校的若干意见》等有关文件精神,结合我校实际,特制定本意见。

一、充分认识思想政治理论课在大学生思想政治教育工作中的重要作用

思想政治理论课是对大学生进行马克思主义理论教育和思想政治教育的主渠道、主阵地,担负着培养社会主义合格建设者和可靠接班人的神圣使命,思想政治理论课的教学实效直接影响着高校思想政治教育的成效。长期以来,思想政治理论课在帮助大学生形成正确的世界观、人生观和价值观,提高大学生的思想道德修养和精神境界等方面做出了重要贡献。同时也应该看到,当前的思想政治理论课,教学内容与当代社会、政治、文化的发展有某种程度上的脱节,与学生的生活和思想实际结合不太紧密;本本主义、教条主义的讲授使课堂教学变得单调、枯燥,学生学习思想政治理论课的兴趣和主动性还没有被真正激发,思想政治理论课教学实效性受到一定限制。随着社会的发展和国际、国内形势的不断变化,高校思想政治教育工作面临新任务和新挑战。面对思想活泼、思维开放的大学生和复杂的国际国内背景,传统的灌输式、"一言堂"式的教学方式已经不能适应新形势对思想政治教育工作所提出的更高要求。思想政治理论课必须从教学内容到教学形式进行主动而积极的改革,使思想政治理论课更加贴近时代、贴近现实、贴近学生生活。

二、积极探索提高思想政治理论课教学实效的途径

1. 不断探索和研究创新型教学方法,形成相对成熟而高效的教学模式,增强教学实效性。

鼓励教师在教学中采用案例教学、专题教学、探究式教学等多种教学方法,构建"以教师为主导,以学生为主体"的互动教学模式,使课堂气氛更加活跃,进一步提高学生参与课堂教学的积极性,提升学生对课堂的满意度,确保思想政治理论课的课堂教学学生评教优良率高于学校平均水平;教师在教学中应更加注重提高学生的学习兴趣以及学生分析问题、解决问题的能力,强化思想政治理论课能力教学和素质教学的功能。

2. 加强思想政治理论课的教学研究工作,形成重视教学和教学研究的浓厚氛围。

以积极的制度鼓励教师发表数量更多、水平更高的教学研究论文;学校每年举行一次“思想政治理论课程教学研讨会”,及时总结经验,探讨和研究教学过程中出现的新问题和新现象,提出解决问题的对策和方法,并在活动后以会议纪要或调研报告的形式汇编成册;各教研室定期举行集体备课、教学研讨活动,探讨教学难点、疑点、重点问题,每年不少于6次;鼓励各课程组织不定期的校际教学合作和交流活动,借鉴其他学校新的教学方法和教学理念;各课程组定期举行教学研讨活动以及教学观摩活动,发挥教学排头兵的榜样和示范作用,推广创新型、富有实效的教学方法;深入了解教学对象,通过座谈会、问卷调查等形式,了解学生对思想政治理论课的要求、建议等;加强对教育、教学理论的学习,尤其是对思想政治理论课教学特殊性的学习和研究,关注前沿的教学理念和教学方法,解放思想,更新观念,促进科研成果向教学的转化。

3. 打造一支更稳定、更成熟的思想政治理论课专职教学队伍,为提高思想政治理论课教学实效提供智力支持。

加强师德建设,严格教学规范和学术道德规范。思想政治理论课教师要以高度负责的态度,言传身教,率先垂范,真正做到为人师表、教书育人。要坚持学术研究无禁区、课堂讲授有纪律,严格教育教学纪律,在讲台上和教材中不得散布违背宪法和党的路线、方针、政策的错误观点和言论;建立和健全思想政治理论课教师的培训体系,进一步提高教师的理论与业务水平;形成多层次、多渠道的培训格局,努力提高教师的理论素养、教学水平和科研能力,建设一支政治坚定、业务精湛、师德高尚、结构合理的教师队伍;专职教师数量稳中有升,兼职教师占任课教师比重更加合理,专职教师授课时数不少于思想政治理论课总时数的70%;强化思想政治理论课教师的岗前培训,重视骨干教师研修与在职培训,5年内专职教师进修、培养率达到100%;为新任教师配备指导教师,对其进行教学内容、教学方法、师德修养及科研方面的具体指导;每年不定期邀请国内外知名专家、学者讲学,开阔教师的视野,提高广大教师的理论水平。以此为主要途径,进一步优化教师的年龄、职称、学历结构。2015年前,全校思想政治课专职教师具备博士学位的占比不低于35%,具备硕士学位的占比在90%以上;力争在思想政治理论课教师队伍中实现“江苏省优秀教学团队”和“江苏大学优秀教学名师”零的突破。

4. 不断丰富教学资源,推进实践教学及考核方式改革,确保理论教学与实践教学的科学衔接、学校教育与社会教育的高度结合,提高思想政治理论课的教学实效。

建立丰富、成熟、动态的试题库和教学资料库;逐步建成思想政治理论课网络教学平台,实现教学资源的共享;充分重视实践教学活动,把实践教学作为高校思想政治理论课的重要教学环节,以“毛泽东思想和中国特色社会主义理论体系概论”为主的各课程应围绕课程教学目标,科学制订实践教学的项目、内容和任务,做到计划性、针对性和可操作性的统一,避免实践教学走过场、搞形式,不断提高学生对实际问题的分析能力和解决能力;改进和完善课程考试考核方法,优化课程成绩评定方式,根据课程特点灵活采用闭卷或开卷考试形式。学生的课程成绩评定应结合学生的平时表现,“毛泽东思想和中国特色社会主义理论体系概论”等课程还应结合相应实践环节的表现,综合评分,避免一张试卷定成绩的现象,提高成绩评定的科学性、公平性和公正性,调动和鼓励学生对课堂教学全过程的参与热情与日常学习中的积极性和主动性。不断优化课程结构,逐步提高课程教学的影响力。

5. 以厚实的学科力量为教学基础,提升思想政治理论课的课程影响力。

学科建设是课程教学的重要支撑,强大的学科力量保证了课程教学的前沿性、创新性。思想政治理论课应继续加强对学科建设的投入,激励教师参与各级、各类课题和项目的申报,发表高水平、高质量的科研论文。注重科研团队的建设,形成合理、科学、富有朝气的研究梯队,进一步凝练学科方向,提高马克思主义理论研究的整体实力,形成一支科研能力强、学养深厚、教学过硬的师资队伍。不断夯实学科基础。积极培育新的学科增长点,逐步扩大研究生招生规模。科研成果在量和质上双双实现新突破。力争"十二五"期间成功申报一级博士学位点。以学科建设为支撑,进一步优化课程结构,强化课程建设意识,力争至2015年,2~3门课程成为校级精品课程,1~2门课程成为省级精品课程,至2020年,1~2门课程具备申报国家级精品课程的实力,1~2项教学成果获"江苏省优秀教学成果"奖。

三、进一步扩大思想政治理论课的辐射力和影响力

1. 密切思想政治理论课教学与高校思想政治教育工作其他渠道的联系,实现大学生思想政治教育工作"全校一盘棋"的格局。

以育人为目的,强化各门课程的育人功能和全校教师的育人职责;结合学校办学优势和特色,深入挖掘各类课程的思想政治教育资源,把思想政治教育融入大学生专业学习的各个环节,渗透到教学、科研、管理和服务的各个方面;主动开展多种形式的教育活动,用科学的理论武装青年学生,使他们形成正确的世界观和人生观;在学生中形成"学马列、用马列"浓厚氛围,充分发挥思想政治理论课在培养青年马克思主义者中的作用;开展多种形式的理论讲座,进一步提升校园文化的人文内涵;充分发挥思想政治理论课社会实践基地的作用,加强对学生社会实践的指导,引导学生以科学、正确的方法理解理论热点和社会敏感问题,提高学生对社会现象的认识能力。

2. 充实网络教学资源,开放互动型网络教学,构建立体化、多维度的教育平台。

充分利用网络技术提供的可能性,搭建与学生在课后交流的平台,密切与学生的联系,增加对学生的了解和理解,努力解决学生的理论困惑及现实疑问,正确引导学生利用网络资源,发挥先进文化的舆论导向功能;密切关注学生思想动态和心理健康,在教育中注重情理结合,加大与学生工作部门的联系,真正做到以学生为主体,为学生提供一切可能的条件,加强对学生消极心理的干预,帮助学生进行心理和情绪的疏导,在挖掘网络教学强大功能的过程中实现思想政治理论课教学的有效延伸。

3. 进一步加强"形势与政策"课程建设,充分发挥其在培养大学生正确的"三观"及形势观、政策观中的作用。

建立健全"形势与政策"课的规范化制度,"形势与政策"课作为大学生的一门必修课,列入教学计划和"大学生素质教育中心"的总体建设规划;课程任务安排纳入教务管理系统,由教务处统一进行排课,真正实现计划科学周密,安排合理有序;加强"形势与政策"课的课程、教材和教师队伍建设,使"形势与政策"朝着"规范、创新、有序"的方向发

展,并努力将其建设成为校级乃至省级精品课程。

4. 努力使思想政治理论课走进学生的生活,走近学生的思想实际。

“形势与政策”、“思想道德修养与法律基础”等在聘请专职辅导员、专职学工干部等担任课程教师的同时,要加强对兼职教师的培训,增强兼职教师的课程意识和科研意识,逐步实现兼职教师专业化;思想政治理论课教师应注重社会调查和学生思想动态的收集工作,积极鼓励思想政治理论课专职教师兼任学生辅导员,掌握一线学生思想状况,提高教学针对性,提升教学效果。

四、加强领导,规范制度,确保思想政治理论课教学实效的进一步提高

1. 加强领导。“江苏大学思想政治理论课建设工作领导小组”负责组织和协调全校思想政治理论课的教学及其他活动,强化对思想政治理论课教学的督导和服务意识,为教学提供必要、及时、周到的政策支持和经费保障,高效协调教学单位与其他职能部门之间的关系。对日常教学工作和其他教学活动进行监管,对教学计划的可行性、教学活动的实效性进行测评和考核。

2. 规范制度。以学校有关教学的基本规章制度为指导,建立、健全有关思想政治理论课教学的制度保障体系,强化对思想政治理论课教学的督导机制,严格思想政治理论教学的师德规范,实行教学事故一票否决制。建立思想政治理论课经费使用规章制度,规范专项经费的使用,提高经费使用效率。学院制定系主任、支部书记岗位职责,明确思想政治理论课教师考核办法。年终按照岗位职责和考核办法进行考核,体现公平、公正原则,激励教师全身心投入教育教学工作。

3. 保障经费。根据中宣部、教育部及江苏省教育厅有关文件精神,学校在日常教学业务费基础上,按不低于全日制在校生生均 15 元的标准下拨思想政治理论课专项经费,此项经费列入学校年度经费预算,并随学校事业经费和学生学费的提高逐年增加;加强对经费使用的监管工作,务必做到及时到位、专款专用,经费将主要用于对教师培训、教学研讨、学术研究、网络教学平台建设、教师社会考察、学生社会实践等的专项资助。

关于进一步加强和改进大学生党建工作的实施意见

为贯彻落实党的十七大和十七届四中全会精神，进一步加强我校大学生党的建设，根据《中国共产党章程》《中国共产党普通高等学校基层组织工作条例》及《中共江苏省委教育工委关于建立大学生党员质量保障体系的实施意见》等规定，结合我校大学生党建工作实际，就进一步加强和改进大学生党建工作提出如下意见。

一、充分认识大学生党建工作的重要性和必要性

1. 加强和改进大学生党建工作，是充分发挥党的政治优势和组织优势、做好大学生思想政治教育工作、培养和造就高素质人才的迫切需要，对实施科教兴国和人才强国战略、推进高等教育的科学发展和优先发展、培养中国特色社会主义合格建设者和可靠接班人具有重要的战略意义。

2. 长期以来，大学生党建工作在人才培养中发挥了重要作用。随着我国经济社会的迅速发展和高校改革的不断深入，高校党建工作面临着许多新情况、新任务，大学生党建工作也出现了一些不容忽视的问题，主要表现在：一些学生存在着入党动机功利化的现象，党员的先锋模范作用在部分学生党员身上未能发挥；有的基层党组织仅注重发展数量而忽视发展质量，重视组织发展而忽视教育管理；社会、家庭等方面存在的负面因素不同程度地影响着高校学生党员发展工作；大学生党建工作机制还有待进一步创新；等等。对于这些问题，必须切实采取措施加以解决。

二、加强大学生党建工作的总体要求、主要原则和保持大学生党员先进性的基本要求

1. 总体要求：以邓小平理论和“三个代表”重要思想为指导，学习实践科学发展观，围绕培养中国特色社会主义合格建设者和可靠接班人这个根本任务，结合大学生工作实际，优化组织设置，扩大组织覆盖，加快组织发展，创新活动方式，提高党员素质，发挥党员作用，以改革创新精神推进我校大学生党建工作。

2. 主要原则：

一是育人为本，重在培养。坚持以育人为中心，把大学生党建工作融入素质教育和人才培养体系。尊重大学生党员的主体地位，保障大学生党员权利，切实从思想、学习、工作、生活上关心大学生党员，完善党内激励、关怀、帮扶机制。充分发挥大学生党建在人才培养中的重要作用，努力把党组织的政治优势转化为人才培养的优势，用学校人才培养的质量来衡量和检验大学生党建工作的成效。

二是全程教育，实践成才。坚持把教育贯穿于大学生党建的各个环节，建立健全大学

生党员长期受教育、永葆先进性的长效机制。积极引导大学生党员参加各种实践活动,使大学生党员在服务社会、服务群众的实践中受教育、长才干、做贡献。

三是解放思想,开拓创新。以改革创新的精神,深入研究大学生党建工作中的新情况,解决新问题,总结新经验,创新工作机制,拓展工作领域,改进工作方法,不断提升大学生党建工作的生机和活力。

四是分类指导,整体推进。根据研究生、本科生、民办二级学院学生党员特点,加强分类指导,形成特色,完善大学生党建工作考核评价体系,提高全校大学生党建工作的整体水平。

3. 大学生党员先进性的基本要求是,模范履行党章规定的义务,努力争当"五个模范":

一是学习提高的模范。认真学习实践科学发展观,自觉坚定理想信念,模范履行党章规定的义务;认真学习科学文化知识,不断提高学习能力,努力培养创新素质和科学精神,在创新学习中体现先进性。

二是争创佳绩的模范。增强成才意识,争当成才表率,严格要求自己,在学习、工作和生活中切实发挥先锋模范作用,事迹突出,以模范行动影响和带动广大同学;积极投身社会实践,在服务社会中实现自身价值,在创新实践中体现先进性。

三是服务同学的模范。牢记党的宗旨,密切联系群众,全心全意为人民服务,主动帮助同学解决思想上和学习上的困难,及时反映同学正当利益诉求。

四是遵纪守法的模范。自觉遵守党的纪律,模范遵守国家法律法规以及学校校规校纪,坚持党性原则,积极维护校园稳定。

五是弘扬正气的模范。牢固树立祖国和人民利益至上的思想,自觉把自己的人生追求同祖国的前途命运联系起来,树立社会主义荣辱观,坚持良好的学习风气和学术道德,诚实守信,言行一致,增强社会责任感、正义感,勇于同不良风气、违纪违法行为做斗争。

三、着力推进大学生党组织建设

1. 按照有利于党支部活动开展、有利于党员作用发挥的原则,不断优化大学生党支部设置,积极探索学生党建工作向最活跃、最具创新能力的组织拓展。正式党员达到3人以上的班级应成立党支部,支部党员人数一般不应超过30人,逐步实现本科生班级"低年级有党员,高年级有党支部"的目标;探索研究生党支部设置,建立研究生党员导师参与党支部建设的机制。选拔优秀学生党员骨干担任学生党支部书记,努力将大学生党支部建设成为引领大学生刻苦学习、团结进步、健康成长的班级核心。条件成熟的学生组织(社团)可成立学生党支部,由品学兼优的学生党员或党员指导老师担任支部书记。有条件的学生公寓社区(或楼栋)可以成立学生社区(或楼栋)党支部。学生社区(或楼栋)党支部在相关单位或学院党组织的领导下开展工作。

2. 积极探索在学生党支部较多的学院开展学生党总支试点工作,由一名分管学生工作的学院党委副书记兼任书记,同时配备相应的专兼职组织员。学生党总支统筹协调学院学生党建工作,直接指导学生党员的发展、教育、管理、监督和服务工作。

3. 切实做好党建带团建工作。二级党组织要高度重视共青团建设,按照党建带团建的要求,加强对共青团工作的领导。将团的建设纳入党的建设之中,把党建带团建作为检查、评估、考核二级党组织党建工作的一项重要内容。

四、规范大学生发展党员工作

1. 坚持党员发展标准。坚持把政治标准放在首位,着重看发展对象是否自觉学习和实践中国特色社会主义理论,是否牢固树立共产主义远大理想和中国特色社会主义信念,是否努力提高为人民服务的本领,是否在学习工作和生活中作出表率。对准备发展入党的大学生进行综合考察,既要考察其政治素质、理想信念,也要考察其入党动机、学习成绩;既要考察其平时表现、群众基础,也要考察其在关键时刻的表现与在重大政治问题上的态度和立场。

2. 发展党员工作必须遵循"坚持标准、保证质量、改善结构、慎重发展"的方针,坚持"入党自愿,个别吸收"、"成熟一个,发展一个"的原则,正确把握培养和发展、数量和质量、组织入党和思想入党等辩证关系,有领导、有计划、按程序地进行,严把发展质量关,把符合党员条件的优秀大学生吸收到党的队伍中来,树立大学生党员"平常时刻看得出,关键时刻站得出,危难时刻豁得出"的先进形象。

3. 入党积极分子的培养做到坚持"早选苗、早教育、早培养",坚持把政治素质高、入党动机端正、有培养前途、具有共产主义觉悟的先进分子作为培养对象。基层党组织要做好新生入党启蒙教育工作,在新生入学教育阶段上好第一堂党课,开展党的基本知识教育,积极宣传党的主张,努力扩大党的影响,及时将优秀团员、学生骨干吸收到大学生入党积极分子队伍中来,不断壮大入党积极分子队伍。对递交入党申请书的大学生,党支部要在一个月内指派专人同入党申请人进行第一次谈话,了解其入党动机,鼓励申请人积极靠近党组织,接受党组织考验。对入党积极分子党支部要指定一至两名正式党员作为其培养联系人,定期与其谈话、交流并对其作出指导。基层党组织要加强对入党积极分子经常性的培养和教育,为入党积极分子提供接受锻炼和考验的机会并给他们分配一定的社会工作。充分发挥二级党校、党章学习小组等主渠道、主阵地作用,形成入党积极分子培养教育体系。对经过一年以上培养教育,且已具备入党条件的入党积极分子,在听取党小组、培养联系人和党内外群众意见的基础上,经支部委员会或支部大会讨论同意,并上报所在基层党委批准,可列为发展对象。

4. 预备党员接收。发展党员必须认真预审,二级党组织组织员负责对发展材料进行初审,主要审查发展对象材料是否齐全、填写是否规范等;再由预审小组对材料进行预审,主要审查发展对象是否符合入党条件、材料和手续是否符合有关规定等。发展对象通过预审后,由二级党组织公示一周。严格按照《党章》相关规定及程序开好接收预备党员的支部大会,与会党员要对发展对象能否入党进行充分的讨论。支部大会接收预备党员必须赞成人数超过应到会有表决权的正式党员的半数才能有效。党委(党总支)在审批预备党员前,要指派专人对发展对象《入党志愿书》和有关材料作进一步审查,并同其谈话,没有经过谈话的不得接收入党,谈话中发现问题的要暂缓发展。接收预备党员必须由学院党委审批;党总支由校党委授权审批学生预备党员。审批接收预备党员,必须集体讨论、逐个审批、表决决定。

5. 预备党员的教育、考察和转正。基层党组织应及时将接收的预备党员编入党支部和党小组，并让其参加党组织生活。通过党的组织生活和实际工作锻炼，对他们继续进行教育和考察。预备党员必须参加入党宣誓仪式。入党宣誓仪式一般由基层党委（党总支）或党支部组织进行，由党支部举行的宣誓仪式，上级党组织应派人参加。预备党员预备期满前一个月，应主动向党支部递交转正申请书，党支部应根据预备党员在预备期内的现实表现，在预备期满后不超过一个月内提交支部党员大会讨论其能否转为正式党员，并报上级党组织批准。

五、完善大学生党建制度体系

1. 培养衔接制度。要做好培养教育学生入党的衔接工作，切实履行对其继续教育培养的职责。及时接转和审核高中等各阶段申请入党学生的培养考察材料，保持高中与高校、本科生与研究生、高校与社会发展党员工作的连续性。对于符合要求的培养教育时间应连续计算。

2. 教育培训制度。充分发挥学校、学院、网络三级党校在发展学生党员工作中的教育培训主渠道作用，切实加强大学生入党前、入党时和入党后的教育，实现大学生党员组织入党和思想入党的统一。以实施新党员培训工程为切入点，认真抓好党员教育培训工作，确保大学生党员每年参加集中培训时间不少于16学时，新党员在入党后一年内参加集中培训不少于24学时。重视教育培训的实践环节，组织大学生党员广泛参加自我管理、志愿服务、社会调查等活动，使他们在实践中磨炼意志品质、提高党性修养。

3. 培养考察制度。建立健全与申请人第一次谈话、审批前谈话、联系人定期考察、积极分子定期汇报思想、党员联系班级等制度。

4. 正常退出制度。建立健全大学生党员队伍的自我纯洁机制，严肃处理不合格党员，及时处分违纪党员，疏通党员“出口”，保持大学生党员队伍的纯洁性。对表现较差、动机不纯，不适宜继续作为入党积极分子培养的应及时调整出去。预备党员在预备期间不思进取、先进性不突出、群众不满意的，应及时提出警告或延长预备期；对不履行党员义务、不遵守党的纪律的，应当经支部大会讨论取消其预备党员资格。对不履行党员义务，经教育仍不改正的党员，应及时召开大会讨论决定劝其退党。

5. 监督检查制度。坚持和完善共青团推优、群众座谈会、发展党员公示、发展党员票决等制度。让广大师生参与、监督党员发展工作以增强透明度。探索和推行发展党员述职答辩等制度。建立发展党员质量检查机制。校党委通过组织抽查、基层党组织互查等方式，定期对党员发展工作进行检查，发现问题及时予以纠正。建立学生党建工作责任制。各党委（总支）书记为本单位学生党建工作的第一责任人，承担主要领导责任；分管学生工作的党委（总支）副书记在党委（党总支）的领导下组织实施学生党建工作；各党委（总支）委员会、党支部委员会和党员按党章要求，要切实履行自己的职责；各党委（总支）的组织员对发展党员材料、发展党员程序进行把关，并做好党员发展材料的建档、归档和保管工作。

六、建立发挥大学生党员先锋模范作用长效机制

1. 严格执行组织生活制度，按照学习型党组织建设的要求，丰富教育内容、创新教育方式、构筑教育载体、拓宽教育渠道，把课堂教育与课外教育、理论学习与社会实践有机结合起来，使党的组织生活符合党的要求，贴近实际、贴近生活、贴近学生。

2. 推行大学生党员设岗定责活动，充分发挥大学生党员在学习科学文化知识、加强实践锻炼和日常生活中的先锋模范作用。以学生党员示范岗为载体，开展党员目标承诺。创建学生党员责任区，形成以一个或几个大学生党员为主体、以一定数量大学生为对象、以一定区域为活动范围的党员目标管理责任区。

3. 开展“一名党员一面旗帜”主题实践活动，宣传学生党员中的典型，发挥学生党员的引领作用；开展大学生党建“三个一”活动：一个党支部建好一个班，一名党员带好一个宿舍，一名入党积极分子帮助一名学习困难同学，全面带动大学生思想政治教育、班风学风建设。通过“一名党员一面旗帜”主题实践活动，组织大学生党员参与学生思想政治教育和学生事务管理服务工作，组织他们参与学生班级、学生生活社区教育管理工作，扩大他们在学生中的影响力和号召力，达到发展一个党员、带动一批学生的效果。

4. 加强大学生党员考核，每年对学生党员考核一次。考核内容围绕学生党员的日常学习、工作、生活及关键时刻的表现。对考核不合格的学生党员要及时帮助其找出原因并限期改正。

5. 建立健全党内评奖评优制度，制订评奖评优办法，每年开展大学生党内评奖评优，充分发挥学生党员的模范带头作用，激励广大学生党员学先进、赶先进，进一步增强学生党组织的战斗堡垒作用。

七、加强大学生党建工作组织领导

1. 建立和完善学校党委统一领导，党委组织部牵头抓总，学生工作部门和共青团组织等各司其职、协同配合，各二级党委（党总支）贯彻落实的领导体制和工作机制。科学制订大学生党建工作规划，健全规章制度，进行专门部署，经常检查督促，定期通报情况，认真总结经验，研究并解决存在问题。学校各相关部门要切实履行职责，创造性地开展工作，积极营造有利于大学生党建工作的环境和氛围。

2. 建设专兼职相结合的高素质大学生党建工作队伍。按照守信念、讲奉献、有本领、重品行的要求，加强学生党支部书记、专兼职组织员队伍建设，按照学生实际人数配足专兼职组织员，落实相关工作待遇。重视发挥辅导员、党员班主任、研究生导师、广大党员教师以及离退休老党员在大学生党建工作中的作用。加强对新任党支部书记、组织员的培训工作。

各二级党委（党总支）要高度重视大学生党建工作，积极推进创先争优活动，紧密结合本单位大学生党员的实际，周密安排，狠抓落实，实现大学生党建工作的创新创优，为学校高素质人才培养提供坚实的思想、政治和组织保障。

江苏大学辅导员岗位聘任办法

一、总　　则

第一条　为进一步加强和改进我校大学生思想政治教育工作,建设一支精干、高效的学生工作队伍,根据《关于进一步加强辅导员队伍建设的意见》(江大委〔2009〕49 号)精神,特制定本办法。

二、专职辅导员

第二条　专职辅导员是学校教师队伍的重要组成部分,是学校培养高素质创新型人才不可替代的重要师资力量。专职辅导员岗位聘任遵循全校教职工岗位聘任的指导思想和基本原则,并结合辅导员的岗位性质进行。

第三条　专职辅导员岗位聘任的基本原则

(一) 公开、公平和择优聘任的原则。

(二) 按岗聘任、双向选择、相对稳定、有序流动的原则。

(三) 以任职年限和实际工作表现为基本根据的原则。

第四条　专职辅导员任职的基本条件

(一) 具有本科及以上学历,且具备高等学校教师资格证。

(二) 为中共党员或中共预备党员,具有较高的思想政治素质。

(三) 热爱学生工作,具有较强的事业心和责任心。

(四) 熟悉大学生思想发展规律和心理特点,能全面了解学生思想状况并有针对性地开展思想政治工作。

(五) 具有较强的组织、管理、协调能力,以及大学生思想政治教育科研能力和创新能力。

(六) 身心健康,能胜任本职工作。

第五条　岗位设置及聘任条件

根据学校实际情况,专职辅导员岗位设置 4 级,聘任条件如下:

(一) 一级岗

具备学生专职辅导员任职的基本条件,试用期满且考核合格。

(二) 二级岗

本科毕业连续 4 年(含见习期,下同)以上从事学生工作,硕士学位者具有 2 年以上学生工作经历。

辅导员年度考核为合格及以上。

能扎实开展大学生思想政治教育工作，做好学生的教育、管理和服务等工作，具有一定的学生工作研究能力，参与校级辅导员专项课题研究。具有指导一级岗辅导员工作的能力。

（三）三级岗

本科毕业连续 7 年以上从事学生工作，硕士学位者具有 5 年以上学生工作经历。

辅导员年度考核均为合格及以上，近 3 年内至少有 1 次为优秀。

工作表现得到学校、学院和学生的肯定，具有一定的示范作用；能独立负责条块工作，具有指导一级岗和二级岗辅导员的能力；具有学生工作研究能力，能承担学校赋予的学生工作相关教学和科研任务。近 3 年受到过校级及以上表彰（学校表彰以党政发文为准）。学生满意度（以考核时普查为准，下同）在 80 分以上。

（四）四级岗

本科毕业连续 10 年以上从事学生工作，硕士学位者具有 8 年以上学生工作经历。

辅导员年度考核均为合格及以上，近 3 年内至少有 1 次考核为优秀。

工作表现突出，具有显著的示范作用，能够指导一级岗、二级岗、三级岗辅导员，得到校、院一致好评；能创造性地开展大学生的教育、管理和服务工作；具有较强的与学生工作相关的教学和科研能力；本人近 5 年内获得省级及以上表彰或奖励。学生满意度在 90 分以上。

第六条　聘任程序、解聘及待遇

（一）聘任程序

1. 本人对照岗位聘任条件，填写“江苏大学辅导员岗位聘任申报表”，并提供相应证明、材料。

2. 所在院系进行审核并签署推荐意见，报学校辅导员聘任领导小组评审，由校学生辅导员聘任领导小组提出聘任建议方案，二、三级辅导员报校科级干部聘任工作领导小组研究确定，四级辅导员报党委常委会研究确定。校学生辅导员聘任领导小组由分管学生工作校领导、组织部、学工部、研工部、人事处、团委、心理中心等部门负责人组成，办公室设在学生工作处。

（二）辅导员岗位聘任一般在每年年度考核后进行。聘任上岗的辅导员，全部签订聘任合同，并发给受聘证书，试用期为半年。

（三）辅导员年度考核为“基本合格”以下者，3 年内不得聘任高一级辅导员岗位。

（四）有下列条款之一者，可将其解聘，并提前 1 个月通知本人：

1. 工作中存在故意违规或重大过失，给学校造成较大不良影响的。

2. 违反聘任合同的。

3. 不履行辅导员岗位职责，年度考核不合格的。

4. 不能为人师表，不能以身作则，作风不正的。

5. 受到党纪、政纪处分及治安或刑事处罚的。

6. 因身心健康等原因不能正常履行辅导员岗位职责的。

7. 校学生辅导员聘任领导小组认定不能聘任的其他情形。

（五）一、二、三、四级辅导员待遇分别对应科员、副科、正科、副处级的实职岗位。津贴的具体发放办法与学校岗位津贴实施办法相同。

第七条　具备辅导员任职条件的校内其他人员转入辅导员队伍以及辅导员转岗须经校学生工作委员会同意,其岗位津贴按新聘岗位重新核定。转入辅导员队伍的其他人员按其现实条件,聘任相应的辅导员岗位。在辅导员岗位上退休的,如果辅导员工作连续满10年且每年考核均为合格以上的,可以按四级岗对应副处级、三级岗对应正科级、二级岗对应副科级、一级岗对应科员享受相应退休待遇。

三、兼职辅导员

第八条　兼职辅导员是学校辅导员队伍的重要组成部分,是大学生思想政治教育工作的重要力量。建设高水平兼职辅导员队伍对于推进我校大学生思想政治教育工作具有重要意义。

第九条　兼职辅导员聘任的基本原则

(一) 公开、公平、自愿和择优聘任的原则。

(二) 按需聘任、双向选择、相对稳定、有序流动的原则。

(三) 各学院按照辅导员与学生 1∶200 的比例核算所需辅导员人数,现有专职辅导员不足的,以兼职辅导员补充。

第十条　兼职辅导员聘任的基本条件

(一) 我校在编在岗的专业教师,以及优秀的在读硕士生和博士生。

(二) 为中共党员或中共预备党员,具有较高的思想政治素质。

(三) 热心学生工作,具有较强的工作能力和责任心。

(四) 有充足的时间开展工作,能经常深入课堂、班级和学生社区。

(五) 身心健康,能胜任兼职辅导员工作。

第十一条　兼职辅导员工作职责

(一) 一名兼职辅导员负责 4 个标准班(120 人)的教育和管理工作。

(二) 兼职辅导员具体工作内容等同于专职辅导员,以立德树人为根本任务,做好学生日常事务管理、学生党团组织建设、学生社区建设、大学生学业规划、励志助学、心理健康教育等工作,经常深入学生,做好学生思想政治教育工作。

第十二条　兼职辅导员聘任程序、聘期、解聘、考核及待遇

(一) 聘任程序。各学院具体负责物色人选,填写“江苏大学兼职辅导员聘任登记表”,学院审核并签署意见后报学生工作处。学生工作处审核后予以公布。

(二) 兼职辅导员聘任一般在每年 6 月份进行。聘任上岗的兼职辅导员,全部签订聘任合同,并发给受聘证书,试用期为 3 个月。聘期一般为 2 年。

(三) 有下列条款之一者,可将其解聘,并提前 1 个月通知本人:

1. 违反聘任合同的。

2. 不履行岗位职责,年度考核不合格的。

3. 不能为人师表,作风不正的。

4. 受到党纪、政纪处分及治安或刑事处罚的。

5. 因身心健康或工作调动等原因不能正常履行辅导员岗位职责的。

6. 校学生辅导员聘任领导小组认定不能聘任的。

（四）兼职辅导员参加辅导员年度工作考核，考核结果作为聘任、评选优秀兼职辅导员依据，但不等同于学校教职工年度考核结果。

（五）学校给予兼职辅导员每人每月500元的补贴，由学生工作处按月发放。

四、学工主任

第十三条　学院行政办公室设专职学生工作副主任（简称学工主任）。

第十四条　学工主任岗位职责

学工主任在学院党政领导班子领导下，协助学院分管领导做好本学院辅导员、学业导师工作的组织领导与业务指导工作，具体负责学生思想政治教育、学生日常管理、学生党建、学生服务等各项日常工作的组织与实施。

第十五条　学工主任聘任条件

（一）具有履行相应职责所需要的政治理论知识和政策水平，有良好的思想道德修养和职业道德，公道正派。

（二）事业心和责任感强，具有奉献精神和一定的组织、协调、决策能力，能解决本职工作中的实际问题。具有指导辅导员、学业导师工作的能力。具有民主作风和全局观念，能以身作则，善于团结同志。

（三）一般大学本科毕业5年以上；硕士研究生毕业2年以上。专职从事辅导员工作2年以上。

（四）从事辅导员工作期间，工作效果良好，年度考核均为优秀或合格。

（五）身心健康，有充沛的精力投入到工作中。

第十六条　学工主任聘期

（一）学工主任的聘任纳入学校科级干部管理序列，聘期同其他科级干部。任期考核胜任者，可连续聘任。对年度考核结果为基本合格以下者，原则上应解聘，如遇新一届聘期开始则不再续聘。

（二）经批准脱产攻读硕士、博士学位或进修半学年及以上者，从离岗之日起解聘其学工主任职务。

（三）在聘期内，本人要求辞职的，应提前2个月向本部门领导提出书面申请，经批准后办理辞职手续，移交工作。未经批准，不得擅离职守。

五、附　　则

第十七条　本办法自颁布之日起施行。

第十八条　本办法由组织部、人事处和学生工作部负责解释。

江苏大学菁英学校培养方案

为进一步强化我校菁英学校学生培养工作的科学性、专业性、系统性,切实发挥菁英学校在培养优秀学生中的示范和带动作用,根据共青团中央《"青年马克思主义者培养工程"实施方案》(中青发〔2007〕27号)及《关于印发〈大学生骨干培养工作实施纲要〉的通知》(中青办发〔2009〕23号)有关精神,在认真研究大学生的成长规律和总结菁英学校办学经验的基础上,特制定本方案。

一、培养目标

菁英学校针对优秀大学生的成长规律和实际需求,从增强政治素质、提升思想境界、锤炼作风品格、优化能力结构、扩展国际视野等方面着手,在全校大学生中培养一大批有坚定的理想信念、能引领社会发展、能适应国际竞争的时代精英。

二、培养原则

(一)坚持把人才成长的一般规律与青年马克思主义者的特殊要求相结合

尊重大学生成长特点和需要,科学设计培养内容和方式,并着重加强理想信念、信仰立场、理论素养等方面的培养。

(二)坚持组织培养与自我教育相结合

通过发挥专家教育引导效果,通过发挥网络教学的优势,充分调动培养对象的内在积极性和主动性,有计划、系统地开展培养工作。

(三)坚持理论框架训练与能力结构训练相结合

对培养对象进行中国特色社会主义理论体系训练,并采取专业化的培养方式提高培养对象的学习研究、组织协调等社会化能力。

(四)坚持组织社会实践与进行社会观察引导相结合

组织培养对象参加社会实践,引导他们了解社会、全面提高综合素质、坚定理想信念;找准他们普遍关心的理论和现实问题,进行有针对性、有说服力的分析和解答,形成正确的社会观察结论。

(五)坚持培养选拔与日后的观察、举荐、使用相结合

在培养期内有计划、分阶段地引导和帮助培养对象逐步提高各方面素质,在培养期结束后实行跟踪培养制度。

三、培养方式

（一）理论学习

菁英学校学员的理论学习以课程教学与专家讲座两种形式为主，帮助培养对象加深对中国特色社会主义理论体系的理解，初步掌握马克思主义的立场、观点和方法，构筑必要的知识结构，激发干事业的热情；正确认识中国革命、建设和改革的历史以及基本国情，增强对当代各种社会思潮的辨析、甄别能力，进一步坚定走中国特色社会主义道路的信念。

（二）能力训练

菁英学校开设专门的培训课程和专家讲座，组织培养对象参加“领导能力、英语口语技能、演讲技能”等各种专业化的能力训练、素质拓展，开展相应的活动进行情景模拟体验，提高以社会化能力为核心的组织协调能力、沟通交流能力、分析判断能力等综合素质；学习掌握判断形势、应对复杂局面、驾驭全局的能力。

（三）社会实践

菁英学校组织培养对象深入到基层生产一线参加劳动锻炼，到机关事业单位、厂矿企业、乡镇社区挂职锻炼，开展各类志愿服务活动，了解基层、认识国情，增强历史使命感和社会责任感；密切与基层和群众的联系；在艰苦的环境中磨炼意志品质、培养优良作风；增加社会阅历，培养、提高社会适应能力和综合素质。

（四）社会观察

菁英学校组织培养对象参加“三国三校”活动、国际交换生活动、出国培训和实习，拓展他们的国际视野，帮助他们逐步掌握和运用比较研究的方法，澄清思想上的困惑和模糊认识，增强政治敏锐性和政治鉴别力；同时，利用形势政策课帮助学员对重大理论和现实问题以及社会热点现象进行辨别和梳理，明确坚定的政治方向。

（五）交流研讨

菁英学校组织培养对象按班、小组对课堂教学内容进行讨论、质询，就一些重大理论和现实问题进行专题研讨和辩论，就学习、研究、实践中的收获和体会进行交流，帮助培养对象在加强自学的基础上认真思考社会现实问题，激发主动探索的精神，培养批判性思维，锻炼表达能力；实现“教学相长”、“学学相长”，多方交流、共同提高。

四、教学管理

（一）学员招收

学员需具备以下条件：三年级本科生或一年级研究生；中共党员或中共预备党员，综合素质突出的入党积极分子、优秀团员；学习成绩优良，曾获得校级二等（含二等）以上奖学金；担任学校各级团学组织的学生干部；身心健康。每期招生规模 300 人左右。

（二）培养周期

从每年 10 月份开始，至次年 10 月份结束，为期 1 年。

（三）课程设置

培养课程分必修课、选修课两种，共 240 学时。按照专业课程、专家讲座、网络学习、社会实践、交流考核等五大模块设计,采取集中学习和分散学习两种方式。集中学习均为必修课;分散学习为选修课。

(四)过程控制

定期收取学员的听课笔记,认真阅读后进行评判。及时了解学员在挂职、实习单位的表现,并提供必要的帮助。指导学员开展课题研究、撰写调查报告、发表学术论文。定期与学员交流、沟通,及时把握学员思想动态。

(五)考核评价

由班主任对学员在课堂学习中的参与情况给出课堂评价;由实践、实习单位就学员的实际表现给出实践评价;由菁英学校教务办公室聘请专业老师对交流考核部分进行评价。

上述3项考核由菁英学校校务委员会综合考核,有一项不合格者不得结业。在菁英学校学习期间,受到校纪校规处分及以上处分者,不得结业。通过菁英学校校务委员会综合考核者,发放结业证书。

(六)跟踪培养

学员结业后,设定跟踪培养期。跟踪期间将向学员开放各类学习平台,为结业学员继续学习和交流联系提供机会和支持。在担任校内职务、推优入党、选调生选拔、就业推荐等方面给予倾斜,对表现特别突出的学员力争在其职业发展过程中给予组织化推荐。

五、校务管理

(一)管理机构

菁英学校设校务委员会,主任委员由学校党委分管学生工作的副书记担任,副主任委员由学工部、团委、关工委等部门主要负责人担任,委员由组织部、宣传部、研工部、老干部部、教务处、科技处、心理中心等部门主要负责人担任。校务委员会下设教务办公室(挂靠校团委),负责制订、修改学年教学计划,以及招生、管理、考勤、结业等工作。

(二)导师队伍

菁英学校聘请一批政治素质过硬、管理经验丰富、专业知识深厚的在职党政领导、学科带头人、老专家、老同志,组建导师团队,担任学员的学业导师,参与菁英学校的日常教学、课后辅导、讨论交流等活动。

(三)班级管理

菁英学校设班主任1名,由校团委负责老师担任,负责日常管理。全体学员分3个班管理,每班设班长1名,负责协助班主任管理班级日常事务。班级分成若干学习小组,平时以小组为单位进行分组活动。成立菁英学校党支部、菁英学校团总支,党支部书记、团总支书记由学员通过竞选产生。

(四)学籍管理

菁英学校为每位学员建立学籍,从所学课程、参与情况、学习态度、讨论交流发言情况、作业完成情况等方面,客观记录学员在各个培养阶段和环节的表现及成绩。培训班结束前,通过组织学员自评、小组鉴定、班主任审核等环节,形成学员鉴定表,在此基础上,由班委会形成学员学习期间的综合性评语。

六、保障机制

（一）政策保障

加大对菁英学校的资金支持力度，每年划拨 45 万元的专项经费用于邀请专家授课、学员外出考察、学员社会实践、学员对外交流等方面工作。加强优秀学员的选拔培养力度，“三国三校”活动学生代表、国际交换生及国家、省优秀学生干部原则上从菁英学校学员中选拔。

（二）教材保障

在充分借鉴中央编印的相关理论读本、高校思想政治课教材的基础上，结合培养目标和课程设置的需要，推荐或整理哲学名著、文化专著、励志成才等方面的读本和学习资料，确保每位培养对象培训期间完成 10 册以上的阅读和学习量。

（三）阵地保障

依托党校、团校和理论研究机构，建立一批覆盖全面、功能突出的培训基地。动员和发掘各方面资源，在机关事业单位、厂矿企业、乡镇社区建立一批稳定的挂职锻炼基地，为每位学员在一个培养周期内提供一次以上的挂职锻炼机会。充分发挥已经建立的社会实践基地和就业创业见习基地的作用，加强同各类素质拓展训练机构的联系与合作。

（四）网络保障

依托我校网上团校，实现在线授课、即时交流、资料下载、网络调查等功能，作为培养对象学习理论知识、提升能力素质、交流心得体会的重要平台和对学员进行学籍管理、过程控制、跟踪培养的有效载体，切实为培养对象服务。

江苏大学学业导师管理条例

第一章　总　　则

第一条　为进一步完善学业导师制建设,推进个性化人才培养模式的形成,充分发挥专业教师在大学生学业发展过程中的指导作用,根据学校实际,制定本条例。

第二条　本条例所称的学业导师是指受聘后对本科生的学业规划、专业学习、创新能力培养负有指导责任的专兼职教师。

第二章　任职条件

第三条　学业导师需具备以下条件:

(一) 热爱教育事业,具有良好的职业道德,有较强的工作责任心,为人师表,关心学生成长成才。

(二) 熟悉专业的培养目标、教学计划、课程设置,熟悉专业的社会需求和学校的教育管理规定。

(三) 拥有较高的专业水平和合理的知识结构,有较丰富的教学经验和一定的科研能力,具有较强的专业指导能力。

(四) 须具备中级及以上职称、博士学位(含在读)或副处级以上职务。

第三章　工作职责

第四条　学业导师的主要职责有:

(一) 做好学生的专业思想教育。就专业培养目标、教学计划、课程设置以及就业去向等内容对学生进行专题教育,帮助学生了解相关专业的培养规格和要求,培养学生增强专业学习兴趣与专业自信心。

(二) 指导学生制订并督促实施学业规划。根据学生的学习基础、学科偏好和个性特点,有针对性地指导学生选择专业发展目标、制订中长期学习计划,帮助学生确立出国留学、考研、就业或创业的发展目标。指导学生逐步实施学业规划和学习计划。

(三) 指导学生专业学习。指导学生选课、合理安排学习进程,帮助学生完善符合自身特点的较完整的专业知识和技能结构体系;针对免修、免听、辅修、修读第二学位、提前毕业等给予指导;引导学生端正学习态度,培养学生良好的学习习惯,引导学生掌握科学的学习方法和技能;介绍专业方面的最新动态、学科理论和实务的新变化;指导学生见习、实习,学校鼓励学业导师指导学生在二、三年级提前进行毕业论文(设计)选题、实验等相关准备。

（四）提高学生创新能力。指导学生参与科研立项、创新训练、学科竞赛等科技活动。鼓励学业导师将自己主持或参与的课题介绍给学生，让学有余力的学生参与学业导师的课题研究。

（五）关心和帮助学习困难的学生。帮助学习出现问题的学生寻找努力方向，提出改进措施；对受到学业警告的学生给予帮助，制订课程重修计划，落实学业帮扶措施。

第四章　遴选与聘任

第五条　符合学业导师任职资格的我校专、兼职教师均可申请担任学业导师，由学院聘任，报学生工作处备案。

第六条　聘用单位可以从本学院专任教师中选聘，也可以从其他学院、科研机构、机关有相关教师专业技术职务的人员中选聘。跨单位选聘的，需经所聘教师所在单位同意。

第七条　学生学业导师的配备采取学生选择或组织委派的方式进行。学校鼓励实行学业导师和学生的“双向选择”。

第八条　学业导师的选聘在新生报到后的 1 个月内进行。学校实施全程导师制，负责指导学生的大学全程学习，聘任后原则上不予调整。确有特殊情况需要调整的需提交书面申请，学院签署意见后报学生工作处研究确定。

第九条　担任学业导师的本专业专职教师指导的每一届学生不超过 10 人，兼职教师指导的每一届学生不超过 5 人。

第五章　管理与考核

第十条　学院要从本单位的专业特点、师资力量、学生状况等实际情况出发，制定学业导师制工作实施细则，抓好学业导师制工作的具体落实。

第十一条　学业导师采用个人自荐和学院指派相结合的方式确定。符合导师资格的教师都有义务承担本科生学业指导工作，受学院指派后不履行学业导师义务的教师年终考核不得评优，并暂缓岗位晋升和聘任。

第十二条　学业导师指导工作采取定期与不定期相结合的方式进行。每学期定期集中指导至少 2 次，每学年不少于 4 次；分散指导根据具体情况实施，平均每两周至少 1 学时，每学年指导不少于 20 学时。学业导师每次指导后须在学生学业规划书上记载。学业导师要通过电话、邮件、短信、聊天工具等加强学生学习的过程指导。

第十三条　学业导师考核由学生评价、指导情况检查和学院评价 3 部分构成，考核工作每学年末由各学院组织完成。学业导师考核办法和每学年的考核结果报学生工作处备案。考核等级分为优秀、合格和不合格，其中优秀比例不高于 15%。

第十四条　学校设立优秀学业导师称号，对工作表现突出、成效显著的学业导师给予表彰和奖励。优秀学业导师由学校相关部门从学院推荐的优秀名单中复评产生。被评为优秀学业导师的教师，在岗位评聘、职称评审时，优先予以考虑。考核不合格的，当年人事考核不得评为优秀，并取消学业导师资格，职称评审延迟 1 年，3 年内不得申请公派出国或校外进修。

第十五条　学校在年终分配时按照每生每年 100 元的标准下拨学院，由学院根据考核结果进行分配。分配方案报学生工作处备案。

第六章　附　　则

第十六条　一线专职辅导员不得兼任学业导师。

第十七条　京江学院可根据本条例另行制定学业导师管理办法。

第十八条　本条例由学生工作处负责解释。

第十九条　本条例自发布之日起施行。《江苏大学本科生学业导师实施方案》同时废止。

江苏大学大学生学业规划实施方案

大学是人生中最为关键的阶段,大学生学业规划是青年学生对与其事业(职业)目标相关的学业所进行的安排和筹划,是大学生通过解决学什么、怎么学、用什么学、什么时候学等问题,以确保自身顺利完成学业,为成功实现就业或开辟事业打好基础的过程。学生本人直接参与自己人生目标的设计,更易激发青年学生的学习动力与热情,促进青年学生成长成才。为进一步做好大学生学业规划工作,特制定本实施方案。

一、指导思想

坚持"以人为本,个性发展"的理念,充分认识大学生学业规划在青年学生成长成才中的重要意义,加强教师对学生学业规划的指导,帮助大学生自我正确定位,增强自我约束和自我管理的能力,使他们看清使命、明确目标,提高学生学习的主动性、自觉性,激发青年学生成长成才的热情与动力。

二、实施目标

通过宣传教育,使青年学生充分认识学业规划的重要性,提高其主动开展学业规划的意识。通过悉心指导,帮助学生认真分析自身情况、专业及大学生活不同阶段的特点,明确目标,分解任务,有针对性地制订、实施学业规划。努力做到人人有规划、个个得指导,进一步激发青年学生学习的积极性、主动性、创造性,更好地促进大学生成长成才。

三、实施要求

大学生学业规划的指导、实施是一个动态的管理过程,需要青年学生自身的努力,离不开指导者的引导与帮助,是服务学生成长成才的重要举措。要将大学生学业规划落到实处,提高成效,全体师生应进一步加深对"培养什么人,如何培养人"的理解,明确大学生学业规划中各自的责任。青年学生要自觉践行规划,努力实现个性发展的成效;指导教师要自觉履行职责,充分体现教书育人的思想。

(一) 学生

在学业规划实施过程中,青年学生既是规划者,也是规划践行者,是学业规划的主体。因此,青年学生在学业规划中要充分认识自我,客观分析情况,提高学业规划的主动意识,主动选择、邀请指导教师予以指导,认真拟定或调整学业规划。要把握每一环节,不断提高自信心,通过规划的实施与调整,实现成长成才过程中的一个个分目标,进而促进总目标的实现。

(二) 教师

开展大学生学业规划活动是提高教书育人效果的重要途径之一,指导教师是关键。指导青年学生开展学业规划活动的成效,是指导者自身责任心的反映,也是指导者事业心的体现。因此,指导者应坚持"以学生为本"的理念,正确分析专业发展前景,适时介绍专业发展动态,与学生交朋友,进行真诚的沟通,建立良好的师生关系,增强彼此信任,释疑解惑,提高学业规划指导的针对性、科学性与可操作性。

通过师生等多方面的共同努力,形成全员育人、全程育人格局,有效促进青年学生成长成才。

四、主要措施

为落实好学业规划的指导与实施工作,更好地服务于青年学生的成长成才,各学院应加强组织领导,充分依靠教师力量,结合学院特色,切实开展大学生学业规划活动,努力提高大学生学业规划工作的成效。

(一) 组织领导

建立学院学生工作与教学工作联动机制,形成大学生学业规划指导工作的队伍保障机制。学院每学期初应做好学业规划部署工作,提出学业规划工作指导意见,年度末对学业规划指导情况进行年度总结,并向学工处提交情况分析报告。

(二) 方案研究

形成具有学院专业特色的学业规划指导总体方案,为教师开展个性化指导提供良好的基础。每学期至少抽查一次学业规划方案的执行情况,督促教师对未进行指导的学生开展帮扶活动,并加强对教师指导方案的研究调整。

(三) 活动考核

督促青年学生做好学业规划及实施工作。原则上,大学期间,未按规定实施学业规划者不能获得学业规划相应学分;不能正常开展学业规划者,不得参加学校组织的各项评奖评优、助学金评选等选拔活动。学院对学生开展学业规划指导活动情况作为学院学生工作考评的重要内容之一进行考核。

五、实施办法

(一) 指导办法

普遍教育与个别指导相结合:

1. 集中开展专业思想教育,使广大学生认识专业发展的过去、现状和前景,提高学生的专业发展兴趣。

2. 学院根据专业设置情况拟订相关专业的学业规划基础模板。

3. 学院组织拟订同专业、不同类别的学业规划指导意见供指导教师参考。

4. 指导教师通过主题班会等形式,宣讲学业规划的重要意义、要求、方案制订的思路及具体实施办法。

5. 学生拟订学业规划初稿,并开展学业规划班级交流活动。

6. 开展个别谈心活动,倾听学生想法,帮助学生分析个人情况,提出指导意见并填写。

7. 增强学生的认同感,督促学生执行(检查落实)。

8. 督促学生按规划要求定期制订、调整内容,认真进行小结,达到提高的目的。

(二) 学生实施步骤

1. 认识自我,分析自我。包括"自我分析"和"环境分析"两方面。自我分析是指通过学校、家庭、同学、朋友的评价,并借助一定的测试工具,全面、客观地评估自己的性格、爱好、特长、能力及优缺点;环境分析是指对可能对学业规划产生影响的各种内外因素进行分析研判的过程。

2. 目标定位,分解目标。包括"时间维度"和"内容维度"两个视角。从时间维度来看,规划者应在人生长远发展目标的指引下,确立大学目标(4 年)、中期目标(1 年)、短期目标(1 学期)。从内容维度来看,学业规划不应局限于专业学习,还应涉及思想政治素质、技能掌握情况、个人素质拓展等其他方面。针对不同时间段的不同目标,进行具体的细化、分解,乃至为了实现目标而考虑到每周、每天应完成的事务。

3. 分步实施,评估调整。学业规划者要通过短期目标的逐个实现来支撑中、长期目标的完成。学业规划中,一般以一个学期为一个周期,进行规划的具体执行与效果评估。学期初,规划者根据学业规划短期目标,并结合自身的学业进程,详细制订每一天的学习安排和成长计划,并在日常学习生活中对照这一计划去贯彻落实。学期末,规划者评估本学期的学业规划执行情况,并接受指导教师的个别指导。同时,拟订下一阶段的目标或对现有目标进行调整。如此往复,直至 4 年大学生涯结束。最后,对整个大学阶段的学业规划进行总结,并对下一个人生发展目标进行规划。

江苏大学大学生培训工作实施办法

为规范全日制普通在校生的各类培训活动,引导大学生在课余时间参加适合自身发展的各类培训,以增强自身的综合素质和发展竞争力,根据《关于加强全日制普通在校生培训活动管理的暂行规定》(江大校〔2010〕137 号)的有关规定,特制定本办法。

一、指导思想

(一)根据学生个体发展需要,开展针对性、实用性强的各类培训。鼓励和引导学生在校期间获取一些社会认可的资格证书和技能,以提高第一课堂以外的能力。

(二)各单位在确保不影响正常教学和科研秩序的前提下,挖掘办学潜力,为学生培训活动提供帮助。

二、培训原则

(一)始终把培养人才放在第一位,注重社会效益、教育效果,遵循教育规律。

(二)将培训内容与学生个人发展相结合,提高学生的发展竞争力。

(三)坚持自愿的原则。

三、培训类别

(一)开展出国外语培训,拓展个人发展空间。

大力推进 TOEFL、雅思、GRE、GMAT 等培训,提高学生出国留学的比例、专业工作能力和求职面试成功率等。

(二)推进职业资格培训,提供技能认证服务。

逐步推进司法考试、注册会计师、会计从业资格、教师资格证书、秘书资格、人力资源规划师、职业规划师、报关员、ISO9000 内审员、医师资格、市场营销师、物流工程师、公共营养师、电子商务师、理财规划师等培训,全面提高大学生的综合素质。

(三)做好就业培训服务,提升学生就业层次。

积极推进公务员考试培训、村官考试培训、事业单位考试培训等,为学生多层次、多渠道就业提供服务。

(四)注重学生考研培训,提高考研通过率。

除常规英语、政治、数学培训外,各相关学院应充分挖掘潜力开设专业课培训,帮助学生增强应试竞争力。

四、培训途径

（一）按照“条件公开、平等竞争、择优认定”的原则，滚动确定一批社会信誉佳、专业特色强、培训质量高、培训效果好的校外培训机构作为学生培训的定点机构，同时还可作为校内办班或合作办学的单位。

（二）凡具备条件的校内各相关单位都应积极承担大学生职业培训工作。各相关单位要根据社会发展需要，适度修改教学计划，以适应国家资格考试要求。

（三）学生工作处应积极牵头邀请我校优秀师资举办各类适合学生需要的校内培训活动。

五、保障措施

经审批后的校内各类培训单位，必须严格执行《关于加强全日制普通在校生培训活动管理的暂行规定》（江大校〔2010〕137号），切实遵守“先审批，后开班”以及“谁申请，谁负责”的要求，确保学生的合法权益和培训质量。为使培训工作更好地开展：

（一）讲堂群110和210划拨给学工处管理，作为开展培训活动的专门场所。

（二）学校将选择部分教室进行必要的设备投入，安装投影仪、空调等，以提高培训场所的硬件设施水平。

（三）学校已在部分教学楼内设有卫星专网，必要时可用于培训活动，但必须履行专门的审批手续。

六、政策支持

根据《关于加强全日制普通在校生培训活动管理的暂行规定》（江大校〔2010〕137号），将“对本文规定的各种培训班统一收取5%管理费”作为学生培训的工作经费，划归学工处使用；“并视办班性质再收取一定比例的资源使用费”全部纳入学校相应账户，由学校根据资源占用情况，酌情给予相关单位一定的补偿。

七、组织体系

（一）建立校学生培训工作领导小组，由相关校领导、职能部门负责人以及相关工作人员组成。下设办公室，挂靠学工处。

（二）通过选聘，建立校内培训专家库，以适合不同培训课程的需要。

（三）为保证培训活动健康、有序地开展，学校将建立培训合作协调机制。组成人员来自学工处、研究生处、教务处、后勤处、保卫处，以及与学生培训工作密切相关的学院。

全校各单位要高度重视大学生培训工作，提高对大学生综合素质的重视程度，要以积极的态度、高度的责任心来帮助大学生根据个人发展前景、市场需求和专业特点，制订个人职业生涯规划，引导学生有目的地选择合适的培训项目。要不断探索大学生培训的新思想、新路子，积极构建适应大学生成长需要的教育培训体系，建立健全大学生教育培训各项体制和机制，为大学生今后能获得更好的职业发展前景而不懈努力。

江苏大学关于“大学生素质教育中心”建设的实施意见

为更好地改革创新我校人才培养模式,提高学生综合素质,系统规划素质拓展的理论教学,实现理论与实践的结合,根据当前学生教育管理的新形势和我校学生工作需要,经研究,决定成立江苏大学“大学生素质教育中心”,现提出如下实施意见:

一、成立“大学生素质教育中心”的意义

通过成立“大学生素质教育中心”,有效整合我校大学生素质教育资源,统筹、规范管理大学生素质教育类课程,提高大学生素质教育的实效性、针对性,有效提升大学生综合素质,全面促进大学生的成长成才。

二、中心定位

江苏大学“大学生素质教育中心”是从事大学生综合素质培养的教学、研究机构,挂靠学生工作处。中心主任由一名学生工作处副处长兼任。

三、中心构成

中心下设5个研究室,具体工作范围和内容如下:

(一)学业就业指导研究室。负责职业(学业)规划指导、就业指导、创业教育等课程的教学,出国留学指导等。

(二)形势与政策研究室。负责形势与政策课教学,选调生、公务员、村官考试辅导,党课、团课、校史教育。

(三)心理健康研究室。负责心理健康课程教学、心理咨询师培训。

(四)公共艺术研究室。负责教育部规定的8门艺术限定性选修课程的教学。在条件成熟时,开设具有地域特色或符合我校特点的公共艺术选修课程。

(五)法纪与安全研究室。负责法纪与安全课、军事国防课的教育教学、新生教育等。

四、师资构成及要求

中心师资队伍实行专兼结合,由相关教师、有关部门人员和辅导员兼任。师资具体要求如下:中级职称及以上或硕士学位及以上;有相关课程的学历背景或工作经历;从事相关课程的理论研究或实践。

5个研究室主任在上述人员中产生,具体要求如下:职称在副高及以上,学历在硕士及以上;有相关课程的学历背景;从事相关课程的理论研究,发表过相关课程的论文。

五、课程规划

各研究室在认真研讨、论证的基础上，对我校已开设的和上级教育部门规定开设的相关素质拓展课程进行系统规划。根据学生的成长规律，分阶段科学设置课程和进度。根据各个年级不同的需要，有针对性地开设课程和安排教学内容，形成系统的素质教育课程。真正实现统分结合，纳入各专业的培养方案，进入学校教务选课系统。

六、中心工作进度安排

（一）2010 年 9 月底，"大学生素质教育中心"成立。

（二）2010 年 11 月底前，完成各研究室成员确定、各研究室主任确定、各研究室成立等工作。

（三）2010 年 12 月底前，明确各研究室教学科研任务。

（四）2011 年 4 月底前，完成课程的论证、大纲的编制、集体备课及课件制作等相关准备工作。

（五）2011 年 6 月，学生可在学校教务选课系统中选修相关课程。

七、工作要求

中心要紧紧围绕"大学生素质教育"这一主线，创新我校人才培养模式，提高我校人才培养质量。在教学、研究过程中，强调理论与实践的结合，强调对学生素质提升的实质性指导。要做到全面、深入、贴近学生，以学生的实际需要作为教学、研究的依据，真正服务于学生的成长成才。